U0800123

国家社会科学基金研究专项项目“高校思政教师准入、评价、激励与退出机制法治化研究”结项成果（批准号:21VSZ095）

高校思政课
教师准入、评价、激励与退出机制法治化研究

龙建明 黄 梅／著

法律出版社
LAW PRESS·CHINA
北京

图书在版编目（CIP）数据

高校思政课教师准入、评价、激励与退出机制法治化研究 / 龙建明，黄梅著. -- 北京 ：法律出版社，2025.

ISBN 978 - 7 - 5197 - 9999 - 1

Ⅰ. G641；G645.12

中国国家版本馆 CIP 数据核字第 2025NT7853 号

高校思政课教师准入、评价、激励与退出机制法治化研究

GAOXIAO SI ZHENG KE JIAOSHI ZHUNRU、PINGJIA、JILI YU TUICHU JIZHI FAZHI HUA YANJIU

龙建明 黄梅 著

策划编辑 徐 菲
责任编辑 徐 菲
装帧设计 苏 慰

出版发行 法律出版社
编辑统筹 法律出版社
责任校对 杨锦华
责任印制 胡晓雅
经 销 新华书店

开本 710 毫米×1000 毫米 1/16
印张 20.5 **字数** 207 千
版本 2025 年 3 月第 1 版
印次 2025 年 3 月第 1 次印刷
印刷 北京新生代彩印制版有限公司

地址：北京市丰台区莲花池西里 7 号（100073）

网址：www.lawpress.com.cn
投稿邮箱：info@lawpress.com.cn
举报盗版邮箱：jbwq@lawpress.com.cn

销售电话：010 - 83938349
客服电话：010 - 83938350
咨询电话：010 - 63939796

版权所有·侵权必究

书号：ISBN 978 - 7 - 5197 - 9999 - 1 **定价**：82.00 元

凡购买本社图书，如有印装错误，我社负责退换。电话：010 - 83938349

目 录

绪　论

一、研究依据

关于高校思政课教师准入、评价、激励与退出机制，在中共中央宣传部（以下简称中宣部）、中华人民共和国教育部（以下简称教育部）、中共中央办公厅与国务院办公厅（以下简称中办、国办）颁布的文件中有直接或者间接规定。① 毋庸置疑，党和国家有关文件关于高校思政课教师准入、评价、激励与退出机制的直接或者间接规定，对构建一支政治强、情怀深、思维新、视野广、自律严、人格正的高校思政课教师队伍具有极其重要的指导作用。

但不得不承认，党和国家文件关于高校思政课教师准入、评价、激励与退出机制的内容大多较宏观，人们对其理解往往存在差异，如对于高校新进思政课教师应"具备相关专业硕士

---

① 例如，2005 年，中宣部、教育部下发的《关于进一步加强和改进高等学校思想政治理论课的意见》规定："要制定高等学校思想政治理论课教师任职资格标准，实行准入制度，完善激励和保障机制。"2008 年，中宣部、教育部在《关于进一步加强高等学校思想政治理论课教师队伍建设的意见》指出："新任教师原则上应是中国共产党党员，具备相关专业硕士以上学位，……在事关政治原则、政治立场和政治方向问题上不能与党中央保持一致的，不得从事思想政治理论课教学。"2019 年，中办、国办印发的《关于深化新时代学校思想政治理论课改革创新的若干意见》，对高校思政课教师评价与激励机制也有规定。

以上学位”[①],“相关专业”是一个不易界定的语词,人文社会学科专业大都有相关性,对于两个不同专业是否相关,不同主体可从不同视域进行审视,得出的结论有时差异甚大。对政策理解存在差异,可能导致各高校在选聘思政课教师时标准不一。如果只要有硕士学位都可担任高校思政课教师,缺乏马克思主义理论素养的人也可上高校思政课,那么教育教学效果可想而知。又如,对高校思政课教师的评价与激励,相关文件要求各高校应对思政课教师制定具体考核办法,并将考核结果与奖惩、职务聘任、晋级等挂钩,但因文件规定缺乏强制执行力,导致有的高校对文件规定没有引起重视,在对高校思政课教师进行评价时,科研成果依然是核心指标,没有高质量的论文与高级别的课题,要上职称很难。迫于职称评聘压力,一些高校思政课教师不得不将大部分时间和精力投入论文撰写与课题研究中,对课堂教学敷衍应付,讲好思政课的首要岗位职责没能得到很好履行。[②] 再如,文件规定对不合格高校思政课教师要予以退出,但由谁来提出、谁来审查裁决、谁承担举证责任、退出须经哪些环节以及对退出不服如何救济等,文件没有涉及。退出程序不明,高校不知道如何退出不合格思政课教师,加之退出涉及私益与公益的激烈碰撞,由此会引发系列冲突,为此,有的高校可能基于自身利益考量,对教学能力不能满足相应课程要求及理论素养不够的思政课教师,只要不是社会影响大或造成严重后果的,通常不予退出。

由上不难发现,党和国家文件关于高校思政课教师准入、评价、激励与退出的政策规定,对构建高校思政课教师准入、评价、激励与退出机制有指导作用,但因政策规定内容较原则,人们对政策的理解往往存在差异,加之政策通常缺乏强制力保障实施,各高校在构建高校思政课教师准入、评价、激励与退出机制时,标准不一,采取措施有很大差异,党和国家关于高校思政课教师准入、评价、激励与退出的政策规定,不能得到统一贯彻实施。要改变这种不良状况,确保

① 2008 年,中宣部、教育部《关于进一步加强高等学校思想政治理论课教师队伍建设的意见》规定,新任教师要具备相关专业硕士以上学位。2021 年,教育部关于印发《高等学校思想政治理论课建设标准(2021 年本)》的通知中规定,高校新任专职思政课教师要具备马克思主义理论相关学科背景硕士以上学位。

② 2020 年,教育部发布的《新时代高等学校思想政治理论课教师队伍建设规定》第 5 条规定,思政课教师的首要岗位职责是讲好思政课。

党和国家政策能够得到有效执行，将高校思政课教师准入、评价、激励与退出机制上升到立法层面，由法律予以确立，应是一种有效方法。因为国家立法具有规范性和强制性，由法律对高校思政课教师准入、评价、激励与退出的标准、程序及违法准入、评价、激励与退出后果予以确立，既能避免各地各高校对党和国家关于思政课教师准入、评价、激励与退出的政策规定理解不一，制定高校思政课教师准入、评价、激励与退出机制标准存在差异，又能确保党和国家关于高校思政教师准入、评价、激励与退出的政策规定得以付诸实施。否则，缺失刚性法律制度保障，即便高校思政课教师准入、评价、激励与退出机制健全，程序完备，此机制也有可能如同不能兑现的空头支票。因此，对高校思政课教师准入、评价、激励与退出机制法治化进行研究，可以为立法保障此机制提供理论支持。

二、国内外研究现状

（一）国内研究现状

1. 国内准入机制法治化研究现状

在我国，研究高校思政课教师准入机制的学者较多，取得的成果丰富，例如，李晶从政治素质、教学科研素质、师德修养及心理素质等层面论述了高校新进思政课教师须具备的要件。[①] 吴艳东认为，“职业测评”应是高校新进思政课教师入职的必经环节，测评的目的是选拔“适合并乐于”从事高校思政课教学的人。在测评过程中，要注意运用科学的测评理论和方法对高校思政课教师准入中很难量化的政治素质、职业伦理及职业信仰等标准予以测试。[②] 张爱红主张，对思政课教师准入要建立完备的资格证书制度，在入职条件、入职标准及入职程序方面下大功夫。[③] 吴春莺认为，我国目前存在高校思政课教师入职门槛低的现象，进而导致高校里存在“思政课谁都能讲”及“讲不好专业课就去讲思政

① 参见李晶：《高校思想政治理论课教师准入制度探析》，载《民办教育研究》2013 年第 3 期。

② 参见吴艳东：《关于高校思想政治理论课教师任职资格准入制度及其实施条件的若干思考》，载《思想理论教育导刊》2011 年第 9 期。

③ 参见张爱红：《思想政治课教师准入制度的嬗变及当代优化》，载《河南师范大学学报（哲学社会科学版）》2009 年第 5 期。

课”之类的种种言论。为此，有必要严格高校新进思政课教师的标准，把好政治关、师德关、业务关，把政治标准放在首位。她还主张，各高校应成立相应的思政课教师选拔聘任小组，工作组成员除了有相关行政部门负责人之外，还应有本校本地区的思政课领域专家，各高校并对思政课教师选拔聘任小组工作成员的分工提出建议，如应聘者的专业素质与业务能力由思政课领域专家进行评估，师德师风等基础条件由行政部门负责人考察评定。① 陈雪斌指出，制定高校思政课教师任职资格标准，要符合其职业特点。② 胡敏强调，只有经严格的面试筛选，才能被聘为高校思政课教师。③

我国研究高校思政课教师准入机制的学者及成果还有很多，但根据中国知网查询结果及笔者目前掌握的资料，尚未发现有学者从法治化视域研究高校思政课教师准入条件、准入资格审查主体、准入程序以及违法准入须承担的责任。对高校思政课教师准入机制法治化的理论研究困乏，在一定程度延缓了其立法进程。缺失刚性法律制度对准入条件、准入程序以及违法准入后果予以保障，使一些不具备高校思政课教师准入资格的人进入高校思政课教师队伍，个别高校甚至还出现有的教师上不了专业课就改上思政课的乱象。由于高校思政课教师素质不能得到有效保障，势必影响高校思政课的教育教学效果，大学生不能从思政课获得对其健康成长有益的知识营养。要克服准入机制法治化缺失导致的弊端，有必要对高校思政课教师准入的法定条件、法定程序及违法准入后果进行研究。

2. 国内评价机制法治化研究现状

在我国，有很多学者就如何评价高校思政课教师展开了较深入探讨。例如，兰州交通大学汤英认为，对高校思政课教师的评价，在标准上，应另设单独评价指标，避免统一量化；在内容上，须杜绝只重视科研成果而轻视教学成绩的现象；在方法上，要坚持多维度与多层次相结合，既要重视领导、专家及同行评

---

① 参见吴春莺：《新时代高校思想政治理论课教师队伍建设研究》，江苏人民出版社 2020 年版，第 201 页。

② 参见陈雪斌编著：《高校思想政治理论课青年教师队伍研究》，广西师范大学出版社 2014 年版，第 40 页。

③ 参见胡敏：《民族地区高校思想政治理论课教师队伍建设研究》，陕西人民出版社 2020 年版，第 137 页。

价，又不能忽视思政课教师的自我评价以及学生与社会的评价。[①] 辽宁师范大学张雪飞博士指出，专家评价与教师自评相结合、学生评价与督导团评价相结合以及社会评价与高校评价相结合，是对高校思政课教师教学时效性评价须遵循的基本原则。[②] 湘潭大学丁琴主张，对高校思政课教师的评价，首先应根据思政课教师是以教学为主还是科研为主，将其大致划分为教学型和科研型两种。然后，对不同类型的高校思政课教师予以区分评价，如对于教学型高校思政课教师的评价，应侧重于教学评价，以减轻科研压力，使其能更好地将精力放至课堂教学改革中。与此相对应，对于科研型高校思政课教师的评价，应侧重于科研评价而不是课时量评价，这有利于确保以科研为主的高校思政课教师有更多时间和精力从事科研，对促进相关领域的理论创新发展具有重要意义。[③] 在如何对高校思政课教师职业道德予以评价问题上，刘卫平、徐嘉敏指出，要从内部评价与外部评价两个层面着手。[④]

国内从不同视角研究高校思政教师评价机制的学者及成果较多，但令人遗憾的是，迄今尚没有发现有学者从法治化视域对高校思政教师评价机制进行探讨。对高校思政教师评价机制法治化的理论研究不足，在一定程度迟滞了高校思政教师评价机制的法律法规出台。缺失法律对评价主体、评价标准、评价程序及错误评价须承担责任的明确规定，各地各高校在对高校思政课教师进行评价时，难免出现标准不一以及评价结果差异大的现象，导致党和国家关于要根据思政课特点构建高校思政教师评价标准和评价体系的要求不能得到有效贯彻实施，高校思政课教师在评优评模、职务（职称）评聘、职级晋升以及职业提升中的正当权益不能得到有效保障。正是从这个意义上说，有必要对高校思政课教师评价须遵循的原则、评价的主体、评价的标准、评价的程序以及对错误评价需承担的责任进行全面深入研究，为高校思政课教师评价机制法治化提供理论

① 参见汤英：《改革开放以来高校思想政治理论课教师队伍建设研究》，兰州交通大学2015年硕士学位论文。

② 参见张雪飞：《高校思想政治理论课教学时效性研究》，辽宁师范大学2011年博士学位论文。

③ 参见丁琴：《高校思想政治理论课教师队伍建设的研究——基于湖南省高校的调查》，湘潭大学2016年硕士学位论文。

④ 内部评价是指自评、他评及自评他评互促。外部评价是指领导评价、评价管理及评价监督。参见刘卫平、徐嘉敏：《高校思政课教师职业道德评价机制论析》，载《学校党建与思想教育》2018年第10期。

支持。

3. 国内激励机制法治化研究现状

在我国,有不少学者对如何激励高校思政课教师开展了研究并取得了较丰富的成果。例如,对于高校为何要对思政课教师进行激励,崔强、郭莉从非对称信息环境视域进行分析,他们认为,高校与高校思政课教师的关系类似于法律上的委托代理关系,然而,作为委托人的高校与作为代理人的高校思政课教师在委托代理中信息不对称,高校作为委托人,其很难通过有效监督使高校思政课教育教学达到帕累托最优的双赢或多赢的目标。鉴于此,要有效提升高校思政课教育教学质量,一个有效的方法,就是构建高校思政课教师激励机制,如设置创新机会激励机制及精神激励机制,[①]借助激励杠杆调动高校思政课教师有效开展教育教学。刘艳娇认为,对高校思政课教师的激励,可根据思政课教师群体差异大小设置可供选择的多种灵活激励办法,如按照不同职称、年龄、性别、个体心理特点,制定兼顾个体需要与学校基本利益的激励措施。[②] 霍宏根据美国行为科学家弗雷德里克·赫茨伯格的双因素理论,提出了激励高校思政教师须遵循的一些基本要求,如坚持以思政课教师为中心、对思政课教师的评价须科学客观以及优化薪酬分配制度。[③] 刘宇文、彭科指出,由于我国高校教师激励缺失法律规范,高校内部治理法治化程度低,导致激励功能异化、虚化等现象出现,要克服价值取向发生偏离、法的属性被遮蔽以及内部权力运行失范等当下我国高校教师激励机制存在的不足,必须以最优化确保高校教师激励机制价值取向、以责任制为抓手强化高校教师激励机制法律效应、以规范化管理保障高校教师激励机制运行,最终使当下高校教师激励"乱象"步入法治化轨道,进而实现高校教师与高校协同发展的共赢。[④] 尽管观点不是专门针对高校思政课教师,但从法治视域探讨高校教师激励机制,对研究高校思政教师激励机制法

---

① 参见崔强、郭莉:《非对称信息环境下思想政治理论课教师激励机制探究》,载《学校党建与思想教育》2012 年第 15 期。

② 参见刘艳娇:《民办高校思政课教师队伍建设研究——以西京学院为例》,西北农林科技大学 2016 年硕士学位论文。

③ 参见霍宏:《双因素理论在高校学生思政教师激励中的运用初探》,载《教育与职业》2014 年第 12 期。

④ 参见刘宇文、彭科:《法治化视野下高校教师激励机制探析》,载《高等教育研究》2018 年第 12 期。

治化有重要借鉴意义。

由上可见，我国已有个别学者从法治视域对高校教师激励机制进行探析，这为高校思政课教师激励机制法治化提供了有益借鉴。须注意的是，尽管高校思政课教师也属于高校教师的范畴，但高校思政课教师与高校其他教师在教学与科研内容上有明显不同，对高校思政课教师的激励机制构建应体现其工作特点，最大限度地调动思政课教师履行好自己岗位职责的积极性。总的来说，我国现行学者就高校思政课教师激励的基本理论、具体机制设置以及个别学者从法治化视域对高校教师激励机制进行研究取得的成果，还不能很好地满足我国高校思政课教师激励机制法治化的需要。因此，有必要对我国高校思政课教师激励机制的法治化正当性、激励原则、激励措施、激励程序以及不法激励责任追究法治化进行深入系统研究，为我国高校思政课教师激励机制法治化提供理论支持。

4. 国内退出机制法治化研究现状

退出不合格高校思政课教师，在党和国家发布的相关文件中有明确规定，[①] 但我国目前对高校思政课教师退出机制进行研究的学者不多。根据中国知网查询结果，目前有且只有一篇论文对高校思政课教师退出机制进行研究，该文也只是扼要分析退出不合格高校思政课教师的必要性，至于退出的标准、退出的程序、退出辅助措施以及对退出不服的救济路径等具体机制构建则没有涉及。[②]

与鲜有人研究高校思政课教师退出机制相比，我国研究高校教师退出机制的学者及成果较多。例如，郝英奇、邱岚在《大学教师退出机制改革的国际比较》一文中指出：教师退出机制有利于高校保持生机与活力，是各国高校管理体

---

① 例如，2015 年，中宣部、教育部关于印发《普通高校思想政治理论课建设体系创新计划》的通知指出，要严格教师管理，在事关政治原则、政治立场和政治方向上不能与党中央保持一致的，或理论素质、教学水平达不到相应课程要求的，不得继续担任思想政治理论课教师。2020 年，教育部发布的《新时代高等学校思想政治理论课教师队伍建设规定》指出，高校应当加强对思政课教师的考核，健全退出机制，对政治立场、政治方向、政治原则、政治道路上不能同党中央保持一致的，或理论素养、教学水平达不到标准的教师，不得继续担任思政课教师或马克思主义理论学科研究生导师。

② 参见程勤华：《高校思想政治理论课教师准入与退出机制研究》，载《学校党建与思想教育》2018 年第 5 期。

系中的重要组成部分。但因各国教师制度的形成有其特定的制度背景及文化根源，作为“遗传与环境的产物”，不同国家教师退出机制改革措施也各具特色。总的来说，国外一些学者关于高校教师退出的研究成果给予我们一些启示，如要建立健全社会保障体系，为退出的高校教师拓展生存空间；要根据高校教师的职级、贡献与能力，实行多元化的弹性聘任制度；要放松高校教师编制管控，疏通人才流动渠道，构建灵活高效的大学教师人才流动机制等。[①] 张建奇和陈发美在分析我国高校教师退出机制现状与问题的基础上，就高校教师退出机制完善提出了诸多建议，例如，制定符合高校特点的人事管理法规、确定合适的“准入期”制度、优化考评及健全退出保障制度等。[②] 陈园认为，我国高校教师退出机制存在退出标准不明确、方式单一及程序模糊等弊端，要完善我国高校教师退出机制，应营造良好的外部环境、完善高校内部管理系统、建立健全相关法律法规等。[③]

我国现阶段研究高校教师退出机制的学者及成果较多，但很少有学者专门就高校思政课教师退出条件、退出程序以及退出不服的救济等进行研究。总的来说，我国学界目前对高校思政课教师退出机制进行研究的人少，取得的成果屈手可指。根据中国知网查询结果，目前还没有学者从法治化视域对高校思政课教师退出机制予以研究，学界对高校思政课教师退出机制法治化还没有引起足够重视，如何运用法治确保不合格高校思政课教师被退出及保障被退出高校思政课教师的正当权益，成为高校思政课教师队伍建设研究需解决的一个问题。

综上所述，我国有学者直接或间接对高校思政课教师准入、评价、激励与退出机制进行研究并取得了一定成果，但鲜有人从法治化视域对此予以探讨。不得不承认，对高校思政课教师准入、评价、激励与退出机制法治化的理论研究极度匮乏，这在很大程度上制约了这些机制的立法进程。缺失法律的统一规定与强力保障，各地高校设置思政课教师的准入条件不一，评价标准差异甚大，部分

---

① 参见郝英奇、邱岚：《大学教师退出机制改革的国际比较》，载《学术交流》2012 年第 3 期。

② 参见张建奇、陈发美：《高校教师退出：机制构建及其现实困境》，载《山东高等教育》2016 年第 6 期。

③ 参见陈园：《高校教师退出机制研究》，武汉理工大学 2012 年硕士学位论文。

高校设立的激励措施无法兑现，一些不合格的高校思政课教师很难被退出。要改变这些不良状况，有必要对高校思政课准入、评价、激励与退出机制进行研究，例如，在准入机制上，研究准入的法定条件、法定程序及不法准入须承担的责任；在评价机制上，研究评价原则、评价主体、评价内容、评价程序及评价结果的运用；在激励机制上，研究激励原则、激励措施、激励程序以及激励责任追究；在退出机制上，对退出情形、退出程序、退出辅助措施以及退出程序权利保障等予以研究，为立法保障高校思政课教师准入、评价、激励与退出机制统一实施提供理论指导。

（二）国外研究现状

国外高校没有开设直接称为思想政治理论课的课程，当然，这并不意味着它们未开展类似于我国高校思想政治教育的相关课程教学。须承认的是，国外很多高校同样重视民族认同感、爱国主义教育及个人良好品德培养的课程教学。鉴于国外高校没有专门思政课教师队伍，目前没有发现国外有学者从法治化视域对高校思政课教师准入、评价、激励与退出机制进行研究的成果，但有学者对高校教师准入、评价、激励及退出的相关问题进行研究并取得一定成果。

1. 国外准入机制法治化研究现状

国外没有关于高校思政课教师准入机制法治化的研究，但有学者对高校教师须具备素质的相关论述，例如，美国艾伦·布鲁姆告诫人们：高校教师是推动高校发挥其“人类社会动力站”的引擎。① 这意味着，高校教师只有具备较高的职业素养、学术能力，才能真正提升高等教育的质量与水平。德国卡尔·西奥多·雅斯贝尔斯指出，高校教师首先应当是一个研究者。② 美国约翰·布鲁贝克强调，区别于初等与中等教育，高等教育要研究高深学问。③ 卡尔·西奥多·

---

① 参见汤颖、徐瑞：《中国现代大学的功能定位与分析——艾伦·布鲁姆的大学功能观及其启示》，载《教育导刊》2015 年第 2 期。

② 参见付毅：《培养整全人的自由交往——读雅斯贝尔斯〈大学之理念〉》，载《思想政治课教学》2023 年第 6 期。

③ 参见刘冠华：《守望与担当：大学经营的价值取向——读布鲁贝克〈高等教育哲学〉的启示》，载《高教探索》2014 年第 3 期。

雅斯贝尔斯与约翰·布鲁贝克的观点隐含了高校教师应当具备一定研究能力。英国纽曼认为,大学是一个能从众多学科中获取大量知识的地方,它的主要职能是教学。[①] 言下之意,高校教师要具有一定的教学能力。

以上国外学者虽没有从法治视域对高校教师准入条件进行研究,但他们关于高校的职能及高校教师须具备的职业素养之观点,为高校教师准入机制法治化奠定了基础,也为我国高校思政课教师准入条件法治化提供了有益参考和借鉴,如我国立法应明确高校新进思政课教师应具有一定的科学研究以及教学能力。

2. 国外评价机制法治化研究现状

在国外,没有学者对高校思政课教师评价机制法治化进行研究,但有关于高校教师评价主体、评价标准及评价内容的制度设计的相关研究,例如,在美国,对高校教师的评价体现在职称评定与学生评教两个层面:职称评定侧重于对高校教师教学、科研以及公共服务等方面成果的考核与认定;学生评教主要从两个维度进行,一是对教师的教学态度、课堂表现以及课外指导的教学评价,二是对教师教学的整体效果与班级整体学习情况的综合评价。[②] 在法国,对高校讲师和教授的聘任均采用竞考的方式,高校教师要接受考核,考核的主要内容包括教学、科研活动以及职业行为规范表现,对高校教师的考核每四年进行一次。[③] 在英国,将对高校教师的评价看作推动教师学术进步的动力,例如,在职称评定上,对于高校教师已经获得的职称并不是终身不变的,而是每隔两年要对教师进行评价,根据其学术成果等对职称予以重新认定。[④]

尽管未发现国外有学者对高校思政课教师评价机制法治化进行研究,不同国家对评价高校教师的制度设计也存在差异,但他们大多强调或主张对高校教

---

① 参见国兆亮:《试析英国大学理念的形成和变迁——以纽曼、怀特海和阿什比为例》,载《北京航空航天大学学报(社会科学版)》2013 年第 4 期。

② 参见刘碧灵:《美国高校教师评价机制特点对我国的启示》,载《考试周刊》2015 年第 83 期。

③ 参见邹润民、马燕生:《法国公立高校教师聘用与管理》,载《世界教育信息》2016 年第 17 期。

④ 参见杨华春、沙春发:《"双一流"背景下国外高校教师评价典型制度研究及借鉴》,载《黑龙江教师发展学院学报》2022 年第 6 期;米睿:《高校教师科研评价改革路径对比分析与思考——以英国和美国为例》,载《长春教育学院学报》2022 年第 4 期;徐鑫:《英国高校教师绩效评价制度的特点及其启示》,载《现代交际》2011 年第 5 期。

师实行有期限的聘任制,将高校教师的职称评定与其学术水平、教学能力直接挂钩,这为我国高校思政课教师评价机制法治化提供了有益参考与借鉴,如立法要明确高校思政课教师的聘期并规定其须遵守纪律及在任期内应完成的教学科研任务。

3. 国外激励机制法治化研究现状

国外没有高校思政课教师激励机制的研究成果,但有关于教师激励机制的研究成果,成果主要集中在3个方面,一是有关高校教师激励理论的研究,如马斯洛的需求层次论、克雷顿·奥尔德弗的ERG理论、赫茨伯格的双因素理论、波特和劳勒的综合激励理论以及亚当斯提出的公平理论等。二是关于高校教师激励的制度,例如,在美国,实行教授终身制,高校教师的工资分配不是由联邦政府统一规定,而是由各州政府和各学校董事会自行决定。[①] 又如,高校教师的学术休假制度,在俄罗斯,高校教师工作满5年就有半年学术假;在美国,高校专职教师在一所学校连续工作6年以上,就可以享受一次学术休假。[②] 三是很多学者就高校教师激励提出的一些有建设性的意见,例如,应当为高校教师提供能有效促进他们自身不断发展的具有挑战性的工作,要让高校教师拥有一定的实现其兴趣的自主决定权;应当建立国家院校评估系统对高校教师进行全面评估,并将评估结果与教师薪水上调予以结合;有必要设立国家拨款的专门机构,由其向高校教师提供各种类型的培训服务,促进教师职业发展;强调运用公平分配、职位晋升、荣誉颁发和学术休假等手段调动高校教师积极性;高校与教师应当订立聘用合同,约定聘期以及对聘期内须完成的任务提出具体要求,聘任期满后是否续聘,要根据教师的教学以及科研成绩而定,这可以有效激励高校教师提高工作绩效;等等。[③]

尽管以上成果没有从法治化视域对高校教师激励主体、激励条件、激励程

---

① 参见李长福:《美国的终身教授制及其启示》,载《中国高等教育》2007年第24期。

② 参见王会民:《我国普通高校教师激励机制及对策研究》,哈尔滨工程大学2007年硕士学位论文,第29页。

③ 参见翁光聪:《关于高校教师激励机制的研究》,载《科技管理研究》2010年第14期;李远贵:《激励在高校教师管理中的重要意义及操作》,载《黑龙江高教研究》2005年第9期;杨建春、李黛:《基于勒温场论的高校教师激励机制探析》,载《东北大学学报(社会科学版)》2012年第6期;张洁:《论我国高校青年教师激励管理——以双因素理论为视角》,载《黑龙江高教研究》2007年第12期。

序以及不法激励责任追究进行探讨，但这些关于高校教师激励的诸多成果，为我国高校思政课教师激励机制法治化研究提供了具有积极意义的参考和借鉴，如立法应对激励高校思政课教师的主体、条件、措施、程序以及责任予以明确规定。

4. 国外退出机制法治化研究现状

在国外，对不合格的高校教师要予以退出，如日本对高校教师实行非公务员化的任期制管理，学校保留对教师的淘汰权。[①] 对于高校教师的退出，很多国家有严谨的制度保障，例如，美国大学协会与美国教授协会于1915年联合发表的《关于学术自由与终身教授制的原则宣言》规定，解雇教师须经特定程序，被解雇教师有获得听证的权利，学校在没有充分理由的情况下，不能解雇教师。总的来说，关于国外高校教师退出机制的相关研究，主要体现在评审主体、评审结果以及被退出教师的权利救济等问题的探讨。具体而言，要退出高校教师，一般要提前给予正式书面通知，高校必须提供一系列材料证明解聘教师的公正性。学科负责人有义务通过提供专业建议、就业信息渠道等对被解聘教师予以全程帮扶，尽可能帮助他们顺利过渡并成功任职于其他机构。当被退出教师认为高校没有按照程序进行退出时，他们有权通过申诉途径来维护自身权益。[②]

由上不难发现，国外有关高校教师退出机制法治化研究，特别注重对教师个体的权益保障，例如，高校对被退出教师应提前给予正式书面通知，对退出决定的公正性要承担举证责任，被退出教师认为高校没有遵循退出程序，其有权提出申诉，这可以为我国高校思政课教师退出机制法治化研究提供很有价值的参考，如立法应对高校思政课教师退出情形、退出程序以及违法退出责任予以规定。

综上所述，国外有学者就高校教师准入、评价、激励与退出机制法治化的相关问题进行研究并取得了一些成果，但因国外高校没有开设直接命名为思想政治教育理论课的课程，目前国外还没有学者从法治化视域研究高校思政课教师

---

① 参见王杰：《日本高校教师聘用的变化倾向及原因分析》，载《教师教育论坛》2015年第3期。

② 参见王清远等：《国外高校教师聘任制度与退出机制探析》，载《中国高校师资研究》2014年第2期。

准入、评价、激励与退出机制。尽管国外高校也开设增强民族认同感、爱国主义教育及个人良好品德培养的课程，但对于从事这些通识课程教学的教师准入、评价、激励与退出，应与高校教师准入、评价、激励与退出的要求基本一致。

根据相关成果，国外不同国家高校教师准入、评价、激励与退出机制有差异，但也有共同之处，如在准入机制上，均强调高校教师要具有一定的职业素养及教学科研能力；在评价机制上，均将高校教师职称评定与教学科研能力挂钩；在激励机制上，均强调通过职务职称晋升、工资分配及学术休假等措施调动高校教师工作积极性；在退出机制上，均突出退出程序正义，注重保障高校教师正当权益。

毋庸置疑，国外有关高校教师准入、评价、激励与退出机制的研究成果，可为本课题研究提供宝贵经验与资料积累。具体而言，对高校思政课教师准入、评价、激励与退出机制法治化进行研究时，在理念上，要强调程序正义，要重视对高校思政课教师的个人权益保障，对私益与公益之冲突应予以适度平衡。在具体机制构建上，无论是准入、评价、激励还是退出，都要设定合理审查及违法审查须承担责任的主体、明确具体的处理期限以及对处理不服的救济方式等。

三、研究意义

（一）促使管理高校思政课教师的模式从政策本位向法治本位转变

在对高校思政课教师进行管理时，根据政策与法律在管理中的地位与作用不同，在理论上，可以将对高校思政课教师的管理分为政策本位与法治本位两种模式。政策本位，是指高校以及主管高校教育部门以党和国家的政策作为对高校思政课教师进行管理的主要依据。与政策本位不同，法治本位则突出和强调以法律作为高校及主管高校教育部门对高校思政课教师进行管理的主要依据。

无论是采取以政策还是采取以法律作为对高校思政课教师进行管理的主要依据，都存在利与弊，例如，政策虽具有灵活性，但稳定性不足。又如，政策具有原则性，规定的内容比较宏观，可操作性不强，以政策作为审查决定高校思政课教师准入、评价、激励与退出的主要依据，在一定程度给行使公权力的主体留下很大的自由裁量空间，进而易导致准入、评价、激励与退出过程中权力被滥用。此外，政策缺乏强制力保障实施，一旦遇到这样或那样的阻力就很难得到有效执行。与政策本位相反，将法律作为高校思政课教师准入、评价、激励与退出的审查裁决依据，具有稳定性和可预测性，但法律刚性有余而灵活性不够，以其作为主要管理依据，有时会置管理者于不利境地，让人觉得管理没有人情味。尽管政策本位与法治本位各有优劣，但从总的说，要对高校思政课教师进行有效管理，相对于政策本位，采取法治本位更具有优越性。

从目前我国高校及主管高校教育部门对高校思政课教师的管理依据来看，虽也涉及《教师法》《高等教育法》等法律法规，但这些法律法规没有关于高校思政课教师管理的直接规定，可以说，对高校思政课教师的管理更多是以党和国家相关文件的政策规定为主要依据。① 关于高校思政课教师管理的文件，有的源于中宣部、有的源于教育部、有的源于中宣部与教育部的联合发布，这些制定主体多元化、表现形式具有多样性的文件，对高校及主管高校教育部门管理高校思政课教师有重要指导作用。但须承认的是，这些关于高校思政课教师管理的政策规定，有的较宏观，给管理者依据政策进行管理留下很大的自由裁量空间，难免出现有的管理者有可能因徇私徇情或基于其他因素考量作出不公正决定。

要克服政策本位不足，实现高校思政课教师管理从政策本位向法治本位转变，确保管理在法律预设轨道内进行，首先须对高校思政课教师准入、评价、激励与退出机制法治化的条件、程序、主体、责任及权益救济等进行研究，为高校思政课教师准入、评价、激励与退出机制法治化提供理论支持。否则，如果缺乏理论支撑，政策本位要向法治本位转化就无从实现，正是从这个意义上说，本课题研究对促使高校思政课教师管理模式从政策本位向法治本位转变有重要意义。

---

① 例如，2008 年中宣部、教育部发布的《关于进一步加强高等学校思想政治理论课教师队伍建设的意见》，2019 年中办、国办印发的《关于深化新时代学校思想政治理论课改革创新的若干意见》，2020 年教育部发布的《新时代高等学校思想政治理论课教师队伍建设规定》等。

(二)强化用刚性制度落实党和国家关于高校思政课教师政策的理念

在党和国家发布的相关文件中,有诸多关于高校思政课教师的政策规定,如各高校要因地制宜设立思政课教师岗位津贴、思政课教师的专业技术职务职称评聘标准要符合思政课教师职业特点与岗位要求、教育部人文社科研究项目要设立思政专项等。[①] 这些规定充分彰显了党和国家对高校思政课的高度重视以及对高校思政课教师的人文关怀。但不得不承认,党和国家关于高校思政课教师的政策,有的规定较笼统,在一定程度导致人们对这些政策的理解不尽一致,加之政策缺乏强制执行力,各地各高校在实践中对政策贯彻执行的做法不一,采取措施力度有很大不同,例如,关于高校思政课教师的岗位津贴,政策只是规定各高校要因地制宜设立,至于岗位津贴的数量以及高校不设置岗位津贴须承担的责任,相关文件没有涉及。文件没有明确责任后果,导致一些高校领导在思想上对其不能引起足够重视,从政策发布至今,仍有部分高校没有设立思政课教师岗位津贴。即便设立了思政课教师岗位津贴的高校,因所处地域不同,津贴数量差异甚大。又如,对思政课教师的职称评聘,不少高校至今没有设立符合思政课教师职业特点与岗位职责要求的单独评聘标准,对思政课教师与专业课教师的职务职称评聘标准没有予以区分,党和国家关于高校思政课教师的政策,在实践中难以落实到位。

由上不难发现,由于政策往往有很大的自由伸缩弹性以及缺乏强制力保障实施,在一定程度导致党和国家关于高校思政课教师的政策规定不能得到有效执行。要确保党和国家关于高校思政课教师的政策规定能够得到统一严格实施,避免各地做法五花八门的混乱局面,有必要将党和国家的政策规定予以法治化。因为一旦立法对高校思政课教师准入、评价、激励与退出机制予以规制,党和国家关于高校思政课教师的政策就转变为法律,具有由国家强制力保证实

---

① 如各高校要制定符合思政课教师职业特点和岗位要求的专业技术职务职称评聘标准、因地制宜设立思政课教师岗位津贴、教育部人文社科研究项目要设立思政专项、教育系统先进个人表彰要对思政课教师比例或名额作出规定、高层次人才项目中要加大倾斜支持高校思政课教师的力度等。参见 2015 年中宣部、教育部印发的《普通高校思想政治理论课建设体系创新计划》、2020 年教育部发布的《新时代高等学校思想政治理论课教师队伍建设规定》以及 2021 年教育部印发的《高等学校思想政治理论课建设标准(2021 年本)》等。

施的属性，如果有关主体不遵照执行，要承担相应法律责任，这既有助于增强责任主体保障高校思政课教师权益理念，也让社会民众在思想上意识到党和国家关于高校思政课教师政策的落实有赖法律制度保障，否则，高校思政课教师政策有可能如同不能兑现的空头支票。正是从这个意义上说，从法治化视域研究高校思政课教师准入、评价、激励与退出机制，强调将党和国家关于高校思政课教师的政策上升为法律，由法律保障其实施，在一定程度增强人们形成这样的理念，即要确保党和国家关于高校思政课教师的政策能得到落实，有必要将政策上升为法律，由刚性法律制度予以保障。

（三）增强高校思政课教师自觉履行首要岗位职责的意识

职责，从狭义上说，是指担任一定职务要完成的工作任务及没有完成任务要承担的责任。就广义而言，职责是指在一个岗位上须完成的任务以及没有完成任务要承担的责任。具体就高校思政课教师的职责，应该从广义角度进行理解，即高校思政课教师在自己岗位上须完成的任务以及没有完成任务要承担的责任。根据教育部2020年发布的《新时代高等学校思想政治理论课教师队伍建设规定》，高校思政课教师的首要岗位职责是讲好思政课。[①] 这一规定有助于增强广大高校思政课教师的使命感和责任担当意识，然而，仔细研读教育部文件不难发现，文件仅规定高校思政课教师要讲好思政课，但对于高校思政课教师如果没有讲好思政课要承担的否定性后果未涉及，即对于高校思政课教师的职责仅要求了应完成的任务，对于应完成却没有完成任务要承担的责任缺失规定。

没有确立高校思政课教师不履行岗位职责应承担的责任，意味着，能否履行以及在多大程度上履行好首要岗位职责，完全取决于高校思政课教师自身的道德修养境界。须承认的是，我国大多数高校思政课教师的政治站位高，职业道德意识强，即便文件未明确没有讲好思政课要承担的责任，他们依然会自觉履行讲好思政课的岗位职责。但人类经验表明，人具有理性禀赋，他们通常会

① 参见2020年教育部发布的《新时代高等学校思想政治理论课教师队伍建设规定》第5条。

对行为选择进行利弊权衡，由于履行职责需付出成本，在没有履行好职责无须承担责任情况下，有的高校思政课教师会基于利弊权衡，作出无须付出代价的"理性选择"。正是从这个意义上说，如果对不履行职责不予责任追究，缺失一定外在压力迫使，长久要求高校思政课教师完全依靠自己的道德良知履行"讲好思政课"的岗位职责，不得不说，这的确有难度。众所周知，高校思政课有很强的理论性，思政课教师要讲好思政课，对大学生进行有效的马克思主义理论教育，要求其自身须具有扎实的马克思主义理论功底以及广泛的社会科学知识，否则，一个对于什么是马克思主义都弄不清楚的高校思政课教师，不可能讲好思政课，更遑论教育引导青年大学生坚定信仰马克思主义。但一个高校思政课教师要有扎实的马克思主义理论功底及广泛的社会科学知识，需要其进行长期积累及对知识与时俱进地不断更新，这对于一个有稳定工作的高校思政课教师来说，仅靠自我道德修养通常很难做到。

那么，如何让高校思政课教师自觉加强理论学习，使其自身有广泛的社会科学知识及扎实的马克思主义理论功底，以确保其能够切实履行讲好思政课的岗位职责，通过立法对高校思政课教师准入、评价、激励与退出机制予以确立，应该是一种最简捷有效的方式。因为高校思政课教师准入、评价、激励与退出机制一旦被法治化，没有扎实的马克思主义理论功底以及不能掌握基本教育教学方法的人，在准入这一关就很难通过，即便侥幸入职入编，如果考核评价不合格，同样要面临被退出的危险，这无疑会促使想当高校思政课教师的人以及在职在编的高校思政课教师努力钻研马克思主义理论知识、掌握先进教育教学方法。正是从这个意义上说，研究高校思政课教师准入、评价、激励与退出机制法治化，将高校思政课教师讲好思政课的首要岗位职责设定为法律义务，对不履行讲好思政课的岗位职责须承担的法律责任予以明确，在"失职"可能承受道德舆论谴责与面临被追究法律责任的双重压力下，会有效促使高校思政课教师增强自觉履行讲好思政课的岗位职责意识。

由上不难发现，高校思政课教师准入、评价、激励与退出机制有赖于刚性法律制度保障，否则，缺失法律保驾护航，党和国家关于高校思政课教师准入、评价、激励与退出的一系列文件规定，极有可能因为无法落实而成为不能兑现的

"空头支票"。然而,要将高校思政课教师准入、评价、激励与退出机制上升到立法层面,需要相关理论支持,而本课题对高校思政课教师准入、评价、激励与退出机制法治化进行研究,可以为相关立法确立高校思政课教师准入、评价、激励与退出机制提供理论支持,对于加速立法保障这些机制的进程有重要意义。

四、研究创新之处

(一)从法治化视域对高校思政课教师准入、评价、激励与退出机制进行全面深入探讨,学科交叉融合明显,研究视角独特

高校思政课教师准入、评价、激励与退出涉及公益与私益的激烈碰撞,如若缺失刚性法律制度对准入、评价、激励与退出机制进行统一规定与保障执行,面对公益与私益之冲突,各地各高校在设立准入、评价、激励与退出机制时,有可能基于自身利益考量,设定的标准不一,程序有别,贯彻实施力度亦有不同。

具体来说,当高校思政课教师的准入条件没有上升到国家立法层面之前,各高校制定的思政课教师任职资格及选聘方法可能存在很大差异,[①]如果有的高校为新进思政课教师所设置的准入条件过低,势必会导致一些没有胜任高校思政课教师教育教学能力的人亦可以进入高校思政课教师队伍,甚至在有的高校会出现上不了专业课的教师就转教思政课的乱象。立法没有对高校思政课教师的评价机制予以规制,难免出现各高校评价思政课教师的标准混乱、过程不透明、结果不公正以及无法对不公正评价进行有效监督的乱象。激励机制没有上升到立法层面,缺失刚性法律制度保障,党和国家在相关文件中规定的关于激励高校思政课教师的措施,在一些高校就有可能如同不能兑现的空头支票,高校思政课教师激励机制具有的激励功能无法得到有效发挥。在高校思政课教师退出机制上,倘若立法没有对退出条件、退出主体、退出程序、退出辅助措施及违法退出责任予以确立,因缺失刚性法律制度保障,极有可能导致有的个别领导基于情感或其他因素考量,退出不合格思政课教师的决心难以下定,

---

① 2020年,教育部发布的《新时代高等学校思想政治理论课教师队伍建设规定》第8条第1款规定:"高等学校应当根据思政课教师工作职责、岗位要求,制定任职资格标准和选聘办法。"

不合格高校思政课教师不能被退出，势必会制约和影响高校建设一支高素质的思政课教师队伍。

本课题从法治化视域对高校思政课教师准入、评价、激励与退出机制进行全面深入研究，例如，从必要性、准入条件、准入程序以及违法准入后果对高校思政课教师准入机制法治化进行研究；从评价须遵循的原则、有资格评价的主体、须评价的内容、评价须经程序及应将评价结果予以切实运用的视域，对高校思政课教师评价机制法治化展开深入研究；从正当性基础、激励原则、激励措施、激励程序及激励责任追究对高校思政课教师激励机制法治化进行研究；从退出情形、退出程序、退出辅助措施及退出程序权利保障对高校思政课教师退出机制法治化进行研究。准入、评价、激励与退出机制法治化研究形成的成果，可以为立法确立高校思政课教师准入、评价、激励及退出机制奠定理论基础。

（二）采用系统方法对高校思政课教师准入、评价、激励与退出机制法治化予以系统研究，弥补了单一研究某一机制法治化之缺陷

高校思政课教师准入机制法治化、评价机制法治化、激励机制法治化与退出机制法治化，它们是既独立又相互制约、相互影响的有机整体，例如，设置门槛过低的准入机制法治化，会导致高校思政课教师队伍中不合格人数激增，在此种情况下，构建高校思政课教师评价机制法治化的意义将被大打折扣，激励机制法治化的调动高校思政课教师工作积极性的功能将难以发挥，当不合格高校思政课教师数量形成一定规模时，退出机制法治化的贯彻实施将困难重重。又如，评价机制法治化不科学，应被激励的思政课教师不能获得激励、应被退出的思政课教师却反而获得激励，高校思政课教师的教育教学、科研及服务社会的工作积极性难以得到充分调动，激励机制法治化功能不仅不能得到发挥还有可能被扭曲。

本课题将高校思政课教师准入机制法治化、评价机制法治化、激励机制法治化与退出机制法治化作为一个不可分割的有机联系整体进行系统研究。首先，研究准入法定条件、准入法定程序以及违法准入后果的合理准入机制法治化；其次，研究评价主体、评价内容、评价程序及评价结果运用的科学评价机制法治化；再次，研究激励原则、激励措施、激励程序以及激励责任追究的正向激

励机制法治化;最后,研究退出情形、退出主体、退出辅助措施及退出程序权利保障的可行退出机制治化。研究的层层递进及逐步深入,能弥补仅对高校思政课教师准入机制法治化、评价机制法治化、激励机制法治化或退出机制法治化予以孤立研究之不足。

(三)对高校思政课教师准入、评价、激励与退出机制法治化提出了一些新观点

1. 立法构建高校思政课教师统一职业资格考试制度,是确保高校思政课教师有扎实的马克思主义理论知识的有效路径。要对青年大学生有效开展马克思主义理论教育,高校思政课教师须具有扎实的马克思主义理论知识。但在党和国家发布有关高校思政课教师准入的文件中,仅要求高校思政课教师有马克思主义理论相关学科背景硕士以上学历。须承认的是,这一要求有合理性,有助于避免出现没有马克思主义理论学科背景的人也可当高校思政课教师的现象,但仅有马克思主义理论相关学科背景硕士以上学历的要求,还不能真正确保高校思政课教师有扎实的马克思主义理论知识。建立高校思政课教师统一职业资格考试制度,才是确保高校思政课教师有扎实的马克思主义理论知识的有效途径。因为统一职业资格考试制度,意味着,只有参加并通过教育部主持的高校思政课教师统一职业资格考试的人,才有资格从事高校思政课教师职业。尽管高校思政课教师统一职业资格考试的内容应具有广泛性,但马克思主义理论在其中无疑要占很大比重。那么,要通过这一考试,就必须努力钻研马克思主义理论知识。对已入职的高校思政课教师,他们同样也要参加教育部主持的高校思政课教师统一职业资格考试,不能通过的,在职务职称评聘及职级晋升上要受到限制。基于自身利益考量,已入职的高校思政课教师同样须加强马克思主义理论学习。因此,在立法上构建高校思政课教师统一职业资格考试制度,能有效确保高校思政课教师具有扎实的马克思主义知识。

2. 高校思政课教师准入、评价、激励与退出机制法治化须对公益与私益之冲突予以适度平衡。高校思政课教师准入、评价、激励与退出机制法治化,涉及公益与私益的激烈碰撞,如退出在政治上不能与党中央保持一致的高校思政课教师,有利于确保高校社会主义办学方向,是维护公益的必然要求,但退出涉及

任职资格的限制乃至剥夺，关乎高校思政课教师私益。如果立法不能对高校思政课教师退出中的公益与私益之冲突进行适当平衡，思政课教师权益未能得到应有保障，那么这样的退出机制，即便机制健全、程序完备，在实践中也很难得到贯彻实施。尽管对其可强制执行，但有可能会引发被退出高校思政课教师的怨恨和不满。不仅退出机制存在公益与私益的冲突，在准入、评价与激励机制中同样存在，因此，对公益与私益之冲突进行适度平衡，是高校思政课教师准入、评价、激励与退出机制法治化构建及运行须注意的一个问题。

3. 程序正义是高校思政课教师准入、评价、激励与退出机制法治化的重要内容。程序有规制权力与保障权利的重要功能，程序正义是高校思政课教师准入、评价、激励与退出实体公正的重要保障。高校思政课教师准入、评价、激励与退出机制法治化必须体现程序正义，只有在正义程序预设的法治轨道运行，才能有效防范高校思政课教师准入、评价、激励与退出中权力主体恣意妄为。

4. 不仅高校新进思政课教师要进行入职宣誓，在职在编高校思政课教师也应定期或者不定期进行宣誓。无论是新进还是在职在编高校思政课教师的宣誓，都是他们对自己职业选择的郑重承诺，通过庄严仪式的承诺，能有效增强高校思政课教师的职业荣誉感，让他们发自内心地意识到自己肩负的神圣使命，这对于高校思政课教师认真履行职责及形成优良的师德师风，具有极其重要的意义。

5. 要建立有效的高校思政课教师权益救济制度。在高校思政课教师准入、评价、激励与退出机制中，任何制度都不能确保每个决定百分之百正确，如果高校思政课教师对决定不服，立法应为其构建权益救济制度，不能因公益而忽略私益。

第一章　高校思政课教师准入机制法治化

高校思政课教师准入机制法治化，是指从立法层面对高校思政课教师准入应具备的条件、须经的程序、对不具备条件的准入及违反程序准入的后果予以具体规定。将高校思政课教师准入机制上升到立法层面，由法律对高校思政课教师准入条件、准入程序及违法准入须承担的责任予以规定，能有效避免因准入门槛低或准入条件模糊导致认识字的人都可教思政课及教不了专业课就改教思政课的乱象。

第一节　准入机制法治化必要性

关于高校思政课教师的准入条件及准入程序，在党和国家有关部门发布的文件中有直接或间接规定，例如，在准入条件上，新任高校思政课教师原则上应当是中国共产党党员且具备相关专业硕士以上学位；[①]在准入程序上，高校新进思政课教师

① 2008 年，中宣部、教育部在《关于进一步加强高等学校思想政治理论课教师队伍建设的意见》中规定，思想政治理论课教师必须坚持正确的政治方向，热爱马克思主义理论教育事业，具有良好的思想品德，有扎实的马克思主义理论基础和相应的教学水平、科研能力。新任教师原则上应当是中国共产党党员，具备相关专业硕士以上学位。

要进行宣誓并参加岗前专项培训。[①] 党和国家文件关于高校思政课教师准入条件与准入程序的规定,对构建高校思政课教师准入机制有极其重要的指导意义。但仔细思考不难发现,文件关于高校思政课教师准入条件与准入程序的规定尚有不足,如有的规定较原则,可操作性不强,尤其是赋予高校有权制定思政课教师任职资格标准,[②]难免会导致各高校制定的标准五花八门,甚至相互冲突。此外,文件通常只具有指导性,缺乏强制执行力,由此可能导致部分高校不能对思政课教师准入机制构建及运行引起足够重视。因此,有必要对我国高校思政课教师准入条件、准入程序及违法准入须承担的责任予以法治化。

一、强化高校履行严把入口关职责

教育部2020年发布的《新时代高等学校思想政治理论课教师队伍建设规定》明确指出,高校是思政课教师准入机制构建的责任主体,要严把入口关,[③]但对于高校没有认真履行严把入口关应承担的责任没有涉及。缺失应承担否定性后果的责任规定,在某种程度上就如同道德规范,能否得到遵循以及在多大程度上得到遵循,这往往取决于高校领导以及负责审查的工作人员的思想道德境界。

须承认的是,大多数高校领导及具体负责审查的工作人员有较高的思想道德境界,对教育部关于高校应当严把新进思政课教师入口关的文件规定,他们会遵照执行。但不得不承认,伴随高校扩招,高校面临思政课教师人数不足的窘境。造成这一窘境的原因,从某种意义上说,与很多高校尤其是地方高校没有

---

① 2015年,中宣部、教育部印发的《普通高校思想政治理论课建设体系创新计划》通知指出,要建立新进思政课教师宣誓制度以及中宣部、教育部要举办骨干教师、新进教师、新修订教材使用、社会实践研修等示范培训。2020年,教育部发布的《新时代高等学校思想政治理论课教师队伍建设规定》指出,高校新入职教师应参加岗前专项培训。2021年,教育部关于印发《普通高等学校思想政治理论课建设标准》的通知,将"新任专职教师必须参加省级岗前培训"作为思政课教师队伍建设的一个指标点予以规定。

② 2020年,教育部发布的《新时代高等学校思想政治理论课教师队伍建设规定》规定,高等学校应当根据思政课教师的工作职责、岗位要求,制定任职资格标准和选聘办法。

③ 2020年,教育部发布的《新时代高等学校思想政治理论课教师队伍建设规定》指出,主管教育部门和高校应当加强思政课教师队伍建设;高等学校应当根据思政课教师工作职责、岗位要求,制定任职资格标准和选聘办法;高校应严把政治关、师德关、业务关,明确思政课教师的任职条件。

人事权有直接关联,这是因为高校引进思政课教师所需编制要得到地方政府批准,地方政府为减少财政压力,对编制往往有较严格的控制,完全按照师生比配套思政课教师的要求,在一些地方高校很难得到满足,高校领导对此也非常苦恼。

由上不难发现,高校面临思政课教师人才紧缺与严把入口关的艰难决策,在此种情况下,文件对高校没有认真履行严把入口关须承担的责任缺失规定,有可能导致个别高校领导在思想上松懈,采取"睁一只眼闭一只眼"的策略应对新任思政课教师的入口关审查,或者在审查过程中,重业务关、轻政治关和师德关。在一些办学资源紧缺的地方高校,引进思政课教师的资金投入不够,甚至在业务关上也没有很好把握,一些不具相关专业知识背景或不能满足相应思政课程教学要求的人亦可当思政课教师,高校不能很好把握思政课教师入口关。

要强化高校增强严把思政课教师入口关的职责,确保党和国家文件关于高校思政课教师准入的政策规定能够切实得到有效的贯彻执行,一个简捷有效的方法就是将党和国家相关文件的政策性规定上升到立法层面,由法律明确高校思政课教师准入条件、准入程序、违法准入责任及高校在思政课教师入口关的审查义务。如果高校在引进思政课教师时,没有认真履行职责,对不具备条件的人予以引进或引进程序违法,有关主体要承担相应责任。基于自身利益及名誉荣誉考虑,会促使高校领导及其工作人员提高政治站位,自觉增强严把入口关的责任意识,认真履行严把入口关的职责。正是从这个意义上说,高校思政课教师准入机制法治化有正当基础,是强化高校履行严把思政课教师入口关职责的需要。

二、提升高校思政课教师综合素质

一个高素质的高校思政课教师,必须在政治上与党中央保持一致、有良好的思想道德品质、具备扎实的马克思主义理论知识以及能胜任相应思政课课程教学的教育教学能力。总的来说,我国高校思政课教师整体素质还没有达到这样的要求,例如,个别高校思政课教师的政治纪律意识不强,在课堂上有时会发表一些不当言论;部分高校思政课教师的知识储备不够、教学理念落后、采用的教学方法单一,特别是在一些民办及中外合作办学的高校,思政课教师的马克思主义理论知识匮乏,任何人都可上思政课的乱象还比较突出,大学生对高校思政课教师的教学能力及教学效果满意度不尽如人意，思政课获得感不强。

根据表1，大学生对高校思政课教师素质的总体评价不理想及对思政课教学效果的满意度不高，这在一定程度表明，高校思政课教师的政治素质、思想道德品质、马克思主义理论专业知识及教育教学能力尚存不足，整体素质有待提升。

表1　大学生对高校思政课教师素质的总体评价及对教学效果满意度调查

问卷对象	问卷问题	
	1. 你对高校思政课教师素质的总体评价（单选） a. 非常好；b. 好；c. 不好	2. 你对高校思政课教学效果的满意度（单选） a. 非常满意；b. 满意；c. 不满意
大一学生	a. 非常好为17%； b. 好为61%； c. 不好为22%	a. 非常满意为25%； b. 满意为56%； c. 不满意为19%
大二学生	a. 非常好为16%； b. 好为58%； c. 不好为26%	a. 非常满意为22%； b. 满意为58%； c. 不满意为20%

在党和国家发布的相关文件中，对提升高校思政课教师素质的选聘培养与培训有直接或间接规定。[①] 须承认的是，党和国家关于高校思政课教师选聘培养及开展系统培养培训的文件规定，不仅能让高校思政课教师在思想上对提升自身素质的重要性引起重视，而且会促使其想方设法采取有效举措提升自身专业理论及各方面素养。然而，很难找到一个科学评价高校思政课教师素质的具体可操作性标准，很难判断高校思政课教师是否有扎实的马克思主义理论知识，加之文件对高校思政课教师应培训却不培训及培训没有达到相应效果要承担的责任缺失规定，高校思政课教师没有外在压力或外在压力小，钻研专业知识的动力不足，导致很多有助于提升专业知识的培训工作常流于形式，培训效

① 例如，2008年，中宣部、教育部在《关于进一步加强高等学校思想政治理论课教师队伍建设的意见》中指出，各地各高校要制定教师培训规划，建立和完善有重点、多层次、多形式的培训体系，努力使培训工作经常化、制度化等；2020年，教育部发布的《新时代高等学校思想政治理论课教师队伍建设规定》，对高校思政课教师的职责与要求、配备与选聘、培养与培训、考核与评价、保障与管理等也有明确规定。

果与预期有很大差距。

那么,如何才能促使高校思政课教师采取有效举措提升自身各种素质,由立法对高校思政课教师的准入条件、准入程序以及违法准入后果予以确立,应该是一个简捷有效的方法。因为准入机制一旦法治化,高校思政课教师准入条件及准入程序就由刚性法律制度予以确立和保障,对不符合条件及违反程序的准入,相关主体要承担相应法律责任,这有利于促使想当高校思政课教师的人努力提升自身各方面素质,以满足高校思政课教师的准入条件。例如,立法将参加并通过教育部主持的职业资格考试设定为高校思政课教师准入条件,就如同要从事法律职业工作首先应通过司法部组织的法律职业资格考试一样,通过法治化路径保障通过考试获取高校思政课教师准入资格。没有通过考试的人就不能担任高校思政课教师,否则,违法准入就要追究高校及当事人法律责任,这促使想当高校思政课教师的人钻研相关专业知识,有助于改变当下思政课教师马克思主义理论专业知识参差不齐及没有马克思主义理论知识的人也可当高校思政课教师的现象。

由上不难发现,党和国家关于提升高校思政课教师素质的政策规定,须有刚性法律制度予以保障实施,否则,仅有政策规定,很难促使高校思政课教师采取有效措施提升自身素质。将高校思政课教师准入机制予以法治化,由立法明确准入条件、准入程序及高校没有严把入口关的责任后果,能有效保障高校思政课教师有较高素质。倘若缺失刚性法律制度保障,党和国家关于提升高校思政课教师政治、思想品德、专业素质等政策规定,对于提高高校思政课教师素质虽有重要作用,但因政策规定往往具有原则性、可操作性不强,加之政策易变动,尤其是缺失强制力保证实施,各地各高校在贯彻实施时,把握标准不一,效果不是很理想。高校思政课教师自身也未能在思想上引起重视,在参加各种培训时,只是被动配合,并没有将时间和精力真正投入提升自身素质的活动中。

鉴于仅有政策规定在实践中很难保障高校思政课教师素质得到有效提升,有必要将高校思政课教师准入机制予以法治化,通过刚性法律制度设定担任高校思政教师应具备的条件,如原则上高校思政课教师应当是中共党员、有相关专业硕士以上学历、通过教育部主持的高校思政课教师统一职业资格考试等。

准入机制法治化意味着，对于不具备法定条件及违反法定程序的高校思政课教师准入，要追究当事人的法律责任，这无疑能促使想担任高校思政教师的人加强自身政治素质、思想道德、专业知识以及教育教学能力的修养，进而提升高校思政课教师各种素质。

三、提高大学生思想政治教育实效

高校思政课教师是大学生思想政治教育的重要主体。[①] 要提高大学生思想政治教育的有效性，离不开一支政治素质过硬、思想道德品质高尚、马克思主义理论基础知识扎实、教育教学能力一流的高素质高校思政课教师队伍。但就目前整体来说，我国高校思政课教师还没有达到这样的要求，大学生对思政课教师思想政治教育满意度不是很理想，新时代高校思想政治教育效果有待进一步提高。

表 2 在一定程度表明，大学生对高校思想政治教育的满意度不是很高，要提高高校思想政治教育的效果，加强高校思政课教师队伍建设是一个重要因素。

表 2　大学生对高校思想政治教育满意度及提升高校思想政治教育有效举措调查

问卷对象	问卷问题	
	1. 你对自己所在高校的思想政治教育是否满意？（单选） a. 非常满意；b. 满意；c. 不满意；d. 无所谓	2. 你认为提升高校思想政治教育的有效举措有哪些？（多选） a. 加强说理性；b. 建设一支高素质思政课教师队伍；c. 采用先进教育方式；d. 其他
大一学生	a. 非常满意为 25%； b. 满意为 45%； c. 不满意为 17%； d. 无所谓为 13%	a. 加强说理性为 96%； b. 建设一支高素质思政课教师队伍为 98%； c. 采用先进教育方式为 96%； d. 其他为 93%

① 2004 年，《中共中央国务院关于进一步加强和改进大学生思想政治教育的意见》指出：大学生思想政治教育工作队伍主体是学校党政干部和共青团干部，思想政治理论课和哲学社会科学课教师，辅导员和班主任。思想政治理论和哲学社会科学课教师根据学科和课程的内容、特点，负责对学生进行思想理论教育、思想品德教育和人文素质教育。

续表

问卷对象	问卷问题	
	1. 你对自己所在高校的思想政治教育是否满意?(单选) a. 非常满意;b. 满意;c. 不满意;d. 无所谓	2. 你认为提升高校思想政治教育的有效举措有哪些?(多选) a. 加强说理性;b. 建设一支高素质思政课教师队伍;c. 采用先进教育方式;d. 其他
大二学生	a. 非常满意为 21%; b. 满意为 46%; c. 不满意为 23%; d. 无所谓为 10%	a. 加强说理性为 93%; b. 建设一支高素质思政课教师队伍为 97%; c. 采用先进教育方式为 93%; d. 其他为 92%
大四学生	a. 非常满意为 17%; b. 满意为 45%; c. 不满意为 25%; d. 无所谓为 13%	a. 加强说理性为 92%; b. 建设一支高素质思政课教师队伍为 96%; c. 采用先进教育方式为 93%; d. 其他为 90%

在党和国家相关文件中,对于加强高校思政课教师队伍建设有规定,但须承认,高校思政课教师队伍建设是一个系统工程,仅有政策规定远远不够,还要有效整合各种社会力量,充分调动高校及党政部门采取各种举措建设思政课教师队伍的积极性,应加强准入机制法治化建设,如将高校思政课教师准入条件、准入程序及违法准入后果予以立法保障,从源头上严把高校思政课教师入口关。

准入机制法治化是建设一支高素质高校思政课教师队伍的重要举措,因为立法一旦将担任高校思政教师须具备思想政治素质、知识素养及教育教学能力等予以确立,意味着只有具备法定条件的人才有资格担任高校思政课教师,想当高校思政课教师的人必须加强自身各方面的素质,负责高校思政课教师准入资格审查的机构及其工作人员应认真履行审查职责,否则,要承担相应的法律责任。高校思政课教师准入机制缺失法律保障,没有明确不具备资格的准入当事人应承担的法律责任,一些高校及主管教育行政部门领导未能在思想上对高校思政课教师的准入引起足够重视,在选拔高校思政课教师时的责任心不强,如对思政课教师选拔注重业务素质,对政治素质及思想道德品质的重视更多是停留在口头上,一些不合格或不适宜担任高校思政课教育教学的人也可上思政课讲台,这不仅有违党和国家的政策规定,也在很大程度上严重制约和影响高校对大学生有效开展思想政治教育,通过思政课教学于无形中达到对大学生进行思想政治教育的效果难以实现。

由上可见,要对大学生开展有效的思想政治教育,必须建设一支高素质高校思政课教师队伍,而准入机制法治化是建设一支高素质高校思政课教师队伍的必然要求。因为通过立法确立高校思政课教师准入条件、准入程序及违法准入须承担的责任,在源头上严把入口关,有利于确保高校思政课教师的高素质。只有真正建立了一支高素质高校思政课教师队伍,通过政治素质过硬、思想道德品质高尚、马克思主义理论专业知识雄厚及善于教育教学的思政课教师的教育引导,在价值取向多元化的当今社会,才能提高大学生思想政治教育的实效性。

四、增强大学生思政课获得感

高校思政课教师要对大学生进行马克思主义理论教育,引导大学生坚定信仰马克思主义,必须丰富自己的专业知识及提升自身教学水平,让大学生对思政课感兴趣,增强其思政课获得感。倘若高校思政课教师的马克思主义理论知识缺乏、教学水平低、上课无法吸引大学生,那么大学生对思政课没有获得感,不能从思政课中知道为什么马克思主义是一种科学理论以及中国选择马克思主义作为立党立国指导思想的必然性。面对当今国际国内出现的各种文化思潮在高校的交流交融交锋,我们很难引导大学生坚定信仰马克思主义,很难确立马克思主义在意识形态领域的指导地位,很难用马克思主义理论帮助大学生树立世界观、人生观、价值观,因此,增强大学生思政课获得感成为高校思政课建设须解决的问题。

表 3 虽不能完全说明我国高校思政课教师的教学能力与教学效果差,但在一定程度反映一些大学生对部分高校思政课教师教学能力以及教学效果的满意度不是很高,高校思政课教师的教学能力还需要进一步提升。如何增强新时代大学生思政课获得感,是加强高校思政课建设应注意解决的问题。

表3　大学生对高校思政课教师教学能力与教学效果的满意度调查

<table>
<tr><td rowspan="2">问卷对象</td><td colspan="2">问卷问题</td></tr>
<tr><td>1. 你对高校思政课教师的教学能力满意度(单选)
a. 非常满意;b. 满意;c. 不满意</td><td>2. 你对高校思政课教师教学效果满意度(单选)
a. 非常满意;b. 满意;c. 不满意</td></tr>
<tr><td>大一学生</td><td>a. 非常满意为 27%;
b. 满意为 53%;
c. 不满意为 20%</td><td>a. 非常满意为 26%;
b. 满意为 56%;
c. 不满意为 18%</td></tr>
<tr><td>大二学生</td><td>a. 非常满意为 26%;
b. 满意为 55%;
c. 不满意为 19%</td><td>a. 非常满意为 25%;
b. 满意为 58%;
c. 不满意为 17%</td></tr>
<tr><td>大四学生</td><td>a. 非常满意为 19%;
b. 满意为 52%;
c. 不满意为 29%</td><td>a. 非常满意为 17%;
b. 满意为 55%;
c. 不满意为 28%</td></tr>
</table>

众所周知,高校思政课有鲜明的政治属性,价值导向明显。高校思政课教师在课堂上对学生进行马克思主义理论知识讲授,不是为讲授而讲授,讲授是要引导大学生坚定信仰马克思主义,把大学生培养成为对党和国家有用之人。然而,作为高校思政课教育教学对象的新时代大学生,他们知识层次较高、见多识广、崇尚科学、善于独立思考,尤其是伴随社会进入信息时代,对于错综复杂的社会问题及网络、电视、广播、书刊对这些复杂社会问题的舆论宣传,大学生通常有自己的独到看法,不轻信说教,不盲从,追求真实。高校思政课鲜明的政治性及教育教学对象的特殊性决定,要通过思政课引导新时代大学生坚定信仰马克思主义,要求高校思政课教师须具有很高的素质,如要有渊博学识及高超的教学技术,否则,课堂没有到课率、抬头率与点头率,大学生对思政课获得感不强,思政课教师上课等同于做无用功,无法引导大学生坚定信仰马克思主义。

要增强新时代大学生思政课获得感须具备多种条件,例如,高校思政课教师要有扎实的马克思主义理论专业知识、过硬的政治素质、高尚的道德情操以及高超的教育教学技术,否则,一个连马克思主义理论都无法讲深、讲透的高校思政课教师,不能期待其在润物细无声中对大学生进行教育引导。正是从这个意义上说,要增强大学生思政课获得感,让大学生切实从思政课中学会运用马克思主义理论分析和解决时代之问、中国之问、世界之问,克服认识上的片面性和盲目性,把大学生培养成为社会主义合格建设者与可靠接班人,为大学生健康成长提供正确理论指导与价值引领,有必要建设一支政治强、情怀深、思维新、视野广、自律严、人格正的高素质高校思政课教师队伍。

准入机制法治化明确宣示高校思政课教师的准入条件及准入程序,例如,在政治思想上同党中央保持一致、原则上应是中共党员、思想品德高尚、有相关专业硕士以上学历背景、有胜任相应课程的教学能力等设定为高校思政课教师准入条件。这意味着,对不具备条件的准入,要追究有关主体的法律责任。准入条件法治化有两方面作用:一是促使想担任高校思政课教师的人努力提升自身素质,让自己满足高校思政课教师准入条件;二是促使有关主体认真履行准入审查的义务。由此不难发现,准入机制法治化对于建设一支高素质高校思政课教师队伍有重要价值,否则,缺失刚性法律制度保障,在对高校思政课教师准入资格进行审查过程中,负责资格审查的工作人员在思想上可能很难引起足够重视,由于责任意识淡漠,势必导致一些不具备准入资格的人混入高校思政课教师队伍,进而影响高校思政课实效性,致使大学生思政课获得感不高,正是从这个意义上说,高校思政课教师准入机制法治化是增强大学生思政课获得感的需要。

第二节　准入条件法治化

准入条件法治化,是指立法对高校新任思政课教师须具备的要件予以明确规定。一旦高校思政课教师准入条件由立法加以确立,不具备法定条件或者不符合法定条件的人不能成为高校思政课教师,否则就是违法,要承担相应法律责任。由此可见,准入条件法治化在一定程度有效避免了思想政治不合格、没有马克思主义理论知识以及教育教学能力不能满足相应课程需要的人亦可走上高校思政课讲台的乱象。根据党和国家发布的相关文件,结合高校思政课教师队伍建设现状，立法有必要将如下事项确立为高校思政课教师准入应具备的条件。

一、原则上应当是中国共产党党员

思政课教师是党的理论和路线方针政策的宣讲者，为确保大学生正确理解党的理论和路线方针政策，应将具有中共党员身份确立为高校思政课教师准入条件。[①]

（一）必要性

1. 高校思政课教师的职责所决定

引导学生立德树人、立志成才，树立正确世界观、人生观、价值观，坚定信仰马克思主义及增强对中国特色社会主义的四个自信，是高校思政课教师的职责。[②] 高校思政课教师要履行职责，完成党和人民交给的重任，首先其自身须有很高的素质，如在政治上同党中央保持一致、有良好的师德师风、具备扎实专业的理论知识及高超的教育教学技术。如果高校思政课教师自身都没有良好的思想道德品质，不可能引导学生立德树人；倘若高校思政课教师自己都不能增强“四个意识”、坚定“四个自信”、做到“两个维护”，在政治上不能与党中央保持一致，对社会主义不能持坚定信念，很难引导学生对马克思主义持坚定信仰，无法培养学生厚植爱国主义情怀，不可能将学生培养成为社会主义建设者和接班人。

然而，要确保高校思政课教师有过硬的政治素质、坚定的马克思主义信仰以及对社会主义持坚定信念，必须提升其准入的政治条件，严把入口关，让有信仰的人讲信仰以及有政治素养的人讲政治，才能有效确保高校的社会主义办学方向以及把青年大学生培养成为德智体美劳全面发展的社会主义建设者和接班人。

综上所述，将原则上应是中国共产党党员设定为高校思政课教师准入条件并予以法治化，是高校思政课教师的职责所决定的。通过立法保障高校思政课

---

① 关于高校新进思政课教师原则上应当是中国共产党党员，党和国家发布的相关文件有明确规定，例如，2008 年中宣部、教育部颁布的《关于进一步加强高等学校思想政治理论课教师队伍建设的意见》指出，高校思政课新任教师原则上应是中国共产党党员。

② 参见 2020 年教育部发布的《新时代高等学校思想政治理论课教师队伍建设规定》第 5 条。

教师有过硬的政治素质,具有合理性。由刚性法律制度确立高校思政课教师准入须具有政治身份,有利于促使高校思政课教师增强责任意识与职业自豪感,确保高校思政课教师正确履行职责。须强调的是,我们不能保证有中国共产党党员身份的人都坚定信仰马克思主义,我们也不能说不是中国共产党党员的人就不信仰马克思主义及缺失对社会主义和共产主义的坚定信念。但我们可以肯定地说,中国共产党党员是经过党组织长时间教育培养及严格考查的,相对于普通群众,他们的政治觉悟更高,组织纪律意识更强,对党和国家的路线方针政策的认同度更大,由他们担任高校思政课教师,特殊政治身份使其更加严格要求自己,注意授课纪律。正是从这个意义上说,通过立法将原则上应当是中国共产党党员明确规定为高校思政课教师准入条件,是高校思政课教师履行好岗位职责的客观需要。

2. 对高校思政课教师角色期待的要求

高校思政课教师是大学生健康成长的引路人,加之受"师道尊严""尊师重教"的传统文化观念影响,人们不仅期望高校思政课教师是"辛勤园丁""人类灵魂工程师""燃烧自己照亮别人的蜡烛",还对其寄予很高的角色期待。

一是期待高校思政课教师有高尚品德与独特人格魅力。高校思政课教师要引导青年大学生健康成长,首先要求其自身须是为人为学的表率,否则,作为大学生教育者、指导者及引路人的高校思政课教师,如果其自身安于现状、没有拼搏进取精神、唯利是图、损人利己,不可能教育引导新时代大学生立德树人、立志成才。正是从这个意义上说,高校思政课教师应具有高尚品德与独特人格魅力,这是人们对其殷切的希望。而中国共产党以全心全意为人民服务为宗旨,除了在法律以及政策规定范围内获得个人正当利益之外,所有的中国共产党党员都不得谋求任何私利。[①] 不得不承认,与普通群众相比,中国共产党党员有更高的思想道德境界,因此,在设定高校思政课教师准入条件时,明确新任思政课教师原则上应是中共党员,能很好地满足人们对高校思政课教师有高尚品德与独特人格魅力的期待。

---

① 参见《中国共产党章程》第2条第2、3款。

二是期待高校思政课教师是坚定的马克思主义信仰者。要教育引导新时代青年大学生坚定信仰马克思主义,高校思政课教师自身首先要相信马克思主义是一种科学的理论,始终对马克思主义持有坚定的信仰。否则,作为马克思主义传播者的高校思政课教师,如果其自身都不信仰甚至不相信马克思主义,只是把讲授马克思主义作为一种谋生的手段,上课缺乏激情,授课内容空洞乏味,对学生没有吸引力,很难通过课堂教学教育引导学生坚定信仰马克思主义。中国共产党以马克思主义作为自己的指导思想与行动指南,中国共产党党员有学习马克思主义的义务,因此,有必要将“原则上应是中国共产党党员”设定为高校思政课教师准入条件,这在一定程度上能满足人们对高校思政课教师应是马克思主义信仰者的期待。

三是期待高校思政课教师是社会主义核心价值观的模范践行者。要有效对新时代大学生进行社会主义核心价值观的教育引导,作为教育者与引导者的高校思政课教师,首先其自身必须模范践行社会主义核心价值观,只有通过榜样的示范力量,教育和引导才发挥作用。一个没有良好师德师风、不讲诚信、缺乏友善的高校思政课教师,一个行事霸道、言语粗鲁、唯利是图的高校思政课教师,不可能对新时代大学生开展有效的社会主义核心价值观教育和引导。换言之,高校思政课教师要对新时代大学生进行有效的社会主义核心价值观教育和引导,首先要模范践行高校教师道德规范,努力成为党开创的伟大事业的建设者,民族精神和时代精神的体现者和传承者,社会主义荣辱观的培育者与示范者。[①] 中国共产党党员有带头实践社会主义核心价值观和社会主义荣辱观的义务,[②]正是从这个意义上说,将“原则上应是中国共产党党员”设定为高校思政课教师准入条件,能很好地满足人们期待高校思政课教师应当是社会主义核心价值观的模范践行者的殷切希望。

综上所述,由于高校思政课教师讲授的课程具有鲜明的政治属性,他们肩负引导新时代大学生立德树人,立志成才的艰巨使命,人们期待高校思政课教

---

① 参见龙斌:《高校思想政治理论课教师应做信仰坚定的共产党员》,载《赤峰学院学报(汉文哲学社会科学版)》2009 年第 6 期。

② 参见《中国共产党章程》第 3 条第 8 款。

师有高尚的品德与独特的人格魅力，期待高校思政课教师是马克思主义信仰者及师德规范的模范践行者。与普通群众相比，中共党员的思想更先进、对马克思主义的信仰更坚定以及更能自觉践行社会主义核心价值观，因此，把“原则上应当是中国共产党党员”确立为高校思政课教师准入条件，并将其上升到立法层面，由刚性法律制度予以保障，是人们对高校思政课教师角色期待的要求。

3. 中国共产党党员的先进性所决定

其一，有为共产主义奋斗的觉悟。共产主义是一个没有阶级剥削、人人平等、各尽所能、按需分配的社会，实现共产主义是中国共产党的最高理想与最终目标。

中国共产党党员作为中国共产党的成员，尽管其同样是也永远是人民群众中的普通一员，但与普通人民群众不同，中国共产党党员是经党组织的长期培养，有先进的思想和觉悟，他们可以为实现共产主义最高理想不惜牺牲个人的一切。

其二，全心全意为人民服务。除了工人阶级和最广大人民群众的利益，中国共产党没有自己的特殊利益。[①] 作为中国共产党的一员，党员要全心全意为人民服务，不得突破政策及法律界限谋求私利，这体现了党员不同于普通群众的先进性。

其三，在工作和社会生活中履行先锋模范义务。《中国共产党章程》规定，在生产、工作、学习和社会生活中，党员有发挥先锋模范的义务，如带头参加改革开放和社会主义现代化建设，带动群众为社会进步艰苦奋斗，[②]这无疑彰显党员的先进性。

其四，有科学的理论指导。马克思主义及中国化时代化的马克思主义是中国共产党的根本指导思想。实践证明，揭示人类社会发展规律的马克思主义是一种科学理论，具有强大的生命力，拥有马克思主义科学理论指导是党员坚定信仰信念的根本所在，是党员既是普通群众但又不同于普通群众的先进性

① 参见《中国共产党章程》总纲。

② 参见《中国共产党章程》第3条第2款。

体现。

党员是具有先进性的劳动人民，将原则上应当是中国共产党党员确立为高校思政课教师准入条件，让思想先进的人对大学生开展马克思主义理论教育教学，有利于高校实现落实立德树人的根本任务。倘若我们的高校思政课教师没有“吃苦在前，享受在后”的崇高思想境界，在教学科研以及服务社会工作中拈轻怕重，过度追求个人利益，不可能引导新时代青年大学生健康成长，因此，在立法上确立高校思政课教师原则上应是中国共产党党员，是党员的先进性所决定。

（二）克服两种偏激思想

把“原则上应当是中国共产党党员”确立为高校新任思政课教师的准入条件并将其予以法治化，通过立法保障高校思政课教师有过硬的政治素质，在一定程度上能增强高校思政课教师的职业认同感及职业荣誉感，激发他们从事高校思政课教育教学的热情，强化他们的责任担当意识。但要注意克服如下两种偏激思想：

一是认为高校新任思政课教师都必须是党员，不是党员就没有高校思政课教师准入资格。关于高校新任思政课教师是否必须是中国共产党党员，党和国家文件只是规定：高校新任思政课教师原则上应当是中国共产党党员。“原则上应当是”是否意味着高校新任思政课教师都必须是党员，不是党员就不能选聘为高校思政课教师？对此可从原则性和灵活性相结合的视域予以理解，一般而言，原则性是必须坚持不能突破的底线，但因事物发展有时具有复杂性，如果不考虑特殊情境，以原则性反对灵活性，会导致制度过于刚性而难以满足现实客观需要，进而在实践中不能有效贯彻实施。如果高校新进思政课教师都必须是党员，不是党员就没有准入资格，就没有必要强调“原则上应当是”，直接规定高校新任思政课教师必须是党员即可。党和国家文件之所以强调“原则上应当是”而非“必须是”，没有采取“一刀切”的做法，应该是考虑到原则性与灵活性相结合的问题，没有将非党员绝对排除在高校新任思政课教师的范畴外。

将“原则上应是党员”设定为高校思政课教师的准入条件，是强调在选聘高校思政课教师时，对于应聘者的资格审查，首先要看其是否为党员，不是党员的，一般没有选聘资格。但“原则上应是”不等于不是党员就不能被选聘为高校思政课教师。对于始终坚持四项基本原则，目前已是入党积极分子的，应可以选聘为高校新任思政课教师。此外，对于业务能力强，有特殊才能的年轻人，即便目前不是党员乃至还不是入党积极分子，只要他坚持四项基本原则，坚决拥护党的领导，有加入中国共产党的意愿，应同样可以考虑选聘为高校新任思政课教师。当然，在选聘不是党员的人作为高校思政课教师时，必须谨慎，对拟聘者的思想政治状况要进行严格审查，必要时，可以组织专家进行评估，将评估结果报学校党委会讨论决定。此外，对于选聘非党员为高校思政课教师，在数量和比例上要进行严格控制，例如，要确保高校思政课教师中，党员占比不能少于90%。①

在实践中，很多高校在引进思政课教师时，虽也规定原则上应当是中国共产党党员，但在实际运行中，没有灵活性，只有原则性，在进行资格审查时，不是党员的都不能选聘为高校思政课教师，不能说这是对党和国家关于新进高校思政课教师“原则上应是中国共产党党员”规定的误解，但不得不承认，这种“一刀切”的做法，未免简单粗暴，这不仅不利于吸收优秀人才进入高校思政课教师队伍，还有可能导致有马克思主义理论硕士点的单位基于为学生找工作考虑，放松入党条件，部分不具备入党资格的学生也勉强入党，造成不良影响。

二是认为非党员的在职在编高校思政课教师不能上思政课。伴随原则上应当是党员被确立为高校思政课教师准入资格的政策出台及贯彻实施，在个别高校，出现不是党员的在职在编思政课教师不能上思政课的过激做法。高校承载的“为党育人、为国育才”重任，在很大程度上要由思政课教师来肩负，思政课教师担负教育引导大学生健康成长的光荣使命，承担为党和国家培养社会主义合格建设者与可靠接班人的神圣职责，将原则上应当是党员设定为高校思政课

① 关于高校新进思政课教师“原则上应当是中国共产党党员”，人们的理解不尽一致，很多高校在引进思政课教师时，凡是不是中国共产党党员的，一律不予选聘。极个别高校甚至规定，对在职在编的思政课教师，如果不是中国共产党党员，不能上思政课。为了更好贯彻执行党和国家关于高校思政课教师的准入条件，有关部门有必要对“原则上应当是中国共产党党员”予以精准解释。

教师准入条件并加以立法保障，不仅具有合理性，而且具有必要性和紧迫性。

但笔者认为，在党和国家出台这一政策以及该政策上升为法律之前，对于已经入职的马克思主义学院非党员思政课教师，不能采取不能上思政课的简单粗暴做法。解决该问题一个比较妥当的有效方法是，对具备入党条件的高校思政课教师，应当鼓励其积极向党组织靠拢，争取早日加入中国共产党。在不能完全实现高校思政课教师全部党员化的情况下，应当加强对思政课教师进行思想政治教育，确保课堂讲授有纪律。当然，对于在政治上不能与党中央保持一致、没有扎实的马克思主义理论知识以及教学能力不能满足相应课程需要的非党员高校思政课教师，应当根据实际情况，予以培训、转岗或退出。

二、在政治上同党中央保持一致

在政治上同党中央保持一致，这是党和国家文件对高校思政课教师的明确要求。[①] 然而，要确保党和国家文件的这一要求能够得到有效贯彻执行，有必要在立法上将“在政治上与党中央保持一致”确立为高校思政课教师的准入条件。

（一）高校思政课自身具有鲜明的政治属性

高校思政课是宣传党的理论和路线方针政策的重要阵地，是用习近平新时代中国特色社会主义思想铸魂育人的主渠道。将在政治上同党中央保持一致设定为高校新任思政课教师准入条件，是高校思政课自身具有鲜明的阶级性所决定。为确保这一准入条件能得到有效贯彻执行，应当将其上升到国家立法层面，由刚性法律制度保障实施。

（二）高校思政课教师在大学生健康成长中扮演重要角色

高校思政课教师是大学生健康成长的引路人，大学生能否树立正确世界

---

① 2008 年，中宣部、教育部在《关于进一步加强高等学校思想政治理论课教师队伍建设的意见》中指出，思政课教师必须坚持正确的政治方向，在事关政治原则、政治立场和政治方向问题上不能同党中央保持一致的，不得从事思想政治理论课教学。2021 年，教育部关于印发《高等学校思想政治理论课建设标准（2021 年本）》的通知中规定，思政课教师应坚持正确的政治方向，在政治立场、政治方向、政治原则、政治道路上同以习近平同志为核心的党中央保持高度一致。

观、人生观、价值观，能否扣好人生的第一粒扣子，能否成为一个对党和人民有用之人，在很大程度上取决于高校思政课教师能否对其进行正确教育和引导。将“在政治上同党中央保持一致”作为高校思政课教师准入条件并将其予以法治化，确保只有政治素质过硬的人才有资格当高校思政课教师，是高校思政课教师在大学生健康成长中承载引路人的使命所决定。

(三)保障中国大学的社会主义办学方向

思政课是高校开展马克思主义理论教育、全面贯彻党的教育方针的主干渠道，是确保中国大学社会主义办学方向的重要保障。高校思政课要对大学生有效开展马克思主义理论教育，始终确保高校社会主义办学方向，首先须确保高校思政课教师在政治上与党中央保持一致。唯有如此，才能确保思政课以及高校坚持正确的政治方向，正是从这个意义上说，将“在政治上与党中央保持一致”设立为高校思政课教师准入条件并予以法治化，是确保中国大学社会主义办学方向的需要。

三、具备良好的思想品德

邓小平曾告诫人们：教师是一个学校能不能为社会主义建设培养德智体全面发展人才的关键。[①] 高校思政课教师是大学生健康成长的指导者，他们的一言一行都会对大学生产生深远影响。如果高校思政课教师自己没有良好的道德品质，不能身正为范，很难引导大学生健康成长。因此，将“具备良好的思想品德”设定为高校新进思政课教师准入条件并由相关立法加以保障，既必要且急需。

(一)实现高校思政课教师对青年大学生立德树人的教育引导

高校思政课教师要教育引导新时代青年大学生立德树人，首先其自身应在道德上率先垂范、以身作则，做为人为师的表率。一个价值取向扭曲、言行不一、诚信缺失、没有责任心、缺失艰苦奋斗精神的高校思政课教师，不可能教育

① 参见《邓小平文选》(第2卷)，人民出版社1994年版，第108页。

引导新时代青年大学生做一名道德情操高尚、意志坚定、身心健康、人格健全的时代新人。因此,在青年大学生世界观、人生观、价值观具有可塑性阶段,教育青年大学生增强道德意识,引导青年大学生树立积极健康向上的世界观、人生观、价值观,帮助青年大学生在精神世界中提升道德自律,培养其正确的道德信念,明确其未来的人生追求。要实现这些目标,不仅要求高校思政课教师要有扎实的马克思主义理论功底以及渊博的学识,还要求其具备坚定的政治信仰以及良好的思想道德品质,在教育教学以及社会生活中用自己高雅的言行影响大学生。

革命导师列宁指出:对他人进行思想政治教育的人首先应是具有高尚道德品质的楷模,只有其自身有较高道德情操与高度社会责任感的人格力量,才会产生润物细无声的教育效果,成为人民群众道德规范和行为准则的指导者与引路人。[①] 鉴于此,高校思政课教师应具有高尚的道德情操,是拥有较高思想道德品质的楷模。否则,他们自己都不能以德立身,不能用自己的人格魅力影响和感染学生,不能成为学生为学为事为人的典范,很难引导新时代青年大学生立德树人。正是从这个意义上说,在立法上将"具备良好的思想品德"确立为高校新任专职思政课教师的准入要件,通过刚性法律制度确保高校思政课教师是一个高雅的人、一个纯粹的人、一个有道德的人,是高校思政课教师引导新时代青年大学生立德树人的需要。

(二)确保高校思政课教师"人格要正"的有效举措

"人格要正"是一个内容丰富的语词,就高校思政课教师"人格正"而言,其蕴涵多方面内容,如高校思政课教师要有过硬本领的智慧人格、关怀学生的情感人格、高尚道德风貌的道德人格以及坚守政治立场的政治人格。[②] 尽管高校思政课教师"人格正"包含的内容较多,但具有高尚道德风貌的道德人格是其基本内容。

---

① 参见张红红:《高校思想政治理论课教师师德师风建设研究》,江西师范大学 2019 年硕士学位论文,第 27 页。

② 参见季爱民、蔡欢:《高校思政课教师素养"六要"论:高校思政课教师人格论》,社会科学文献出版社 2020 年版,第 62 ~ 68 页。

具有高尚道德风貌的道德人格，要求高校思政课教师有高尚的品格、优良的师德师风、端庄的仪表，用堂堂正正的人格去教育感化学生。否则，如果高校思政课教师缺失崇高的理想信念、无法模范践行社会主义核心价值观、不讲诚信、没有社会责任担当的使命感、凡事斤斤计较、爱占小便宜、缺乏顽强拼搏精神、贪图享乐、没有人格魅力，那么其不可能在青年大学生心灵播下真善美的种子，无法正确引导新时代青年大学生扣好人生第一粒扣子。

具备良好的思想品德是高校思政课教师"人格正"的基本内容，为此，将具备良好的思想品德设定为高校思政课教师准入条件并予以法治化。通过立法把具备良好的思想品德确立为高校新进思政课教师须具备的条件，让想当高校思政课教师的人认识到具备良好的思想品德的重要性，这有利于促使其不断提高自己的思想道德修养。此外，立法将具备良好的思想品德设定为高校思政课教师准入条件，对在职在编高校思政课教师来说，也会让其在思想上对思想品德的重要性引起重视，让他们意识到，如果不加强道德修养，不仅不能用人格魅力教育感化学生，不能正确履行教书育人职责，还有可能面临被退出的危险，基于多种因素考量，在职在编高校思政课教师也会迫使其自身不断提升道德修养。因此，在立法上明确高校新进思政课教师必须具备良好的思想品德，是高校思政课教师"人格要正"的必然要求。

（三）提升高校思政课教师对大学生进行思想政治教育的实效性

大学生是国家的未来、民族的希望，在他们的世界观、人生观、价值观形成时期，加强对他们的思想政治教育，把他们培养成为德智体美劳全面发展的社会主义建设者和接班人，这对于实现中华民族伟大复兴具有极其重要意义。

高校思政课教师是对大学生进行思想政治教育的重要主体。① 他们要对大学生进行有效的思想政治教育，让大学生真正将思想政治教育内容"内化于心"，要求其自身必须是一个有良好思想道德修养的人。因为作为教育者，高校

① 2004年，中共中央、国务院《关于进一步加强和改进大学生思想政治教育的意见》规定："大学生思想政治教育工作队伍主体是学校党政干部和共青团干部，思想政治理论课和哲学社会科学课教师，辅导员和班主任。"

思政课教师自身具备良好的思想道德修养，有利于其以良好道德风范教育和影响学生，否则，如果高校思政课教师没有家国情怀、没有高尚的道德情操、心中没有学生，这样的高校思政课教师不可能把更多的时间和精力花在提升专业知识及改进教育教学方法上。一个课都上不好的高校思政课教师很难对青年大学生进行有效的思想政治教育。正是从这个意义上说，将具备良好的思想品德确立为高校思政课教师准入条件并予以法治化，促使其在思想上认识到思想品德的重要性，是提升大学生思想政治教育实效性的需要。

四、有相关专业硕士以上学历

高校新任专职思政课教师应有马克思主义理论相关学科背景硕士以上学历，党和国家有关文件对此有明确规定。[①] 为确保高校新进思政课教师的专业及学历符合要求，有必要在立法上明确高校新进思政教师应具有的学历与专业背景。

（一）高校思政课教育教学对象具有特殊性

青年大学生是高校思政课教师进行教育教学的对象，相对于中小学学生，青年大学生的知识层次更高，他们见多识广、善于独立思考、不盲从、主体意识强、个性特征明显，对各种错综复杂的社会问题，他们通常有自己的思想见解。

高校思政课教师不仅要有丰富的专业知识，还要掌握娴熟的教育教学方法，否则，没有马克思主义理论学科相关专业知识背景及缺失高学历的教育经历，面对在认知、情感、意志等方面表现为不趋同的大学生，很难对其进行说服教育，更遑论引导他们坚定信仰马克思主义。

不能将高学历与高素质简单画等号，但不得不承认，高学历是一个高素质高校思政课教师应满足的基本要件，如果一个高校思政课教师连硕士学位都不具备，由于缺乏专门系统的专业思维训练的经历，难免会制约和影响其对新时

---

① 例如，2008 年，中宣部、教育部在《关于进一步加强高等学校思想政治理论课教师队伍建设的意见》中指出，高校新任专职思政课教师应当具备相关专业硕士以上学位。2021 年，教育部关于印发《高等学校思想政治理论课建设标准（2021 年本）》的通知中规定，高校新任专职思政课教师要具备马克思主义理论相关学科背景硕士以上学位，兼职教师具有硕士研究生以上学历和相关专业背景。

代大学生进行有效的教育教学。倘若高校思政课教师没有马克思主义理论相关学科背景,对什么是马克思主义及为什么说马克思主义是一种科学理论都不能深入浅出地向学生讲解,要求其向学生解释清楚为何要把马克思主义选择为我们立党立国的根本指导思想,就更不可能了。可以说,一个没有马克思主义理论相关学科背景的高校思政课教师,很难对大学生开展马克思主义理论教育,更遑论要求其教育引导大学生运用马克思主义基本理论分析与解决中国特色社会主义建设中遇到的各种理论与实践问题,解决中国之问、时代之问。

综上所述,大学生知识层次高、个体意识独立性强、思维敏锐、富有开拓创新精神,高校思政课教师要对其开展有效的教育教学工作,首先要求高校思政课教师自身应有马克思主义理论相关学科的背景与较高层次的教育经历,否则,很难胜任高校思政课教学。一个没有较高学历的高校思政课教师,面对较高知识层次的大学生,通常会在心理上产生一定压力,这不利于其自信地开展教育教学。因此,为确保高校思政课教师专业与学历符合要求,有必要由立法对高校新任思政教师须具有的专业背景及学历予以规定,通过法律制度确立高校新任专职思政课教师须具有相关专业硕士以上学历,是高校思政课教师更好地对新时代大学生开展教育教学的需要。

(二)有效提升高校思政课的教育教学效果

高校思政课是对大学生开展马克思主义理论教育的主阵地,高校思政课教师的教育教学效果,直接关乎能否引导青年大学生对马克思主义持坚定信仰,关乎能否引导青年大学生对社会主义和共产主义持坚定信念。就目前而言,由于一些高校对思政课建设的重要性没有引起足够重视,采取措施乏力,加之部分高校思政课教师对教育教学改革的创新意识不强,教育教学方法落后,总的来说,高校思政课的教育教学效果不理想,大学生思政课获得感不强。

尽管制约和影响高校思政课教育教学效果的因素颇多,但高校思政课教师的学历及专业背景不容忽视。在研究生教育已经很普遍的当今社会,一个连硕士学位都没有的高校思政课教师，由于缺乏系统的专业理论学习与学科思维训练，要完成高校思政课的教育教学任务，有一定难度。

须注意的是，有马克思主义理论相关学科背景硕士以上学历的高校思政课教师，并不意味着他们在高校思政课中的教育教学能力就一定很强，高学历与高水平不能简单画等号。但不得不承认，从总体来说，一个有高学历的高校思政课教师群体，只要其学历是通过正规渠道获得，他们的教育教学水平通常要比低学历的高校思政课教师群体的教育教学水平高。当然，这不能排除个别低学历的人也有较高业务能力的特殊情况。不管怎样，如果一个高校思政课教师没有马克思主义理论相关学科的专业背景，其要对青年大学生有效开展马克思主义理论教育，极其困难，更遑论要求其通过思政课教育教学引导大学生坚定信仰马克思主义。因此，在立法上确立高校新进思政课教师应具有相关专业硕士以上学历，通过刚性法律制度保障高校思政课教师符合专业及学历要求，能有效提升高校思政课教育教学效果。

（三）确保高校思政课教师具有一定科研能力

高校思政课教师应增强科研能力，高校及主管教育部门要对思政课教师的科学研究予以大力支持，对此，在党和国家相关部门发布的相关文件中有明确规定，[①]强调高校思政课教师要加强科研以及高校与主管教育部门要对高校思政课教师的科研予以支持，因为高校思政课教师开展科学研究能让其站在本学科前沿掌握和了解本学科的最新研究成果，这不仅可以为教学提供有力支撑，而且有助于高校思政课教师以学术造诣开启学生智慧。如果一个高校思政课教师只搞教学不做科研，对授课内容不进行深入探讨，就很难对马克思主义理论以及党的路线方针政策有深刻理解，课堂教学极有可能出现机械式的照本宣科，教师对授课内容没有自己的观点，讲课空洞乏味，很难引起学生共鸣。倘若一个高校思政课教师不研究创新教育教学方法，教育教学方法陈旧，在课堂上

① 例如，2008年，中宣部、教育部关于《进一步加强高等学校思想政治理论课教师队伍建设的意见》强调，要加强高校思政课教师科研能力的培养。2020年，教育部发布的《新时代高等学校思想政治理论课教师队伍建设规定》指出，高校应当注重选拔高素质人才从事马克思主义理论学习研究和教育教学，主管教育部门和高校应当加大对思政课教师科学研究的支持力度。

对马克思主义理论讲授采取传统的填鸭式满堂灌，师生之间没有互动，学生主体积极性未能得到发挥，课堂教学气氛很可能沉闷乏味，教学效果不理想，大学生思政课获得感不强。

尽管不能将高校思政课教师的科研能力与其专业背景及学历简单画等号，但不得不承认，一个没有马克思主义理论相关学科背景的高校思政课教师，对于什么是马克思主义都弄不清楚，如何对博大精深的马克思主义理论进行研究，恐怕连研究切入点都不知道从何着手。倘若一个高校思政课教师连硕士学位都没有，要对马克思主义理论进行研究同样有很大的难度，因为要研究马克思主义理论，需要研究者有一定的马克思主义理论相关学科知识，一个对什么是马克思主义以及为何说马克思主义是科学理论都搞不清楚的人，要其运用马克思主义理论分析和解决中国特色社会主义建设中的问题，通常比较困难。在现实生活中，虽也存在没有马克思主义理论相关学科背景硕士以上学历的人，他们同样对马克思主义理论开展研究并取得很多成果，但总的来说，这毕竟是少数。

综上所述，有一定研究马克思主义理论的能力，是一个高校思政课教师应具备的素质，这既是继承和发展马克思主义的需要，也是用科研支撑教学的需要。因此，将具有相关专业硕士以上学历确定为高校思政课教师准入条件并予以法治化，由刚性法律制度予以保障，这是为了满足增强高校思政教师科研能力的必然要求。

五、有胜任相应思政课程教学的能力

高校思政课教师应当具有较高的教学水平，才能履行讲好思政课的首要岗位职责，否则，如果高校思政课教师的教学能力有限，在课堂上，他们不能用循循善诱、深入浅出的方法向学生讲清楚什么是马克思主义以及马克思主义为何是一种科学理论，就很难引导学生信仰马克思主义。

（一）对大学生有效开展马克思主义理论教育的必然要求

尽管可通过多种场域对大学生进行马克思主义理论教育，但高校思政课绝对是主阵地。如果高校思政课教师没有一定的教学能力，上课枯燥乏味，没有感染力和说服力，即便有扎实深厚的马克思主义理论知识，也很难让青年大学生从课堂中感受到马克思主义理论的科学性。由于高校思政课教师的教学能力有限，大学生不能被马克思主义理论所征服，自然无法引导其坚定信仰马克思主义。大学生不能对马克思主义持坚定信仰，面对各种思想文化思潮的激烈碰撞，要确立马克思主义在意识形态领域的基础地位及发挥马克思主义在价值选择上的指导作用，将极其困难。鉴于此，将具备胜任相应思政课程教学的能力设定为高校思政课教师的准入条件并将其予以法治化，由刚性法律制度保障实施，是对大学生有效开展马克思主义理论教育的必然要求。

（二）高校思政课教师履行讲好思政课职责的需要

要履行讲好思政课的首要岗位职责，[①]高校思政课教师须具有较高的教学能力。这是因为，高校思政课教师不仅只是向青年大学生进行马克思主义理论灌输，还要教育引导他们相信马克思主义，相信马克思主义是一种科学理论，并学会运用马克思主义理论分析和解决中国之问。如果高校思政课教师的教学理念落后，不能与时俱进地对思政课教学进行改革创新，采取的教学方法简陋，在课堂上照本宣科，学生没有积极主动参与，甚至没有抬头率，这种理念落后、方法陈旧、手段单一的高校思政课教学方法，很难将抽象的马克思主义理论讲清楚、说明白，更遑论教育引导青年大学生坚定信仰马克思主义。正因为教学能力对高校思政课教师履行好岗位职责有极其重要的意义，在立法上规定，高校新进思政课教师应有胜任相应思政课教学的能力，是高校思政课教师讲好思政课的需要。

（三）有效促使高校思政课教师提升教学能力

从宏观来说，高校思政课教师可通过自我内在觉醒与外在力量促使其自身提升教学能力。如果高校思政课教师能从思想上真正认识到思政课的重要性，

---

① 2020 年，教育部印发的《新时代高等学校思想政治理论课教师队伍建设规定》第 5 条规定，思政课教师的首要岗位职责是讲好思政课。

通常会自觉树立新的教学理念,开展课堂教学改革,让广大青年大学生喜爱高校思政课。可以说,通过高校思政课教师发自内心的觉醒推动思政课的教学改革,应该是高校思政课教师提升自我教学能力的一种有效方式。但不得不承认,不是每一个高校思政课教师都能发自内心意识到思政课的重要性,完全依靠高校思政课教师自我内在觉醒实现教学能力提升,具有很大局限性。因此,有时候需要借助外部强制性力量介入迫使高校思政课教师革新教学理念及采取新的教学方式,在立法上确立高校新任思政课教师须具有胜任相应课程教学的能力,就是迫使想当高校思政课教师的人努力提升教学能力的有效方式。因为刚性法律制度一旦将具有胜任相应课程教学的能力确立为高校思政课教师的准入条件,对教学能力不符合法定条件的准入,要追究相应主体的法律责任,这无疑会促使想当高校思政课教师的人想方设法提升自身教学能力。新进高校思政课教师的教学能力强,对在职在编思政课教师既有鞭策作用,也会对其形成一种压力,这种压力会促使他们不断反思并改进教学方法,进而有利于提升高校思政课整体教学水平。

六、须通过国家统一职业资格考试

对于高校思政课教师这种特殊而又神圣的职业,有必要构建统一职业资格考试制度,即要获得高校思政课教师准入资格,必须参加教育部组织的统一职业资格考试,只有参加并通过统一职业资格考试的人,才有资格从事高校思政课教师职业,如想从事法官、检察官或者律师职业,通过司法部组织的法律职业资格考试是必要条件。根据对几所地方本科院校的思政课教师与大一、大三学生的问卷调查(见表4),90%多的高校思政课教师和大一、大三学生认为,在法律上构建高校思政课教师统一职业资格考试制度是必要的。

表 4　是否有必要构建高校思政课教师统一职业资格考试制度调查

问卷问题	问卷对象		
	大一学生	大三学生	思政课老师
1. 高校思政课教师是否有必要参加国家统一职业资格考试?(单选) a. 有必要;b. 没必要;c. 无所谓	a. 为 91%; b. 为 7%; c. 为 2%	a. 为 91%; b. 为 6%; c. 为 3%	a. 为 93%; b. 为 3%; c. 为 4%
2. 统一职业资格考试能否提升思政课教学效果? a. 能;b. 不能;c. 很难说,教学效果取决于多方面因素	a. 为 65%; b. 为 4%; c. 为 31%	a. 为 67%; b. 为 3%; c. 为 30%	a. 为 83%; b. 为 2%; c. 为 15%
3. 对未能通过统一职业资格考试的在职思政课教师不能职称晋升或者要转岗,你认为是否合理?(单选) a. 合理,可倒逼思政课教师提升专业知识;b. 不合理;c. 要具体情况具体处理,不能“一刀切”	a. 为 63%; b. 为 12%; c. 为 25%	a. 为 65%; b. 为 13%; c. 为 22%	a. 为 47%; b. 为 16%; c. 为 37%

(一)避免没有专业理论知识的人也可上思政课的乱象

有渊博知识是高校思政课教师对青年大学生进行有效教育和引导的重要条件,一个“嘴尖皮厚腹中空”的高校思政课教师,没有人格魅力,很难成为大学生健康成长的引路人。然而,怎样才能确保高校思政课教师学识渊博,或者说,如何有效避免没有专业知识的人也可上高校思政课,从某种意义上说,将具有马克思主义理论相关学科背景硕士以上学历确立为高校思政课教师准入条件并予以法治化,应该是一种有效的方法。一般情况下,高学历和学识往往成正比,一个人接受马克思主义理论教育的层次越高,其马克思主义理论知识应该越丰富,但也不能将二者简单画等号,高学历的人未必学富五车。因此,仅在立法上规定高校新任思政课教师须有相关专业硕士以上学历,还远远不够。要确保学识与学历相符,立法还应构建高校思政课教师统一职业资格考试制度,即要获得高校思政课教师职业准入资格,必须参加并且通过统一职业资格考试。

强调立法构建高校思政课教师统一职业资格考试制度,因为考试作为选拔人才的一种方式,是检阅一个人是否有丰富知识的有效途径,优越性尤为明显:

一是考试具有包容性,即考试内容涉及面广、考试题型灵活多样以及考试题量大。通过考试内容的广泛性、题型多样性以及题量充足性,可以从中发现和挖掘有真才实学的人。换言之,一个学识浅陋、没有深厚马克思主义理论功底的人,是不可能在非常有限的时间内完成内容广泛、题型多样以及题量充足的高水平职业资格考试,只要不出现泄题以及在考试和阅卷过程中没有舞弊现象,考试成绩是最能反映一个人是否具备高校思政课教师所需知识水平的最佳方式。

二是考试具有客观性,即参加应试的人与命题及阅卷人没有直接接触,避免了人情关系的干扰。伴随考试制度不断健全,在高水平考试中,试题泄密的可能性较小,应试的人一般很难在考前获得有关试题信息。在监考人员严格监督以及辅助于各种高科技手段,考生要想在考场上舞弊,难度很大。在计算机阅卷及流水线作业下,试卷的成绩与应试人的真实水平是正相关的。

三是考试具有经济性,即考试可以在同一时间,用同一试题对很多考生在不同地点进行。由于资源的有限性,考察评价一个人是否具有扎实的马克思主义理论功底及有无渊博学识,不得不注重经济效益,考试是一种最经济的方式。所有想当高校思政课教师的人,都可在同一时间、不同地点,用同一试题进行考试。可以说,要客观全面判断一个人是否具有渊博的马克思主义学识及其马克思主义理论功底是否深厚,考试应该是成本最低的一种有效方式。

综上所述,考试是评判一个人是否具有丰富学识及有无扎实理论功底的"试金石"。要避免没有马克思主义理论知识的人也能走上高校思政课的讲台,通过立法明确只有通过统一职业资格考试才能获得高校思政课教师准入资格,应该是一种简洁且有效的方法。因为没有扎实专业知识理论功底的人,很难通过这种高级别考试,所以,在立法上构建高校思政课教师统一职业资格考试制度,既能促使想当高校思政课教师的人努力钻研专业知识,又可避免认识字的人都能当高校思政课教师的乱象。

(二)能提升人们对高校思政课教师的认可度

人们对高校思政课教师的认可度,指人们在心目中对高校思政课教师社会地位及是否应获得尊重的评价。认可度低,反映高校思政课教师在社会大众尤其是在大学生心目中的地位及获得的评价不高。反之,认可度高,表明高校思政课教师在社会大众尤其是在大学生心目中有较高地位及获得了好的评价。从某种意义上说,认可度是判断高校思政课教师的社会地位以及在人们心目中是否得到重视及重视程度的一个重要指标。社会对高校思政课教师的认可度高,人们发自内心给予高校思政课教师很高评价,在一定程度能增强高校思政课教师职业自豪感及教育教学自信心,这对于他们引导教学、加强课堂师生互动及提高教学效果有重要意义。反之,高校思政课教师不能获得社会认可或者认可度低,易使思政课教师自身不自信,进而难以引导新时代大学生立德树人、立志成才。

人们对高校思政课教师的认可度是由多方面的因素决定,如高校思政课教师的自身素质、社会对高校思政课的重视程度等。从历史角度考察,由于我国长期没有建立严格的高校思政课教师准入机制,任何人都可上思政课,甚至在个别高校出现不能上专业课的教师就改上思政课的乱象。高校思政课教师队伍整体素质不高,教学效果不理想,总的来说,社会对高校思政课教师的认可度不高。

要改变当下社会对高校思政课教师认可度不高的现状,构建高校思政课教师统一职业资格考试法律制度应是一种有效方法,因为统一职业资格考试制度能倒逼想当高校思政课教师的人努力钻研马克思主义理论知识,彻底改变了任何人都能上思政课的乱象。此外,通过严格考试选拔高校思政课教师,让人们认识到只有真才实学的人才能当高校思政课教师,这无疑能有效提升人们尤其是新时代大学生对高校思政课教师的认可度。

(三)能增强高校思政课教师的职业认同感

职业认同感,是指个体对自己所从事职业有没有社会价值及价值大小的一种心理感受。如果个体认为自己所从事的职业没有多大社会价值和意义,这势必在一定程度阻却其工作积极性。具体就高校思政课教师来说,如果他们认为自己所从事的高校思政课教学没有意义或意义不大,就不可能在教学上花时间和精力，对教学采取敷衍应付。反之，如果高校思政课教师认为高校思政课教学很有价值和意义，认为它不仅关乎能否教育引导青年大学生的健康成长，而且关乎能否为中国特色社会主义培养合格建设者与可靠接班人，那么其会将更多时间和精力投入教学中，想方设法提升自己的教学水平。由此不难发现，增强高校思政课教师的职业认同感，对于调动高校思政课教师的工作积极性有重要作用。

增强高校思政课教师职业认同感的重要作用体现在：其一，职业认同感程度高，表明高校思政课教师认为自己从事的职业关乎能否教育引导青年大学生健康成长，关乎能否为中国特色社会主义培养合格接班人和可靠建设者，关乎中国高校能否保持社会主义底色。在思想上能真正认识到自己从事的职业很有价值和意义，这有助于增强高校思政课教师的职业自豪感和荣誉感，进而促使其更忠于党的教育事业。其二，职业认同感程度高，在一定程度反映高校思政课教师对自己工作现状比较满意，有成就感。如果高校思政课教师缺失职业认同感或者职业认同感程度很低，觉得开展教育教学只是为了完成任务，不能从思政课教育教学中获得乐趣，工作积极性不能得以充分调动，长此以往，会形成恶性循环。其三，职业认同感程度高，说明高校思政课教师从工作中体验到幸福，这种幸福使其一般不会产生离职倾向，更不会轻易选择离职。其四，职业认同感程度高，说明高校思政课教师觉得自己从事的职业有希望、未来可期，在一定程度有利于其对自己职业进行长远规划，自觉加大对自身职业的投入程度。其五，职业认同感程度高，有助于高校思政课教师形成一种积极健康的心理状态，让其保持一种积极的工作态度，从思政课教育教学工作中找到乐趣，减少担忧、焦虑心理。

如果高校思政课教师没有职业认同感或者职业认同感程度低，认为上课仅仅是一种谋生的手段，完成任务而已，不能从课堂中获得乐趣，上课就变成一种负担，枯燥乏味。一旦职业价值观被扭曲，会严重影响高校思政课教师在工作中的投入程度及行为倾向。此外，高校思政课教师职业认同感缺失或者认同感程度低，还有可能导致其没有职业归属感，[①]即高校思政课教师个体对本职业及所在组织没有依托，这会进一步阻却其社群化行为倾向，即思政课教师个体没有融入教师群体及所在组织的意愿，也没有融入教师群体及所在组织的行为。

综上所述，有无职业认同感以及认同感的高低，有可能对高校思政课教师的职业规划、工作积极性乃至身心健康产生影响，进而有可能推动或妨碍高校思政课建设。因此，如何增强高校思政课教师的职业认同感，就成为一个亟待解决的问题。而统一职业资格考试制度能增强高校思政课教师的职业认同感，因为统一职业资格考试制度向世人宣布，高校思政课教师是从“千军万马”中遴选出来的佼佼者，他们具有丰富的学识，这不仅会改变人们认为认识字的人都可以上思政课的传统错误看法，而且能让广大高校思政课教师赢得学生的尊重和认可，这无疑会给高校思政课教师鼓励和支持，让其在教育教学中获得成就感，进而增强他们的职业自豪感和荣誉感。此外，所有的高校思政课教师都是历经千辛万苦才能通过国家统一职业资格考试，共同的境遇能增进思政课教师间的彼此认同，而非过去的“同行是冤家”，这对于高校思政课教师之间构建一种良好协作的同事关系有极其重要意义。

七、对专家学者及领导的特别规定

高校思政课教师准入须具备一定的条件，例如，原则上应当是中国共产党党员、在政治上必须与党中央保持一致、具备良好的思想品德、有相关专业硕士以上学历、有胜任相应思政课程教学教育能力、须通过国家统一职业资格考试等，通过立法对这些准入条件予以规定，由刚性法律制度确保这些条件得以满足，有利于确保高校思政课教师有较高素质。但由此不禁让人提出这样的问题，立法是不是要统一规定不完全具备这些条件的人就不能当高校思政课教师，例如，对于无马克思主义理论学科背景的硕士以上学历以及没有通过高校

---

① 职业归属感，是指高校思政课教师个体意识到自己属于高校思政课教师群体及组织集体中的一员，以及受此种意识影响所表现出的行为倾向。其涵括两方面的内容：一是认同自己是教师群体中一员的角色归属感；二是认同自己是所在学校中一员并与学校命运紧密相连的组织归属感。参见李笑樱、闫寒冰：《教师职业认同感的模型建构及量表编制》，载《教师教育研究》2018 年第 2 期。

思政课教师统一职业资格考试的专家学者,他们是否同样不能担任高校思政课教师?

高校思政课教师是大学生健康成长的引路人,其准入必须具备一定条件,否则,一旦缺失刚性准入条件约束,高校思政课教师的素质就无法得到保障。但若准入条件只有原则性而无灵活性,有可能导致一些适合从事高校思政课教育教学的人不能加入高校思政课教师队伍。具体就一些优秀专家学者及有较高行政职务的领导干部来说,他们或许没有马克思主义理论学科背景的硕士以上学历,也很难通过教育部主持的高校思政课教师统一职业资格考试,但他们通常有丰富的思政教育经验或在某一领域有渊博的专业知识,这是很多高校思政课教师往往欠缺的,由其担任高校思政课教师,会有意想不到的良好教育教学效果。

因此,对于那些已在特定领域作出特别贡献的专家学者以及具有较高行政职务的领导干部,即便他们没有马克思主义理论相关学科背景硕士以上学历,也没有参加高校思政课教师统一职业资格考试,只要他们政治素质过硬,在特定领域有一定造诣或有丰富的管理经验,都可以吸收其成为专职或兼职思政课教师。否则,立法对高校思政课教师准入条件只有原则性没有灵活性,不能根据具体情况采取具体对策,那些适合从事高校思政课教育教学的专家学者,就有可能因缺失相关专业背景或者没有通过国家统一职业资格考试而无法专职或兼职思政课教育教学工作。

第三节 准入程序法治化

准入程序法治化,是指一个人要正式成为高校思政课教师须经的审查环节或者步骤,立法对此要予以明确规定。一旦高校思政课教师的准入程序由相关立法加以确立,不遵守法定准入程序的人不具备成为高校思政课教师的资格,否则就是违法,要承担相应法律责任。准入程序法治化,意味着立法对高校思政课教师准入的步骤或环节有规定,通过有关主体严格审查,可有效避免没有担任高校思政课教师资格的人亦可走上高校思政课讲台的乱象,这有利于高校建设一支高素质思政课教师队伍。根据党和国家发布的相关文件,结合程序法治的基本原则和基本精神,立法有必要将如下环节或步骤确立为高校思政课教师资格准入程序。

一、提出书面申请

对于普通的社会个体来说,通过教育部主持的高校思政课教师统一职业资格考试,是一个人成为高校思政课教师的必要前提,不能通过该考试的,没有资格当高校思政课教师。当然,通过统一职业资格考试的,未必就一定要去当高校思政课教师,但通过统一职业资格考试的人,如要当高校思政课教师,其应当持教育部颁发的职业资格证书,向法律规定负责资格审查的主体提出书面申请。

对于无须参加国家统一职业资格考试的专家学者以及具有一定行政级别的领导,如若他们愿意专职或者兼职高校思政课教师,也要向有资格审查的主体提出书面申请,由有关主体就其是否具有高校思政课教师准入资格予以审查决定。

无论是通过高校思政课教师统一职业资格考试的人,还是无须参加高校思政课教师统一职业资格考试的专家学者以及具有较高职务的行政领导,他们要当高校思政课教师,都必须向负责资格审查的主体提出书面申请,表明专职或兼职高校思政课教师是自己的自愿选择,而非受外在强力或他人"诱引"。如果高校思政课教师不是发自内心热爱并愿意奉献于这一职业,在物欲横流的市场经济社会,对马克思主义的信仰不坚定,缺乏对社会主义和共产主义的坚定信念,很难对青年大学生有效开展马克思主义理论教育,更遑论引导他们坚定共产主义信念。一旦在教育教学工作中遇到难题或不顺心的事,有可能出现埋怨情绪,进而影响工作,因此,想当高校思政课教师的人须提出书面申请。

对于通过高校思政课教师统一职业资格考试所获证书,是否有必要设定一个有效期限,即超过期限,证书无效。例如,一个通过了高校思政课教师统一职业资格考试的人,如果他目前还不想离开自己的工作岗位,那么,对于他申请从事高校思政课教育教学，是否应当有期限规制？又如，某人通过高校思政课教师统一职业资格考试时，还不是中国共产党党员，不能当高校思政课教师，那么，对其通过考试获得的资格证书，是否应当设定一个有效期限？倘若超过有效期限，要想获得担任高校思政课教师的资格，必须重新参加统一职业资格考试。

通过高校思政课教师统一职业资格考试的人，他们没有申请从事高校思政课教师职业，原因应该有多方面，例如，有的可能是教育教学能力不足，有的可能不是中共党员，有的可能是暂时还不想放弃当前工作。不管什么样的原因，都应为职业资格证书设定一个有效期限，譬如3～5年。这是因为，尽管通过高校思政课教师统一职业资格考试的人，其具有扎实的马克思主义理论知识功底及渊博的学识，但随着社会发展，与高校思政课相关的知识在不断更新，如果获得高校思政课教师职业资格的人长期从事与高校思政课教育教学关联度不高的工作，势必会出现知识陈旧、思维僵化、不能跟上时代步伐的问题。因此，应对高校思政课教师职业资格证书设定一个合理有效期限，超过有效期限，资格证书无效，要想从事高校思政课教育教学工作的，须重新参加高校思政课教师统一职业资格考试。

二、专门主体对申请的审查

高校对思政课教师的准入，要从政治素质、思想品德、业务能力等方面实行审查。[①] 为确保高校对思政课教师准入资格审查的顺利进行，立法应对审查主体的职权、人员组成、办公地点，审查内容，审查程序及法律责任等予以明确规定。

（一）设立专门的审查主体

设立专门审查主体，由其对申请人能否专职或兼职高校思政课教师进行审查，充分体现党和国家对高校思政课教师选拔或者聘任的高度重视，向世人宣布，不是任何人都可当高校思政课教师，只有经过严格审查、完全符合法定条件

① 2020年，教育部发布的《新时代高等学校思想政治理论课教师队伍建设规定》指出，高校应当严把思政课教师的政治关、师德关、业务关，明确思政课教师的任职条件。

的人,才能从事这光荣而又神圣的职业。此外,由于对能否担任高校思政课教师的审查,既有易判断的刚性指标,例如,是否为中共党员,也有涉及是否具有良好的思想品德以及有无胜任相应思政课教学的能力这些比较难判断的柔性指标,所以设立专门审查主体,由相对固定且有一定专业知识的人进行审查,在一定程度确保审查人员有熟练业务能力,既保障审查质量又提高审查效益。

根据审查主体的职能,可以将其名称设定为"高校思政课教师资格审查委员会",因为通过该名称能够充分体现其职能,即对申请人是否具备从事高校思政课教育教学资格予以审查裁决。至于高校思政课教师资格审查委员会(以下简称审查委员会)办公场所应设在何处,从便于开展工作的角度考虑,将其设在高校最合理。具体可以将该委员会设在学校人事处或教师工作处,各高校应根据本校的实际情况,既可以单独设置审查委员会办公室,也可不设独立办公室,将该委员会附设在高校人事处或者教师工作处办公室,由办公室负责兼管。

(二)审查机构的人员构成及相关制度

审查委员会,作为对他人是否具有担任高校思政课教师资格进行审查的专门组织,从某种意义上说,它扮演类似于庭审中的法官角色,对他人有没有成为高校思政课教师的资格行使裁决权。为确保审查委员会相对中立,避免徇情徇私的枉法裁决现象发生,有必要对该委员会的人员构成进行适当规制,例如,审查委员会的成员要有广泛的代表性,应当由高校思政课教师代表、学校教学督导团代表与学校行政部门代表组成,其中,高校思政课教师代表人数不得少于审查委员会成员的1/3,行政部门代表不得多于审查委员会成员的1/3。高校思政课教师代表可以从校内或者校外教育教学机构中遴选,必要时,可以邀请法律界专业人士参与,以保证审查委员会具有专业性、专门性与公正性。

实体正义与程序正义是审查追求的价值目标,为确保价值目标实现,立法应赋予申请人有权请求审查委员会的成员回避,如请求被拒绝,还可申请复议一次。在审查过程中,要保障申请人有发表意见的权利,这不仅是对申请人主体地位的尊重,而且有利于审查委员会全面了解事实,避免其只听一面之词可能作出以偏概全的裁决。对于审查委员会作出对申请人不利的裁决,要说明为什么申请人不具备担任高校思政课教师资格的理由,这既是审查程序正义的必然要求,也在一定程度有助于申请人对不利于己的裁决的接受,增强裁决的权威性。此外,如果申请人对裁决不服,审查委员会应告知其对裁决不服的救济途径。

(三)审查的具体内容

对申请人是否具备担任高校思政课教师的资格,需要从哪些方面进行审查,根据审查的内容与要求不同,可将其分为实质审查与形式审查:前者是指对申请人是否有担任高校思政课教师的资格,要在深入交流、试讲观摩及向有关部门进行调查核实基础上作出判断;后者是指在判断申请人是否有担任高校思政课教师的资格时,仅对其是否具备形式要件进行审查,不对形式要件的真实性负责,如对高校授予的学历学位证书及教育部颁发的高校思政课教师职业资格证书,只要申请人提供,除非证书有明显瑕疵,否则,工作人员对申请人提供证书的真假不予调查核实,申请人对证书的真实性承担责任,一经发现,要承担不利后果。

1. 实质审查的具体内容

一是审查申请人在政治上是否与党中央保持一致。旗帜鲜明地坚持党的领导,维护党的权威,在政治上始终同党中央保持高度一致,是高校新进思政课教师必须满足的政治条件。相关立法应明确规定,审查主体在对申请人是否具有担任高校思政课教师的资格进行审查时,要对其是否在政治上同党中央保持一致进行严格审查,具体负责审查的人员在思想上对此要引起高度重视。在审查过程中,可以采取对话、访谈、实地调查等方式进行,确保审查结论的客观公正。

二是审查申请人是否具有良好的思想品德。在价值取向多元化的当今社会,要教育引导青年学生立德树人,高校思政课教师首先自己要有良好的思想品德,只有有道德的人才有资格讲道德。如果高校思政课教师自己都不讲诚信、不遵守社会公德、自私自利、损人利己、没有吃苦耐劳精神,不能为青年大学生所认可,没有资格教育引导新时代大学生并培养其艰苦奋斗的精神。因此,要充分发挥榜样的无穷力量,在立法上确立高校新进思政课教师须道德品质良好有正当依据,在对申请人进行资格审查时,应当对其是否具有良好思想品德进行严格审查。

三是审查申请人是否具备一定的教学能力。要履行讲好思政课的岗位职责,高校思政课教师必须具备胜任相应思政课程教学的能力。否则,如果高校思政课教师上课枯燥乏味,既没有说服力,也无亲和力和针对性,更遑论春风化雨、润物无声,那么,即便其马克思主义理论知识扎实深厚,也难以深入浅出给学生予以讲解。学生不能从课堂教育教学中感受到马克思主义理论的科学性,要让其坚定信仰马克思主义以及对社会主义和共产主义持坚定的信念,极其困难。因此,在立法上将具备胜任相应思政课程教学的能力作为高校新进专职思政课教师的准入要件,有客观必然性。在审查申请人是否具备高校思政课教师资格时,可以要求申请人进行课堂试讲,通过现场方式,就其是否有胜任相应思政课教学的能力做出公正评价。

2. 形式审查的具体内容

一是审查申请人是否有相关专业硕士以上学历。申请人有没有硕士以上学历,其只要向审查委员会提供学历学位证书就可以作出判断,但要对申请人所学专业与高校思政课是否“相关”予以判断的难度很大,[①]要解决这一难题,需要教育部对此予以解释。否则,不同高校及不同的人对是否“相关”的理解和判断标准不同,有可能导致专业不相关的人亦可上思政课,或者专业相关,但因申请人与“判断人”有个人恩怨而被剥夺准入高校思政课教师的资格。

二是审查申请人是否为中共党员。党和国家的诸多文件规定,高校新进思政课教师原则上应是中共党员,对于申请人是不是中共党员,看有没有党组织提供的证明就可作出判断。令人困惑的是,如何正确理解“原则上应是中共党

① 2008 年,中宣部、教育部在《关于进一步加强高等学校思想政治理论课教师队伍建设的意见》中指出,高校新任思政课教师原则上应是中国共产党党员,具备相关专业硕士以上学位。2021 年,教育部在印发《高等学校思想政治理论课建设标准(2021 年本)》的通知中亦强调,兼职教师具有硕士研究生以上学历(专科院校兼职教师具有本科以上学历)和相关专业背景,按学校有关规定考核合格;新任思政课教师原则上应是中共党员,并具备马克思主义理论相关学科背景硕士以上学位。

员”,是不是非中共党员就不具准入资格?如果是这样,为什么还要在“应是中共党员”的前面加“原则上”三个字。如此强调,是否可以作这样的解释,一般情况下,对于不具有中共党员身份的不予录用,但原则性和灵活性要相结合,对于目前还不是正式党员的,如果已经是入党积极分子或者是中共预备党员的,经严格考察,可以准入。因此,在对申请人的准入资格进行审查时,要注意正确理解政策精神,在实践中,凡是不是正式中共党员的就予以排除的做法,是对党和国家政策的误解。当然,对于非正式中共党员的高校思政课教师准入要进行严格审查,数量上须予以控制。至于政治素质过硬的专家学者或有关领导申请从事高校思政课教学,如果是兼职,可不是中共党员。①

三是审查申请人是否通过高校思政课教师统一职业资格考试。② 对于通过教育部主持的高校思政课教师统一职业资格考试的人,在不超过法定有效期限的前提下,可向审查委员会提交教育部颁发的证书,由其进行形式审查并予以登记即可。对于政治素质过硬的专家学者及有一定职务领导提出专职或兼职高校思政课教育教学的申请,无需提交高校思政课统一职业资格考试证书。

(四)审查后的处置方式

对申请人提出的申请,审查委员会一般应当在 1 个月内对提供的材料完成审查并作出裁决,如果遇有不能在法定期限内完成审查的特殊情况,应当在特殊情况消除后 7 个工作日内完成。完成审查后,对申请人是否有担任高校思政课教师资格,要作出一个明确结论。一般而言,结论有 3 种形式:

1. 予以准许

审查委员会工作人员对申请人提供的有关材料进行逐项审查后,认为材料齐全,形式要件与实质要件完全符合高校思政课教师准入法定条件,应作出其有担任高校思政课教师资格的决定,连同申请人的材料一并上报省级教育厅,

---

① 参见 2021 年教育部印发《高等学校思想政治理论课建设标准(2021 年本)》的通知。

② 关于是否有必要构建高校思政课教师统一职业资格考试制度,党和国家目前发布的有关加强高校思政课教师队伍建设的文件没有涉及,但本书认为,我国有必要构建高校思政课教师统一职业资格考试制度,并将该制度上升到立法层面,由刚性法律制度予以保障。为此,对高校新进思政课教师准入资格审查,须对申请人是否通过教育部主持的高校思政课教师统一职业资格考试进行审查。

由省(自治区、直辖市)教育厅予以审查后颁发证书。

2. 要求申请人补充相应材料

在对申请人提供的材料进行形式审查与实质审查过程中,如果审查委员会工作人员发现材料有遗漏或存在瑕疵,应要求予以补充,如果申请人不能补充或拒绝补充的,可直接退回其提供的材料,通知申请人在规定时限内领回。

3. 不予准许

对申请人提交的材料进行全面审查后,如果审查委员会工作人员认为申请人不具备担任高校思政课教师资格的,不予准许,但要向申请人说明其不具备高校思政课教师资格的理由。倘若申请人对不准许的决定不服,可向学校或主管教育部门提出申诉,负责处理主体对申请人的申诉要及时处理。

(五)审查人的法律责任

审查委员会对申请人是否具有担任高校思政课教师资格的审查,必须在思想上高度重视,既要对申请人负责,也要对党和国家负责,审查要严格遵循程序法定、实事求是与客观公正原则。如果负责审查的工作人员在审查过程中有徇情徇私枉法裁决的,要对其依法追究法律责任,例如,取消审查委员会委员资格;给申请人造成经济损失的,要给予经济补偿;给申请人名誉荣誉造成不当影响的,要及时采取赔礼道歉、恢复名誉等措施,消除影响;给申请人造成精神损害的,要给予精神损害补偿;构成犯罪的,要移交司法机关处理。

三、参加岗前专项培训

对于高校思政课的授课纪律、授课内容、授课方法以及授课中对突发事件如何处置,高校新进思政课教师可能都不知情或者不是很了解,为此,有必要构建高校新任思政课教师应参加岗前专项培训的制度。通过高校新进思政课教师参加岗前专项培训,让他们尽快熟悉高校思政课的授课纪律、授课内容、授课方法及如何处置授课中出现的紧急情况等,为其即将开展高校思政课教育教学奠定良好基础。关于高校新进思政课教师要参加岗前专项培训,中宣部、教育部发布的文件有明确要求。[①] 为确保岗前培训在法治轨道运行，立法有必要规定，高校新进思政课教师须参加岗前专项培训，通过刚性法律制度保障岗前专项培训顺利进行。

(一)遵守思政课课堂政治纪律的需要

思政课是全面贯彻党的教育方针的重要阵地，高校思政课教师在课堂上应遵守政治纪律。然而，对于一个从未上过高校思政课讲台的人，如何使其在思想上牢记思政课课堂政治纪律，在课堂上始终与党中央保持一致。通过立法明确高校新进思政课教师须参加岗前专项培训，应该是一个非常有效的方法。因为法律有强制性，通过法律确立高校新进思政课教师必须参加岗前专项培训及不参加要承担相应法律责任的制度，会促使高校新进思政课教师增强参加岗前专项培训意识及自觉履行参加岗前专项培训的义务。此外，进行岗前专项培训的教师通常都是经组织千挑万选的，他们除了具有丰富的教育教学经历以及渊博的专业知识外，还对高校思政课课堂政治纪律有较全面和深刻了解，通过培训教师深入浅出地讲解，能让参加岗前专项培训的新进思政课教师更好地了解遵循高校思政课课堂政治纪律的重要性及违反其纪律后果的严重性，这有助于新进高校思政课教师提高遵守思政课课堂政治纪律的自觉性和主动性，自觉遵守高校思政课授课纪律，始终在政治上与党中央保持一致。

(二)掌握上好思政课技巧的需要

判断一个高校思政课教师是否上好思政课，至少要满足两个标准：首先，要讲好教材指定的教学内容；其次，要通过教学内容讲授实现对大学生有效教育引导。如果一个高校思政课教师虽高质量完成了教学内容讲授，但未能给予学生正确教育引导，还不能说上好了思政课。从某种意义上说，讲好教学内容只是手段而非目的，评价一个高校思政课教师是否上好思政课，不仅要看其是否精彩讲解教学内容，还要看其是否成功对学生进行教育引导。无论是对思

---

① 2020年，教育部发布的《新时代高等学校思想政治理论课教师队伍建设规定》指出，高校新入职教师应参加岗前专项培训。2021年，教育部关于印发《普通高等学校思想政治理论课建设标准(2021年本)》的通知，将“新任专职教师必须参加省级岗前培训”作为思政课教师队伍建设的一个指标点予以规定。

政课教学内容的准确讲解，还是通过教学内容讲授对青年大学生进行教育引导，都需要一定的技巧。如果高校思政课教师采用的教学方法机械呆板，很难将博大精深的马克思主义理论向学生深入浅出地讲解，课堂气氛凝重，师生缺乏良好互动，课堂教学效果差，学生对马克思主义了解不够，不可能教育引导其对马克思主义持坚定信仰。高校新进思政课教师往往缺乏一定的教育教学技巧，将参加岗前专项培训确立为其准入须经程序，通过富有教育教学经验的教师对思政课教育教学技巧的传授，可为高校新进思政课教师上好思政课奠定基础。

（三）实现向思政课教师角色转变的需要

费勒斯等认为，在入职初期，教师须克服对自身专业能力的怀疑，积极的支持性的组织环境有利于其度过这一艰难时期。[①] 具体就高校新进思政课教师而言，他们也许并不担心自己的专业理论知识，但须承认，大部分高校新进思政课教师缺乏教育教学的实践锻炼和经验积累，对自身能否上好高校思政课往往不是很自信，要实现从一个学生向教师角色的转变，必须掌握一定教育教学基本理论及了解高校思政课教育教学的特点，唯有如此，才能对大学生进行有效的教育引导。岗前专项培训，由经过组织严格挑选的专家学者对高校思政课教育教学技巧的讲解传授，是帮助高校新进思政课教师实现角色转变的有效途径，因此，有必要在立法上将参加岗前专项培训设定为高校思政课教师准入须经程序，通过岗前专项培训使高校新进思政课教师能尽快实现角色转变。

四、要经历一个试用过渡期

申请人提出要从事高校思政课教育教学的申请，获得审查委员会审查通过后，又参加了有关部门组织的岗前专项培训，不等于申请人获得了完全独立的高校思政课教师授课资格，只能说是获得了准资格，即还要经过一个试用过渡期。只有在试用过渡期结束，经用人单位的全面评定合格后，申请人才能获得

---

① 参见［美］Ralph Fessler、Judith C. Christensen：《教师职业生涯周期——教师专业发展指导》，董丽敏、高耀明等译，中国轻工业出版社 2005 年版，第 65～71 页。

完全独立讲授高校思政课的资格。在试用过渡期,为确保被试用人能尽快成长为一名合格的真正的高校思政课教师,承担高校思政课教学任务的马克思主义学院要专门指定一名有丰富教育教学经验的专职教师予以指导。

为高校新进思政课教师设定一个试用过渡期,明确高校新进思政课教师在试用过渡期间须遵守的各项规定,对高校新进思政课教师的成长具有极其重要意义。

(一)增强高校新进思政课教师遵守授课纪律的意识

高校思政课是宣传党的理论和路线方针政策的重要阵地,讲授高校思政课的高校思政课教师必须提高政治站位,增强思政课有鲜明政治属性的意识,在开展教育教学过程中,必须在政治上始终同党中央保持高度一致,严格遵守课堂纪律,不能随意妄议党和国家政策,更不能散布对党和国家不利的言论。特别是高校新进思政课教师,由于他们大多刚走出校门,更应严格要求自己。要确保高校新进思政课教师在课堂教育教学中始终在政治上与党中央保持一致,对其进行岗前专项培训很有必要,但仅此还远远不够。因为岗前专项培训是别人在讲,不管怎样,毕竟属于理论学习,其能否发生效用以及在多大程度上发生效用,最终要通过实践来检验。为高校新进思政课教师设定一个试用过渡期,在此期间,如果发现其在政治上不能同党中央保持一致,如发表对党和国家不利的言论,期满考核时,因不遵守思政课授课纪律会受到“一票否决”,这会促使处于试用过渡期的思政课教师在思想上对在政治上同党中央保持一致引起重视,在课堂讲授中时刻提醒自己,思政课讲授的纪律红线不能逾越,否则,自己要承担无法承受的后果。试用过渡期养成的良好授课纪律意识以及对自己言行的严格约束,对今后高校新进思政课教师独立走上高校思政课讲台将产生极其重要影响。

(二)促进高校新进思政课教师革新教育教学方法

采取正确的教育教学方法,对新进高校思政课教师来说,尤为重要。如果一个高校新进思政课教师没有掌握一定的教育教学技巧,在课堂上照本宣科,即便有扎实的马克思主义理论功底,也很难产生对学生形成有效教育感化的结果。然而,要提高高校新进思政课教师的教育教学方法的有效性,仅有入职前专项培训还远远不够,因培训教师的理论指导能否发挥作用,还有待高校新进思政课教师在课堂教育教学的实践中检验。正是从这个意义上说,为高校新进思政课教师设定一个试用过渡期,在此期间,为其安排有丰富教育教学经验的教师予以指导,通过指导教师经常深入试用过渡期的教师的课堂听课,可以发现处于试用过渡期的教师在教育教学方法上存在的不足。鉴于教育教学方法存在不足,可能会影响试用过渡期满后对该教师的评价,如果教育教学方法存在严重问题,不能满足相应课程需要,会导致评价不合格,这无疑会促使处于试用过渡期的思政课教师改革创新教育教学方法,这对于其今后独立走上高校思政课讲台具有极其重要的作用。

(三)促使高校新进思政课教师提升运用专业知识分析和解决问题能力

高校思政课教师运用专业知识分析和解决问题的智慧和力量,是他们开展思政课教育教学须具有的特定禀赋。具体而言,清晰的语言表达能力、规范的书写能力、较强的组织教学能力、对学生有很强的亲和力以及能充分调动学生课堂情绪的感染能力,这些禀赋对高校思政课教师教育引导大学生健康成长具有极其重要意义。高校思政课教师有较强的运用专业知识分析和解决问题的能力,是引导大学生树立正确世界观、人生观、价值观,坚定信仰马克思主义及发挥马克思主义在价值导向上基础性作用的重要保障。在高校思政课教师知识储备大致相当的情况下,运用专业知识分析和解决问题的能力对高校思政课教学效果有很大的影响。须承认,能通过高校思政课教师统一职业资格考试的人,他们都具有丰富的马克思主义理论知识储备,但在教育教学实践中,每个人激活与运用知识的能力存在差异。有的人可以把抽象的马克思主义理论予以深入浅出讲解,上课深受学生欢迎,学生课堂获得感满满,觉得上思政课是一种享受。有的人虽有扎实的马克思主义理论功底,但因运用专业知识分析和解决问题的能力有限,无法将知识激活和传授给学生。因此,为高校新进思政课教师设定试用过渡期,专门安排专业知识能力强的老教师给予指导,通过指导教师课堂听讲与课后交流,可以发现处于试用过渡期的教师在专业知识能力方面存在的缺陷。一旦处于试用过渡期的教师认识到自己专业知识能力存在不足，可以对症下药，及时采取有效改进措施，这对于其专业知识能力提升及游刃有余驾驭高校思政课教学具有重要作用。正是从这个意义上说，立法确立高校新进思政课教师试用过渡期限，是有效促使高校新进思政课教师进一步提升专业知识能力的需要。

五、试用过渡期满的评定

试用过渡期满后，高校用人单位要对被试用的思政课教师进行客观全面考察，就其是否有资格独立走上高校思政课讲台进行最后评定。对于评定合格的，用人单位还须报学校主管教师的人事部门进行审批，与此同时，学校人事部门还应将审批结果上报主管高校的教育行政部门予以备案。为确保高校用人单位对被试用思政课教师评定的实体正义与程序正义，立法有必要对评定内容、评定结果的具体处理方式以及被试用教师对评定结果不服的权益救济途径予以明确规定。

（一）评定的内容

评定的内容，是高校用人单位对试用过渡期满的新进思政课教师进行评价的指标点。评定的内容主要是高校思政课教师准入的法定条件，也可以是高校的教育教学规章制度。具体来说，对被试用高校思政课教师的评定围绕如下几个方面进行。

1. 政治上是否与党中央保持一致

只要是讲授高校思政课的教师，无论是新进处于试用过渡期的还是已入职入编的，也无论是专职还是兼职，都必须在政治上同党中央保持一致，这是确保中国大学社会主义办学方向的必然要求。因此，立法有必要将在政治上是否与党中央保持一致确立为评定被试用高校思政课教师合格与否的一个内容。试用过渡期满后，高校用人单位要对被试用高校思政课教师是否在政治上同党中央保持一致进行严格审查，例如，审查高校思政课教师在试用过渡期是否在课堂上或者在其他场合有诋毁、散布对党和国家不利的言论，有没有反四项基本原则的行为。如果发现被试用高校思政课教师在试用过渡期存在在政治上与党中央不能保持一致的言行，应当作出不合格评定，避免其将来走上高校思政课讲台给党和国家造成严重危害。

2. 是否有良好的思想品德

在价值取向多元化的当今社会，高校思政课教师要引导学生立德树人，首先要求其自身应当具有良好的思想品德。高校思政课教师是青年大学生健康成长的指导者，倘若他们自己都没有良好的思想品德，如不遵守社会公德、不讲诚信，损人利己、斤斤计较，这样的高校思政课教师很难获得青年大学生的认可和尊重，他们不可能教育引导大学生立德树人。因此，评价一个高校思政课教师是否合格，有没有良好的思想品德是一个重要测评点。正是从这个意义上说，用人单位对试用过渡期满的高校新进思政课教师进行考核评价时，必须就新进思政课教师是否有良好的思想品德予以评定，这是担任高校思政课教师应具备的条件。

3. 是否具有满足相应思政课程需要的教育教学能力

具有满足相应思政课程需要的教育教学能力，是高校思政课教师对青年大学生进行有效教育引导的重要条件。如果一个高校思政课教师的教育教学理念陈旧，采用的教育教学方法简单，上课没有感染力和说服力，学生没有抬头率和回应率，这样的高校思政课教师不可能在润物细无声中对青年大学生进行教育感化，无法教育引导青年大学生对马克思主义持坚定的信仰。因此，对被试用高校思政课教师是否合格进行评定时，立法应将其是否具有满足相应思政课程需要的教育教学能力确立为评定的一个重要内容。对试用过渡期满的高校新进思政课教师，高校用人单位要对其在试用过渡期开展的教育教学工作进行全面考核，如果发现其教育教学能力不能满足相应思政课程的需要，应责令进行整改或者延长合同试用期。

4. 是否严格遵守学校规章制度

无规矩不成方圆，处于试用过渡期的高校思政课教师要和其他在职在岗教职工一样，严格遵守学校的规章制度，按时上下班，在课堂上，不能出现迟到早退现象。服从学校及所在分院的管理，认真履行自己职责。虚心听取指导教师的意见,按照指导教师提出的意见或建议进行整改。处于试用过渡期的高校思政课教师遵守学校规章制度,是维护一个学校教育教学秩序井然的必然要求,否则,组织纪律意识不强、行为散漫,不仅会影响教学秩序,还会损害教师在学生心目中的威信,给学校名誉带来不良影响。因此,立法有必要将是否严格遵守学校规章制度作为评价高校被试用思政课教师合格与否的一个重要内容。对试用过渡期满的高校思政课教师,用人单位应当在对其在试用期是否严格遵守学校规章制度进行全面考核的基础上,作出肯定或否定的结论。

(二)评定的结果

试用过渡期满的评定结果,直接关乎被试用高校思政课教师的切身利益,因此,为了避免评定结果不明可能导致被试用高校思政课教师处于一种不知如何是好的尴尬状态,有必要通过刚性法律制度就试用过渡期满的评定结果予以明确。

1. 无条件通过

试用过渡期满后,高校用人单位要对被试用思政课教师的政治素质、思想品德、知识储备、教育教学能力、社会服务态度等进行全面考核,如果被试用高校思政课教师政治素质过硬,无论是在课堂内还是在课堂外都没有发表任何对党和国家不利的言论,思想道德品质优良、爱岗敬业、有高尚的师德,努力钻研业务、有较强的教育教学能力;组织纪律观念强、严格遵守学校规章制度、完全符合担任高校思政课教师须具备的条件,用人单位要形成书面意见并由主管领导签名盖章后,及时将评定的相关材料报学校人事部门,经学校领导审核同意,由学校人事部门与试用过渡期满被评定合格的高校思政课教师签订正式聘用合同。

2. 附条件通过

在教育教学上,被试用高校思政课教师虽基本能完成任务,但在方式方法上还存在不足,学生课堂获得感不高,教育教学效果有待进一步提升,对于教育教学尚存不足的思政课教师,可以附条件通过。学校与该教师签正式合同时,可在合同中附设条款,要求其不断改进教育教学方法及不改进的后果。

3. 不予通过

试用过渡期满后,高校用人单位如果发现被试用高校思政课教师在试用期间有不能在政治上同党中央保持一致,师德师风存在严重问题,不能胜任高校思政课教育教学,违反学校规章制度,情节严重或者造成严重后果的情形之一的,经用人单位查证属实后,应当对试用过渡期满的思政课教师作出不通过的建议,报学校人事部门审查并形成书面意见,经学校领导同意,不与该思政课教师签正式聘用合同,并及时将情况告知被试用高校思政课教师。

(三)对评定不服的处理

被试用高校思政课教师对用人单位作出的附条件通过或者不予通过的意见不服,可以向作出评定意见的用人单位要求复核或向学校提出申诉。对于被试用高校思政课教师提出的复核请求,用人单位要及时予以复核,复核时,要给予被试用高校思政课教师充分发表意见的机会。对于复核单位作出的复核决定,被试用高校思政课教师还是不服的,可以向学校提出申诉,也可以不经过复核,直接向学校提出申诉。设立教师申诉委员会的高校应当按照校内申诉程序予以处理。对没有设立教师申诉委员会的高校,应当在7个工作日内由教师代表、学校领导及相关部门的代表组成临时教师申诉委员会,对被试用高校思政课教师的申诉进行及时处理。

六、入职宣誓

高校新进思政课教师入职宣誓,是他们对自己选择从事高校思政课教师职业的庄严承诺,表明从事高校思政课教育教学是自己深思熟虑后的自愿选择,彰显其忠诚党的教育事业的决心,坚定对马克思主义的信仰,遵守高校思政课讲授纪律,为党和国家培养合格接班人贡献自己的力量。关于建立高校新进思政课教师宣誓制度,在党和国家有关部门发布的文件中有规定。将高校思政课教师入职宣誓法治化,把宣誓设定为高校新进思政课教师准入法定程序有重要意义。

(一)有利于高校思政课教师增强职业荣誉感

职业荣誉感,是指一个人对自己从事的职业所具有价值的肯定和认可,由此发自内心对自己的职业感到满意、高兴与引以为豪。一个人之所以能感受到从事某一职业会给其带来荣誉感,这同一个人在社会生活中成长经历的场景密不可分,某种难以忘怀的场景对其思想、职业选择及职业行为会产生直接或间接的影响。如一个人在年轻时遭遇一场大病,有可能会让其萌发将来长大后要当一个医生的梦想,因为医生能救死扶伤,减轻人的痛苦,是一个光荣而神圣的职业。

具体就高校思政课教师职业发展而言,如果其曾经历过一些印象深刻的场景,同样会在心灵深处留下刻骨铭心的思想烙印,这种思想烙印对其今后开展教育教学会产生重要影响。新入职的庄严宣誓,无疑就是给即将担任高校思政课教学的教师留下难忘的场景,在宣誓的一瞬间,职业荣誉感油然而生,让其心灵感知到当高校思政课教师光荣而神圣,同时受到巨大震撼。这种来自心灵深处的光荣神圣感和巨大震撼,会在很长一段时期乃至终身提醒入职宣誓的高校思政课教师,要忠于党的教育事业,要关心热爱学生,要在教育教学中不断反思自己,从誓词中不断汲取营养,砥砺前行。正是从这个意义上说,在立法上明确高校新进思政课教师必须进行入职宣誓,有利于增强高校思政课教师的职业荣誉感。

(二)有利于增强高校思政课教师责任意识

责任意识,是人们关于自己要对自己行为及后果承担责任的一种思想或观念。由于意识具有指导行为的重要作用,加之人是权衡利弊后作出选择的高级理性动物,责任意识在一定程度有助于抑制与克服人们实施有危害性的行为。如果一个人没有责任意识或责任意识淡漠,很可能导致其行为肆无忌惮。例如,倘若一个高校思政课教师不能在思想上意识到自己肩负“为党育人,为国育才”的重任,没有认识到自己的不当言论可能给党和国家带来不利后果,责任意识淡漠,无论是在课堂内还是在课堂外,都很难对自己的言行进行有效管控。

一个责任意识匮乏的高校思政课教师,口无遮拦,不分时间不看场合随心所欲发表不当言论,势必会误导青年大学生,其不仅不能成为大学生健康成长的指导者和引路人,还有可能影响他们的健康成长。因此,高校思政课教师必须提高政治站位,增强责任意识,时刻严格约束自己的一言一行,用榜样的力量激励学生,用高尚人格熏陶学生,才能培养出有担当的中国特色社会主义建设者与合格的接班人。要求高校新进思政课教师必须宣誓,宣誓忠于党的教育事业,宣誓对学生及社会负责,这种公开承诺,能促使高校思政课教师时刻提醒自己身上肩负的使命,不能辜负党和人民的期待,不要失信于自己的誓言。因此,立法设定高校新进思政课教师入职的宣誓程序,有利于增强高校思政课教师的责任意识。

(三)有利于增强社会对高校思政课教师的认同

社会对高校思政课教师是否认同及认同程度,是判断或衡量社会对高校思政课教师是否尊敬及尊敬程度的一个重要指标。社会认同度高,表明高校思政课教师获得社会的普遍认可与尊重,这有助于增强其职业自豪感及教育教学自信心。反之,社会认同度低,难免在一定程度影响其开展教育教学的自信心及效果。

高校思政课教师能否获得社会认同,往往取决于多方面的因素,如高校思政课教师自身的思想道德修养、知识储备、学术造诣以及教育教学水平。但不得不承认,宣誓是增强高校思政课教师获得社会认可度的一个重要因素,因为宣誓是高校思政课教师对自己职业选择做出的郑重承诺,这种庄严的承诺具有极其重要的价值:一方面,体现了高校思政课教师与其他教师不同之处,他们的准入程序极其严格,不仅要有高学历还要有高尚的思想道德品质,只有经过严格层层选拔脱颖而出且对自己职业选择进行公开庄严承诺的人,才有资格担任高校思政课教师,这样的人应该获得人们的认可和尊重;另一方面,彰显了高校思政课教师忠诚于党的教育事业及乐于奉献的决心和精神,在物欲横流的市场经济社会,乐于奉献的决心和精神最易触动人们的心灵深处,不得不让人为之震撼,这无疑有助于高校思政课教师获得社会大众的普遍认同。

第四节　不法准入后果法治化

不法准入后果法治化，是指高校思政课教师准入必须符合法定条件并严格遵循法定程序，对不具备法定条件（如没有相关专业背景硕士以上学历）或者违反法定程序（如未经宣誓及没有参加岗前专项培训）的准入后果，立法对此要予以明确规定。不法准入后果法治化有正当哲理基础。根据理性的功利主义哲学，趋乐避苦是人与生俱有的理性禀赋，对于是否实施某一行为，人们通常是在对苦与乐进行利弊权衡后抉择，如果实施某一行为要承担之苦大于所得之乐，人们在理性驱使下，会作出拒绝选择。因此，在立法上对高校思政课教师不法准入的后果实施有力制裁，使不法准入的人从自己行为中承受之苦大于所得之乐，这是确保高校思政课教师准入条件与准入程序得以遵守的有效方式。

从表 5 不难发现，对于高校思政课教师不法准入情形，学生和高校思政课教师的看法基本一致，但在是否有必要将不法准入情形予以法治化时，他们的看法有很大不同。基于保障个人权益与防范裁决权滥用考量，立法不仅要明确高校思政课教师不法准入情形，还要对不法准入必须承担责任予以确立。

表 5　高校思政课教师不法准入情形及不法准入后果法治化调查

问卷对象	问卷问题	
	1. 你认为是否有必要将高校思政课教师不法准入后果予以法治化？（单选） a. 有必要，确保不法准入得到制裁；b. 没有必要；c. 不知道	2. 你认为高校思政课教师不法准入情形有哪些？（多选） a. 政治条件不具备的准入；b. 思想道德品质不合格的准入；c. 知识条件不具备的准入；d. 教学能力不具备的准入；e. 学历不具备的准入
大三学生	a. 为 55%； b. 为 18%； c. 为 27%	a. 为 93%； b. 为 95%； c. 为 96%； d. 为 97%； e. 为 86%

续表

问卷对象	问卷问题	
	1. 你认为是否有必要将高校思政课教师不法准入后果予以法治化?(单选) a. 有必要,确保不法准入得到制裁;b. 没有必要;c. 不知道	2. 你认为高校思政课教师不法准入情形有哪些?(多选) a. 政治条件不具备的准入;b. 思想道德品质不合格的准入;c. 知识条件不具备的准入;d. 教学能力不具备的准入;e. 学历不具备的准入
高校思政课教师	a. 为 92%; b. 为 6%; c. 为 2%	a. 为 93%; b. 为 97%; c. 为 95%; d. 为 92%; e. 为 87%

一、不法准入情形

高校思政课教师准入,不仅需要具备法律规定实体条件,而且必须遵循法律规定程序。基于此,就宏观而言,高校思政课教师不法准入情形,主要表现为两个方面,一是不具备法定条件的准入;二是违反法定程序的准入。

(一)不具备法定条件的准入

高校新进思政课教师,一般须满足这些基本条件,例如,原则上应是中国共产党党员、在政治上始终同党中央保持一致、有良好的思想道德品质、有相关专业硕士以上学历、具备胜任相应思政课程教学的能力及通过统一职业资格考试。据此,可以将高校思政课教师不具备法定条件的准入概括为如下几种情形:

1. 政治条件不合格的准入

高校思政课具有的鲜明政治属性决定,新进高校思政课教师必须具备一定的政治条件,如原则上应是中共党员,在政治上要与党中央保持一致。审查委员会在对高校新进思政课教师的准入资格进行审查时,要认真履行职责,对其是否具备政治条件进行严格审查。否则,没有认真履行职责或故意徇情徇私,导致政治条件不合格的人得以准入,对相关责任人要追究法律责任。

2. 思想道德品质不合格的准入

高校思政课教师要教育引导青年大学生立德树人，首先其自身必须具有良好的思想道德品质，一个思想道德品质败坏的高校思政课教师不可能成为青年大学生健康成长的指导者和引路人。给他人讲道德的人，其自身要思想品德高尚。因此，审查委员会以及用人单位对新进思政课教师进行资格审查时，必须注意对其思想品德进行严格审查，确保高校思政课教师具有良好的思想道德品质。如果申请人故意隐瞒事实或者负责审查工作人员没有认真履行审查职责，致使思想品德不合格的人入职高校当思政课教师，属于违法准入情形。

3. 没有相关专业背景硕士以上学历的准入

高校思政课教师要对青年大学生有效开展马克思主义理论教育，首先其自身必须具有扎实的马克思主义理论知识。一个没有马克思主义理论知识的高校思政课教师，无法教育引导青年大学生对马克思主义持坚定的信仰。鉴于此，有必要对高校新进思政课教师的学历与专业进行适当限制，否则，一个没有马克思主义理论学科背景硕士以上学历的人也可以当高校思政课教师。不难想象，这样的高校思政课教师，很可能对什么是马克思主义都弄不清楚，不可能向青年大学生解释清楚为什么马克思主义是科学理论以及我们为何要将马克思主义选择为立党立国的根本指导思想，更遑论其引导新时代青年大学生坚定对马克思主义的信仰。因此，除非法律有特别规定，没有相关专业背景硕士以上学历的人，没有资格担任高校思政课教师，无论其是通过何种途径准入，均属非法准入。

4. 没有一定教学能力的准入

高校新进思政课教师有一定教学能力，这是高校思政课教师履行讲好思政课首要岗位职责的必然要求。审查委员会及用人单位对新进思政课教师进行资格审查时，应注意审查其是否有胜任相应思政课程教学的能力，不具备胜任相应思政课程教学能力的人入职高校担任思政课教师，属于违法准入。要强调的是，“具有一定教学能力”是一个内涵丰富的语词，弹性十足，对于一个人是否具有胜任相应思政课程教学的能力，不易判断。加之一个人的教学能力具有动态性，不能用静止不变的观点对一个人的教学能力予以简单断定。因此，为确保对高校新进思政课教师教学能力评价的客观公正，有必要由具有较高威望的思政专家组成一个评价小组进行全面考量，以避免误判。

5. 没有通过统一职业资格考试的准入

要从事高校思政课教育教学的人，必须通过教育部组织的高校思政课教师统一职业资格考试。如果没有参加或者参加但没有通过高校思政课教师统一职业资格考试，故意编造证书，欺骗审查委员会，蒙混过关的，属于违法准入情形。对于政治素质过硬且在相关学科领域取得一定成绩的专家转任高校思政课教师，虽不需要参加教育部组织的高校思政课教师统一职业资格考试，但有必要对专家职称及教育教学能力抑或科研获奖情况予以适当规制，例如，职称必须是副教授以上，在相关学科从事教育教学 5 年以上等。

（二）违反法定程序的准入

程序为私权利与公权力运行预设轨道，具有限制个人滥用权利与防范公共权力恣意妄为的重要功能。高校思政课教师准入程序法定，即由刚性法律制度对高校思政课教师准入须经的环节或步骤予以明确规定。通过有关部门的严格审查以及考核，可以在一定程度有效避免不具备担任高校思政课教师资格的人亦可走上思政课讲台。在通常情况下，有下列情形之一的，属违反法定程序的准入。

1. 没有提出书面申请的准入

想从事高校思政课教育教学的人，必须向审查委员会提出书面申请，这是获得高校思政课教师资格的必经环节。强调高校新进思政课教师须经提出书面申请这一环节，既体现对申请人职业选择的尊重，也表明党和国家对高校思政课教师的选拔有非常严格要求。申请人要想成为一名光荣的高校思政课教师，应当自愿接受组织的层层严格审查，提出书面申请是其自己愿意接受考察的体现。没有提出书面申请，后面的审查、试用、评定及宣誓环节都没有任何意义。因此，没有提出书面申请的高校思政课教师准入，属于程序违法。

2. 未经过专门机构审查的准入

任何人要想成为一个高校思政课教师，必须向审查委员会提出书面申请，由其对申请人提交的书面材料进行客观全面审查，这是所有人获得高校思政课教师资格的必经程序。通过审查,可以将不具备任职条件的人予以排除,这有利于建设一支高素质的高校思政课教师队伍。否则,未经严格审查就可入职,随随便便就可以当高校思政课教师,易导致高校思政课教师素质不能得到有效保障。一个没有良好素质的高校思政课教师,既不能得到学生尊重,也无法履行讲好思政课的岗位职责。因此,审查委员会的审查,是高校思政课教师准入的必经程序,没有经过此环节的准入,属于准入程序违法。

3. 没有经历试用过渡期的准入

申请人提出的申请,即便获得审查委员会的审查通过,也不意味着其就是一个正式的高校思政课教师。申请人的申请被审查通过,只是表明其有资格担任高校思政课教师,但要真正成为一个高校思政课教师,还要经历一个试用过渡期。在试用过渡期,通过用人单位领导、指导老师以及教研室同行多次深入被试用人的课堂听课,可以对被试用人是否具有胜任相应思政课程教学的能力予以准确评定。此外,通过试用过渡期,可以发现被试用人是否在政治上同党中央保持一致以及有没有良好的思想品德。因此,要成为一名真正的高校思政课教师,必须经历试用过渡期。没有经历试用过渡期的高校思政课教师准入,属于准入程序违法。

4. 没有用人单位对试用过渡期满评定的准入

高校新进思政课教师的合同试用过渡期满后,用人单位应当对其政治素质、师德师风、教学能力、组织纪律以及社会服务等进行客观全面评价,只有用人单位评价合格,被试用的高校思政课教师才能和学校签订正式聘用合同。试用过渡期满后,由用人单位对高校新进思政课教师给予书面评定,是高校思政课教师准入的必经环节,否则,没有经过用人单位的考核评定就入职,属于程序违法的准入。

5. 没有宣誓的准入

宣誓是申请人对入职高校担任思政课教师的一种庄严承诺,表明选择高校思政课教师职业是自己深思熟虑后的自愿行为,自己要信守承诺,在政治上,要始终同党中央保持一致,不发表对党和国家不利的言论,要维护党的权威,自觉遵守高校思政课的纪律要求;在工作中,要关心热爱学生,尽职尽责,努力钻研马克思主义理论知识;在生活上,要严于律己,艰苦朴素,勤俭节约。宣誓是高校新进思政课教师准入的必经环节或步骤,没有宣誓的准入,属于程序违法。

二、不法准入责任追究

高校思政课教师准入必须满足一定实体条件并严格遵守法定的准入程序,对于不具备法定实体条件以及违反法定程序的违法准入,要对申请人或者相关工作人员进行责任追究。通过对高校思政课教师不法准入予以责任追究,一方面,能促使申请人理性行使权利。任何人都有选择担任高校思政课教师的权利,但绝非任何人都有资格担任高校思政课教师,要成为一名高校思政课教师,必须具备法定条件,对于不符合法定条件的不法准入进行责任追究,可以有效防范有的人采取伪造、欺骗、隐瞒等非法手段获取高校思政课教师资格。另一方面,对高校思政课教师不法准入进行责任追究,能倒逼承载审查职责的工作人员理性行使权力,在一定程度能有效防范高校思政课教师资格认定过程中权力恣意妄为。

(一)责任对象

1. 申请人

申请人向审查机构提出担任高校思政课教师的书面申请及提交担任高校思政课教师所需材料,必须是客观真实的,如有伪造、欺骗、隐瞒行为,例如,伪造高校思政课教师统一职业资格考试证书、编造各种获奖证书、隐瞒缺失诚信记录等,一旦查证属实,申请人要对自己实施的非法行为承担责任。

2. 负责审查的工作人员

对申请人提出的书面申请及提交的各种材料,审查委员会工作人员要进行全面审查,如果工作人员在审查过程中徇情徇私,导致不具高校思政课教师条件的人得以准入,要承担法律责任。

3. 用人单位负责考核评定的工作人员

试用过渡期满后,学校用人单位要对被试用人在试用过渡期间的表现进行客观全面考核,就被试用人是否能担任高校思政课教师作出评定,如果工作人员徇情徇私作出虚假的评定意见，要承担相应责任。

（二）责任追究主体

责任追究主体（以下简称追责主体），指对于高校新进思政课教师的不法准入，有权对责任人进行问责的机构。追责主体是高校思政课教师不法准入的推动者，对追责主体设定是否合理，在很大程度上决定不法准入责任能否得到有效追究，例如，如果追责主体和责任承担者有利害关系，其有可能基于自身利益考量，对不法准入惰于启动责任追究。在裁决过程中，追责主体也极有可能徇情徇私作出不公正处理。因此，在设定高校思政课教师不法准入的追责主体时，要尽量确保其不偏不倚的相对中立性。

具体来说，考虑到高校新进思政课教师不法准入情形不是很多，基于节约资源考量，可以设置临时性而非固定性的追责主体。当发生高校思政课教师不法准入情形时，可以由高校纪检部门牵头成立一个临时追责主体，至于这个临时追责主体的名称，暂将其命名为"高校思政课教师不法准入追责小组"。为确保追责程序正义，有必要对小组的人员构成进行适当规制，例如，追责小组成员须由学校纪检人员、高校思政课教师代表以及思政课教师所在单位负责人组成，必要时，也可邀请有法律专业知识的人参加，确保高校思政课不法准入追责的客观性、公正性和专业性。

（三）责任方式

责任方式，指对于高校思政课教师的不法准入，负有责任的有关主体要接受什么样的制裁，例如，申请人用虚构事实方法获得高校思政课教师资格的，要取消其资格；工作人员疏忽大意，没有认真履行审查职责，导致他人不应获得高校思政课教师资格却获得的，应给予行政处分；工作人员收受他人贿赂，造成高校思政课教师不法准入情节严重或者影响极其恶劣，要承担刑事责任。

在高校思政课教师不法准入中，申请人以及负责审查和评定的工作人员对不法准入要承担什么样的法律责任，立法对此要有规定，否则，不法准入责任方式缺失，有可能导致：一是负责审查及评定的工作人员在思想上不能对高校思政课教师准入引起足够重视。高校思政课教师准入直接涉及他人利益，负责审查、评定的工作人员必须在思想上对此引起高度重视，如果立法仅要求资格审查及试用过渡期满评定要依法进行，对不法准入须承担的责任方式没有具体规定，缺失具体责任承担的法律规范犹如道德规范，对负责审查及评定的工作人员很难起到强制性指引效果，在一定程度难以引起其从思想上高度重视。二是当不法准入不可避免时，即便高校要对不法准入责任人进行责任追究，但因没有具体责任方式，有可能导致追责主体以法无明确授权为由予以推诿，进而出现在高校思政课教师准入过程中实施不法行为，而承载不法准入的追责主体要对不法准入行为进行责任追究难以实现的情形。

高校思政课教师不法准入责任追究方式不仅要明确，而且所设责任方式必须合理。倘若立法所设不法准入的责任方式不合理，例如，对故意实施不法行为造成的不法准入，立法本应确立较重的责任方式，但只设置较轻的责任方式，这同样难以促使负责审查义务的工作人员在思想上引起重视，不法准入责任追究同样不能达到预期效果。因此，在高校思政课教师不法准入责任追究制度中，有必要根据责任主体过错程度以及造成的危害后果设立各种合理的责任方式。此外，不法准入责任方式还须相互补充，构成一个完整的责任方式体系。

根据承担不法准入责任的主体不同，可以设定不同的责任方式：

1. 申请人的责任方式

申请人向审查委员会提交的申请书和相关证明材料，必须是客观真实的，如有伪造、欺骗、隐瞒等行为，即便已获得高校思政课教师资格乃至已经和学校签订正式聘任合同，都应取消其获得的高校思政课教师资格，情节严重或造成严重后果的，终身不得入职高校担任思政课教师。

2. 审查委员会的责任方式

对于欲从事高校思政课教师职业的人提出的书面申请及其提交的相关材料，审查委员会的工作人员要进行全面审查，作出客观公正的结论。如果审查委员会工作人员徇私舞弊，作出错误结论，导致违法准入，对相关工作人员要给予行政处分。倘若工作人员收受他人贿赂，故意作出违法裁决，触犯刑法的，要追究其刑事责任。

3. 用人单位的责任方式

试用过渡期满，用人单位应对被试用人在试用期间的表现进行全面考核，就被试用人是否具有担任高校思政课教师资格作出客观公正评定。如果承担评定职责的工作人员没有认真履行职责，导致不应准入而准入，应当准入却被拒之门外的后果，要追究相关人员的行政责任。如果工作人员收受他人贿赂，故意作出违法裁决，要追究其刑事责任。用人单位因错误评定导致被试用人名誉、荣誉受侵害的，要采取有效举措消除影响，并赔礼道歉。

三、不法准入归责原则

不法准入归责原则，是指追究高校思政课教师不法准入责任必须遵循的基本准则。为确保高校思政课教师选聘在法治轨道上运行，对不具备条件及违反程序的准入，要追究有关人员的法律责任。但法律责任追究应当符合归责基本原则，否则，即便出现不法准入情形，也不能对相关人员进行责任追究。由此不难发现，归责原则在高校思政课教师不法准入责任追究中处于极其重要地位，它不仅直接体现和反映不法准入责任追究的立法政策及价值取向，还直接决定不法准入的责任追究范围并左右责任追究制度功能能否得到发挥以及发挥的程度。

党和国家文件虽有关于高校思政课教师准入条件以及准入程序的一些原则性规定，但对不法准入的责任及责任追究的归责原则鲜有涉及。借鉴我国行政法律法规关于责任追究应遵循的基本归责原则，可将高校思政课教师不法准入归责原则分为违法责任原则、结果责任原则、过错责任原则以及综合责任原则。

（一）违法责任原则

违法责任原则，是指对高校思政课教师违法准入要不要进行责任追究，关键看违法准入是否因申请人及工作人员的违法行为所致，只有申请人及负责资格审查的工作人员实施违法行为导致违法准入，才可以对违法准入进行责任追究。

须强调的是，违法准入与违法责任是两个既有联系又有区别的概念，只要申请人不具备高校思政课教师任职资格或违反高校思政课教师资格认定程序，就属于违法准入。违法准入不考虑申请人或相关工作人员是否有违法行为，即便申请人或相关工作人员没有违法行为，也会出现违法准入。违法责任，其强调责任追究须以责任人有违法行为为必要条件。一般情况下，违法责任以违法准入为前提，但不是有违法准入就要进行责任追究，如果申请人及负责审查主体没有违法行为，违法准入是因认识及判断错误所致，就不能对有关主体进行责任追究。

在违法责任归责原则下，追究高校思政课教师违法准入责任的基本准则是有关主体"违法或违规"，对于责任人在主观上是否有过错，不予考虑。由此可见，如果申请人及相关工作人员在高校思政课教师准入中实施的行为合法，即便该行为导致违法准入的情形发生，也无须承担责任。申请人及负责审查评定的工作人员在高校思政课教师准入中实施违法行为，才能对有关主体进行责任追究。

申请人明知高校思政课教师准入需要具备法定条件并应遵循法定程序，在自己不具备法定条件的情况下，采取伪造、欺骗、隐瞒等手段获得准入，或者违反法定准入程序，申请人要对自己的违法行为承担责任。对于审查委员对申请人的审查以及用人单位对被试用人的试用过渡期满考核评定，倘若明知他人不具备担任高校思政课教师所需条件，却徇情徇私予以非法准入，对其违法行为进行责任追究，这应是不言而喻、不证自明的公理。

将违法责任原则作为高校思政课教师违法准入责任追究归责原则，具有其合理性，但高校思政课教师准入是一项复杂活动，违法准入，除了可能是申请人及工作人员违法行为导致之外，还有可能是其他方面的原因，例如，对申请人是否具备胜任高校思政课教学的能力，没有客观判断标准，工作人员对此进行审查判断时，难免出现失误，导致违法准入。又如，对申请人的资格审查具有时限性，即审查须在法定期限内完成，不得不承认，对于申请人是否有良好的思想品德以及在政治上是否与党中央保持一致的问题，要在一个非常有限的时间内予以客观公正评价，无疑有很大难度，这是导致违法准入情形发生的又一重要原因。此外,高校思政课教师违法准入情形的发生,不仅与有关主体的违法行为有关,也同其主观过错密不可分,加之主观过错有故意与过失及程度轻重之分,高校思政课教师违法准入造成的社会危害性也不完全一样,为此,不考虑申请人及工作人员在主观上是否有过错,也无论其违法是否造成危害结果,仅以申请人以及相关工作人员有违法行为作为违法准入责任追究的归责原则,存在明显不合理之处。

(二)结果责任原则

结果责任原则,是指对于高校思政课教师的违法准入,只要造成不法准入结果,不论申请人及负责审查评定的工作人员在主观上是否存在过错,也不管其有没有实施违法行为,就可对申请人及负责审查评定的工作人员进行责任追究。

必须承认,将是否造成违法准入后果作为高校思政课教师违法准入责任追究的归责原则,有一定合理性。因为结果责任原则的判断标准容易把握,承担责任追究的工作人员只需查明是否有违法准入后果就可以对有关人员进行责任追究,无须判断申请人、负责资格审查及评定的工作人员在主观上是否存在过错,也不用查明是否有违法行为。由此可见,对高校思政课教师违法准入责任追究采取结果责任的归责原则,容易取证,简便易行。

但结果责任原则不考虑申请人以及负责审查评定的工作人员的行为是否违法,也不管申请人及审查评定的工作人员在主观上有无过错,仅以造成高校思政课教师"违法准入结果"发生作为责任追究的唯一依据,也存在明显不合理性,例如,对于审查机构具有违法性及负责审查的工作人员在履行审查职责过程中主观上有过错,但在客观上尚未造成违法准入后果的行为,就不能对其予以制裁。

(三)过错责任原则

与结果责任原则和违法责任原则不同,过错责任原则主张,对于高校思政课教师违法准入,申请人以及审查评定的工作人员在主观上有过错,是对违法准入进行责任追究的依据。换言之,在高校思政课教师准入过程中,申请人以及有关工作人员没有过错的，即使有违法行为或造成违法准入的危害结果，也不能对有关主体追责。申请人以及相关工作人员在主观上因故意或重大过失导致高校思政课教师违法准入情形发生的，才能对申请人或负责审查评定的工作人员追责。

在过错责任原则视域下，对高校思政课教师违法准入是否进行责任追究，关键在于申请人及有关工作人员在主观上是否存在过错。具体来说，在高校思政课教师准入过程中，如果申请人及负责审查评定的工作人员没有故意或过失地违反关于准入的法律法规，即便有违法准入后果发生，他们也无须对违法准入后果承担责任。反之，申请人以及负责审查评定的工作人员在高校思政课教师准入中有故意或过失违反法律法规，其要根据自己的违法情况承担相应的法律责任。

在高校思政课教师违法准入中，将申请人及审查评定的工作人员在主观上存在“过错”作为责任追究的归责原则，有一定合理性，问题是在过错责任原则视域下，要认定申请人及相关工作人员存在过错，有时候相当困难。从逻辑上说，过错责任原则是建立在责任人主观过错是可认识的基础上，然而，要正确区分有关主体的过错心态，例如，要收集证据证明违法准入是在故意还是过失状态下实施，有时不容易，所以，过错责任原则形式上合理，但在实践中可操作性不强。

（四）综合责任原则

综合责任原则，是指对高校思政课教师违法准入的责任追究，不能采取单一结果责任、违法责任或过错责任原则，而应采取两个或两个以上归责原则，例如，既要看申请人及负责审查评定的工作人员在违法准入中是否存在违法违规，还要看其在主观上有没有过错，有时还要考虑违法准入结果造成危害的大小。

在公益与私益碰撞激烈的高校思政课教师准入中，从申请人提出申请到试用过渡期满的评定，涉及各种错综复杂的关系，违法准入情形多种多样，导致违法准入的发生，有的是申请人或负责审查的工作人员故意实施，有的则是其因过失所致。如果对违法准入责任追究采取的归责原则单一，势必会引发各种不合理现象发生，例如，单一采取违法责任原则，既不考虑责任人在主观上是否存在过错，也不考虑其行为是否造成危害后果，只要责任人在违法准入过程中有违法行为，就要追究责任，这置申请人及负责审查的工作人员于不利境地。又如，单一采取过错责任原则，将责任人在主观上存在过错作为追责的依据，因为要认定责任人在主观方面存在过错不易，这有可能置高校思政课教师违法准入责任追究于不利境地。

综上所述，将违法责任、过错责任或结果责任作为单一归责原则，都存在缺陷。设立高校思政课教师违法准入责任追究的归责原则，应避免采取单一归责原则，应采取综合归责原则，更适应违法准入责任追究活动中的复杂情况。

四、不法准入追责时效

（一）追责时效的基本内涵

在法治视域下，追责时效是指立法对违法违纪行为的责任追究设定有一个明确期限，一旦超过法定期限，不得再对违法违纪行为进行责任追究，即责任主体实施的违法违纪行为，如果没有在法律规定的期限内被发现，且不属于不受追责时效限制的例外情况的，就不再对违法违纪行为追责，责任后果归于消灭。

关于追责时效，我国相关立法有具体规定，例如，刑法对犯罪行为设定有追诉时效，①追诉时效表明，对犯罪行为的追惩有期限约束，某一犯罪行为一旦超过了法律规定的追诉期限，对其追惩权就罹于消灭，即便后来发现犯罪行为系某人所为，也不再追惩。追诉时效制度可以避免公安司法机关深陷于时过境迁的陈年旧案，将超过追诉期限的犯罪从追惩可能性中解放出来，对稳定当下社会关系有极其重要的作用。当然，追诉时效有可能使部分罪犯逃避法律制裁，

① 追诉时效，是指刑法规定对犯罪行为进行追惩的有效期限。参见王志坤：《论“不受追诉期限的限制”》，载《国家检察官学院学报》2014 年第 6 期。

对社会造成一定负面影响。[①] 又如，我国民法对民事主体向法院提起民事诉讼设定有诉讼时效，当法律设定的诉讼时效期限届满，虽民事主体仍有提起诉讼的请求权，但若另一方当事人提出诉讼时效抗辩，权利人丧失胜诉权，即胜诉权归于消灭。

由上可见，追责时效是法律规定追责主体对他人进行责任追究的有效期限。除非法律有特别规定，一旦超过了追责期限，就不能再对他人追究责任。尽管立法设定的追责时效制度存在一定弊端，但总的来说，积极意义大于消极意义。

（二）设立追责时效的意义

1. 有利于集中力量打击现行违法违纪行为

对于那些时过境迁的违法违纪行为，随着时间流逝，证据可能由于自然或人为原因遭受破坏或灭失，无法或难以收集，要恢复违法违纪时的状况，已无可能或成本太大。倘若追责主体为此旷日耗时，只能是浪费资源，实效甚微。确立追责时效制度，可以使追责主体免受陈年旧案的困扰，从无法或难以查清的旧案中解放出来，有利于集中力量解决好当前亟待解决的违法违纪案件。

2. 有利于稳定社会秩序

遭受不法行为侵害的社会关系，具有一定的自我修复性。随着时间推移，不法行为对社会关系的破坏或者说造成的不利影响在逐渐减少或者趋于消失。倘若没有追责时效规制，不管时间已过去多久，只要发现证据，都可以对责任人进行责任追究，在被破坏的社会关系已趋于稳定的情况下，对陈年旧案重查，犹如在即将愈合的伤口撒盐。因此，对责任追究设定一个合理期限，有利于社会自我修复功能发挥，对稳定现有社会关系也有重要作用。

3. 有利于提高追责效益

追责需要耗费一定的资源，例如，需要指派专门人员对责任事故进行调查

---

① 意大利犯罪学家巴伦·拉斐尔·加罗法洛曾指出，追诉时效制度不符合刑罚保卫社会的本意，如不加以限制，有可能成为保护犯人的工具。参见高铭暄主编：《刑法学原理》（第 3 卷），中国人民大学出版社 1994 年版，第 629 页。

以及对证据进行收集，这都比较耗时费力。然而，根据“资源稀缺”经济学理论，任何一个国家的资源并非取之不绝、用之不尽，其投入追责中的资源非常有限，为此，追责制度构建及运行必须重视效益，要力求以最小的投入获得最大效果，这是人类社会从事任何活动都应遵循的经济性原则。[①] 对追责设定一个合理期限，意味着，不能在法定期限完成追责任务，要承担不利后果。这会促使有关工作人员在思想上引起重视，避免拖拉作风和官僚主义，进而提高追责效益。

（三）对高校思政课教师违法准入的追责时效设定

根据追责是否有期限规制，可以将追责时效分为两类：一是有期限规制的普通追责时效，如要对违法行为人实施行政处罚，除法律另有规定外，必须在法律规定的 2 年期限内完成，对超过追责时限的违法行为，不再给予行政处罚。[②]二是不受期限规制的特别追责时效，即任何时候发现不法行为，都可以进行追责，如北京市实行工程质量终身责任制，[③]相关工程责任人要对工程质量终身负责，只要工程出现质量问题，不论何时都可以进行追责，没有期限规制。

对高校思政课教师违法准入的责任追究，应采取普通追责时效还是采取特别追责时效，抑或采取普通追责时效与特别追责时效相结合。如果对违法准入设定普通追责时效，假设这个追责期限是 2 年，那么，2 年期限过后，是否意味着申请人无须对采取伪造、欺骗、隐瞒等方式获得高校思政课教师资格的行为承担责任，申请人通过非法方式获得高校思政课教师资格合法化。如果申请人在 2 年前有在政治上不能与党中央保持一致的言行，当时没有被发现，2 年追责期限过后，本来没有资格担任高校思政课教师的人，因为追责期限已过，是不是就不再取消获得的高校思政课教师资格，其可以继续担任高校思政课教师。笔者认为，答案均应当是否定的。一个没有通过高校思政课教师统一职业资格考试的人，一个在政治上不能与党中央保持一致的人，通过伪造证书、与负责资格审

---

① 参见胡卫星：《论法律效率》，载《中国法学》1992 年第 1 期。

② 参见《行政处罚法》第 36 条，违法行为在 2 年内未被发现的，不再给予行政处罚。

③ 《北京市建设工程质量条例》规定：建设、勘察、设计、施工、监理五方责任主体项目负责人以及涉及建筑主体和承重结构材料供应的单位的法定代表人，应按照规定签署工程质量终身责任承诺书，履行工程质量终身责任。

查的工作人员进行非法交易、采取欺骗和隐瞒方式取得高校思政课教师任职资格,性质极其恶劣,对社会造成的负面影响无法估量,无论何时发现,都要取消其高校思政课教师资格。因此,对于申请人在申请高校思政课教师资格过程中,采取伪造、欺骗、隐瞒方式进入高校思政课教师队伍的,应当采取特别追责时效,即任何时候发现,都可以进行追责,不受时效期限限制。对于审查委员会、用人单位及其工作人员收受申请人及被试用人的贿赂,在资格审查及试用期满评定的过程中,故意作出违法审查意见及评定结论的,对其追责,同样不受时效规制,无论任何时候发现,都可以进行责任追究。审查委员会及用人单位工作人员没有认真履行职责,由于过失导致违法准入的,可以对相关工作人员实行有期限限制的追责时效。

五、对被追责不服的救济

在对高校思政课教师违法准入的责任追究中,如果被追责人对追责主体作出的处理不服,立法应该为其设定及时有效的救济方式,通过有关机构对被追责人诉求的审查处理,既可以使违法或者不当的追责行为得到纠正,也让合法的追责行为能得以维护。参照我国高校教师的权利救济制度设置,在高校思政课教师违法准入的责任追究中,如果相关人员对被追责不服,立法应规定其可以通过如下途径进行权益救济,承载救济义务主体必须依法给予公正处理。

(一)申请复核

在高校思政课教师违法准入的责任追究中,被追责的申请人及负责审查或评定的工作人员对有关机构作出的处理不服,其可向作出处理决定的机构申请复核,要求对自己不利的决定重新审核,对错误的决定予以纠正。由作出处理决定的机构对自己行为是否合法进行审查,是自己做自己案件的法官,在程序上具有不正义性。但因追责过程和实体裁决是自己作出,对于自己的决定是否有错,裁决者应该最清楚,如果其能实事求是对错误决定予以纠正,复核应是一种简洁有效的救济方式。从某种意义上说,复核也是给追责主体一个自我纠错的机会,社会主义国家的性质决定,负责追责的机构及其工作人员应该有自我纠错的勇气。

(二)提出申诉

申诉在不同领域有不完全相同含义。在高校思政课教师违法准入的责任追究中,被追责人对有关主体作出的处理不服,可向对有关主体有管辖权的部门提出请求,要求重新处理。受理部门应在收到申请书后法定期限内对请求事实及依据进行调查核实,根据具体情况作出相应处理。

(三)行政复议

行政复议,通常用来解决行政主体(管理者)与行政相对人(被管理的公民、法人或其他组织)冲突(称为行政争议)的一种方式,主要适用于行政权运行的场域,具体来说,其指行政相对人对行政主体实施的具体行政行为不服,向对行政主体有管理权的机关提出请求,要求其依法对行政争议进行审查处理的活动。在高校思政课教师违法准入的责任追究中,被追责人对追责主体作出的处理不服,有权提出申诉,如果负责处理申诉的机关逾期没有作出处理,或者被追责人对处理决定仍不服的,只要申诉属于行政复议受案范围的,提出申诉的人可提起行政复议,复议机关要在法定期限内,对行政复议进行处理。

(四)行政诉讼

行政诉讼,是指由法院依法对行政相对人与行政主体发生的行政争议进行处理的一系列活动的有机统一。通过法院对行政争议的处理,行政主体实施的不法具体行政行为可能被纠正,行政相对人被侵害的权益有可能得到恢复或弥补。

司法是维护人间公平正义的最后一道防线,在高校思政课教师违法准入的责任追究中,如果被追责人对追责主体作出的处理不服,提出申诉,负责处理申诉机构逾期不作出处理或久拖不决的,或者被追责人对处理决定仍不服的,只要申诉内容属于行政诉讼受案范围的,提出申诉的被追责人可提起行政诉讼。

第二章　高校思政课教师评价机制法治化

高校思政课教师评价机制法治化，是指由法律将有资格评价高校思政课教师的主体、评价应遵循的原则、评价的具体内容、评价的程序及评价结果运用予以明确规定。由于法律有国家强制力保证实施，高校思政课教师评价机制法治化可以确保评价机制在法律预设轨道内稳定运行，避免对高校思政课教师评价的随意性。从长远看，评价机制法治化有利于高校思政课教师职业规划及职业发展。

第一节　评价原则法治化

评价原则，具体就高校思政课教师评价而言，是指人们对高校思政课教师的政治素质、师德师风、教育教学能力、科研水平、社会服务态度及效果等进行评价时必须遵循的基本准则。高校思政课教师评价原则，在一定程度上体现了一个国家对高校思政课教师予以评价的基本精神，决定高校思政课教师评价的基本特征，对一国高校思政课教师乃至对所有教师的评价都具有普遍的指导作用。就某种意义而言，评价原则不仅决定或者左右一国设立什么样的高校思政课教师评价机制，而且在很大程度对该评价机制在实践中的实际运行产生重大影响。高校思政课教师评价原则法治化，就是将对高校思政课教师进行评价应当遵循的基本准则予以立法规定，确保高校思政课教师评价须遵循的基本准则于法有据。

从表6不难发现，尽管有部分大学生和高校思政课教师认为不应将高校思政课教师评价原则上升到立法层面，但大多数大学生和高校思政课教师认为，有必要将高校思政课教师评价原则予以法治化。结合相关学者的研究成果，[①]有必要将多元主体评价相结合、政治正确与价值引领相结合、教学与科研并重、实体正义与程序正义以及一票否决确立为评价高校思政课教师须遵循的基本原则。

表6　高校思政课教师评价须遵循原则及评价原则法治化调查

问卷对象	问卷问题	
	1. 高校思政课教师评价应当遵循哪些原则？（多选） a. 价值引领原则；b. 多元主体评价互补原则；c. 教学与科研评价并重原则；d. 一票否决原则；e. 其他原则	2. 有无必要将高校思政课教师评价原则予以法治化？（单选） a. 很有必要；b. 有必要；c. 不必要；d. 无所谓
大二与大三学生	a. 为87%； b. 为90%； c. 为88%； d. 为97%； e. 为37%	a. 为31%； b. 为49%； c. 为15%； d. 为5%
高校思政课教师	a. 为91%； b. 为95%； c. 为96%； d. 为85%； e. 为56%	a. 为35%； b. 为53%； c. 为10%； d. 为2%

① 参见余丰玉：《思政课改革创新要坚持主导性和主体性相统一》，载《中国高等教育》2019年第18期；孙凯：《意义、困境与展望：高校思政课教师评价体系研究》，载《中国轻工教育》2021年第6期；周钰：《高校思政课教师考核评价机制建设研究》，山东理工大学2019年硕士学位论文；王光彦：《大学教师绩效评价研究——基于教师自主发展的探索》，华东师范大学2009年博士学位论文。

一、多元主体评价相结合原则

对高校思政课教师的评价需从政治素质、师德师风、专业知识、教育教学水平以及社会服务能力等方面进行考核评定。评价范围的广泛性要求,有必要由不同主体从不同视角进行评定,否则,如果评价主体单一,一旦评价者的地位不中立、知识存在缺陷或者认识视角狭窄,势必导致评价结果缺失客观公正。因此,立法应当确立对高校思政课教师的评价必须遵循多元主体评价相结合原则。

(一)高校思政课教师自我评价与专家评价相结合

对于自己的思想政治素质、教育教学水平、科研成果质量以及社会服务能力,高校思政课教师通常有比较清晰的认识。在立法上赋予高校思政课教师有权进行自我评价,有利于其学会自我反思,认识自身具有的优势与存在的不足,这对他们职业规划及自身发展有重要意义。为充分发挥高校思政课老师自我评价的积极性,使自我评价成为一种自觉与自励行为,高校及主管教育部门可以邀请思政课教师参与制定评价方案,通过参与评价方案的制定,促使高校思政课教师提升对评价的认识、改进教育教学方式、加强科学研究以及服务社会的理念。此外,高校思政课教师参与评价方案的制定,是评价方案的制定主体,评价方案是在尊重他们意见的基础上形成,个人有服从集体的义务,当评价出现对高校思政课教师的不利结果时,一定程度可以降低他们对不利于己的评价的抵触情绪。

但须承认的是,自我评价是高校思政课教师自己对自己进行评价,由自己就自己是否政治素质过硬、教学水平是否能满足胜任某一学科教学要求及是否具备一定的科研能力进行判断,要克服自我评价存在弊端,立法有必要规定,应将高校思政课教师自我评价与专家评价相结合,重视专家评价。因专家一般有扎实的专业知识,社会阅历丰富,在某一领域通常有较高学术造诣,具有一定权威,可以说,由专家对高校思政课教师进行评价,评价结论往往有很大的公信力。倘若专家和被评价的高校思政课教师无利害关系,专家完全是站在相对中立立场对高校思政课教师的各方面进行评定，评价结果更具客观性和权威性。但因专家评价主要依据书面材料，评价往往要受时空条件限制，因此，对高校思政课教师的评价，要实行教师自我评价与专家评价相结合，尤其是要注重专家的评价意见，形成专家引领，高校思政课教师自我反思及同行和学生信息反馈等多主体评价制度，从不同角度对高校思政课教师的思想政治素质、教育教学水平、科研成果质量及社会服务能力进行评价，确保评价结果客观公正。

（二）教学督导团评价与学生评价相结合

政治素质、师德师风、教育教学水平及效果、科学研究能力及社会服务质量等，都是评价高校思政课教师的重要内容，但这里的教学督导团评价与学生评价相结合，主要是就高校思政课教师的教育教学水平及效果的评价予以探讨。

一般而言，高校教学督导团成员有过硬的政治素质、良好的思想道德品质、治学严谨、热爱学校、热爱党的教育事业，他们中很多人有较高的教育教学水平与丰富的教育教学经验，在高校师生中有很高威望，由他们对高校思政课教师的教育教学能力及教育教学效果进行评价，得出的评价结论有一定客观性和权威性。教学督导评价已成为评价高校思政课教师教育教学质量的一项重要制度。

可以说，教学督导团让高校思政课教师真正感受到了压力，这在一定程度有利于促使高校思政课教师端正备课与上课态度、革新教育教学理念、创新教育教学方法及采取先进教育教学手段。因此，必须重视和发挥教学督导团在高校思政课教师教育教学评价中的作用。但需注意的是，教学督导团对高校思政课教师的教育教学评价要受到时空条件的制约和影响，例如，高校教学督导团的督导范围广，他们能听高校思政课教师上课的时间有限，仅靠听一两次课就对高校思政课教师的教育教学能力及效果下结论，未免轻率。大学生作为高校思政课教师教育教学的对象，对高校思政课教师的教育教学有没有效果及有多大效果，应该有发言权，因此，有必要在立法上确立学生作为高校思政课教师的评价主体。

学生一旦被立法确立为评价高校思政课教师教育教学水平及效果的主体，

他们的评价结果或多或少会对高校思政课教师的声誉产生影响,这在一定程度有利于促使高校思政课教师换位思考,学会站在学生角度对自己的教育教学方法进行反思并采取有效的改进措施。此外,相对于中小学生,大学生作为教育教学对象,他们有更宽广的知识以及更成熟的理性思维,对高校思政课教师的教育教学能力及教育教学效果有较强的独立思考后的判断能力,让其参与评教,在一定程度避免督导团评价受时空条件限制之不足,拓宽了评价渠道,对于促进高校思政课教师转变教育教学理念、改进传统教育教学方式、提高教育教学效益等有重要作用。

但需强调的是,立法将学生设定为评价高校思政课教师教育教学水平的主体,与教学督导团是评价主体一样存在不足,例如,学生作为评价主体,不仅要受知识有限以及经验不足等因素的制约和影响,而且学生往往易感情用事。鉴于学生作为评价主体存在缺陷,对学生的评价结果只能作为权衡高校思政课教师教育教学能力及效果的一个重要参照指标。立法应规定,对高校思政课教师评价应把教学督导团评价与学生评价有机结合,唯有如此,才能确保评价的客观公正。

(三)高校评价与社会评价相结合

高校评价,从狭义上讲,是指高校作为一个主体对本校思政课教师的思想政治素质、教育教学效果、科学研究能力等进行全面考核评估的一种活动。由于高校是一个法人组织,它对本校思政课教师的评价须通过被授权主体予以完成,被授权主体接受学校委托,其对高校思政课教师的评价就代表高校的评价。

宏观而言,高校评价是一种内部评价,思政课教师作为高校教师中的一员,高校对其思想政治素质、教育教学效果、科学研究能力等较为熟悉和了解,由高校对本校思政课教师政治素质、思想道德品质、教育教学水平及效果、科学研究能力及成果质量等进行评价,有利于相关材料收集,节约评价成本的优势显著。但高校作为一个单位,其与本校思政课教师通常有共荣共损关系,由高校对属于其单位员工的思政课教师进行评价,高校有可能基于情感及利害关系等多种因素考量,对思政课教师存在的不足“轻描淡写”或者避重就轻。从这个意义上说,为避免高校作为本校思政课教师评价主体之不足,还要发挥社会评价的作用。

社会评价,从狭义上讲,是指学校之外的社会主体对高校思政课教师的政治素质、思想道德品质、教育教学水平及效果、科学研究能力及社会服务质量进行的评定。由于社会主体通常并不了解高校思政课教师,其对高校思政课教师的评价往往需要通过学生这一中介,如用人单位通过毕业生的表现对高校思政课教师进行的评价,从这个意义上说,这种评价不是直接的而是间接的。须承认,这种评价依据具有一定的合理性,因为高校思政课教师是青年大学生健康成长的指导者,他们的政治素质、知识储备、教育教学能力、学术造诣、言行举止都会对大学生产生深远的影响。但需注意的是,大学生的思想不仅受高校思政课教师的影响,还会受环境以及社会发展变化的影响,高校思政课教师对大学生思想的影响会随着时间空间的变化而变化。尤其是大学生走入社会之后高校思政课教师对其思想影响力不断弱化,通过毕业生在用人单位的表现来推断其在高校是否受过良好的思想政治教育,进而对高校思政课教师作出评价,这存在不合理之处。

综上所述,无论是高校还是社会对高校思政课教师进行评价,各自都存在优势与不足,评价高校思政课教师不能单纯采取高校评价或社会评价的方式,应当让不同主体从不同视角对高校思政课教师的政治素质、师德师风、教育教学业绩、科研成果质量及社会服务效果进行评价,这有利于更全面更准确地反映高校思政课教师的情况。对高校思政课教师来说,这些从不同视角对自己的评价,让其全面了解自身存在的不足,是帮助其不断成长的宝贵财富。因此,对高校思政课教师的评价,立法应明确评价须遵循学校评价与社会评价相结合原则。

二、政治正确与价值引领并重原则

高校思政课教师是大学生健康成长的指导者和引路人,承载教育引导大学生树立正确世界观、人生观、价值观的重任。他们在课堂上宣传党的理论和路线方针政策,绝非为宣传而宣传,其终极目的是把大学生培养成为中国特色社会主义合格建设者与可靠接班人。正是从这个意义上说,对高校思政课教师的评价,既要看他们是否政治正确,还要看其是否充分发挥了价值引领作用,将政治正确与价值引领并重确立为评价高校思政课教师须遵循的原则,并将该原则予以法治化。

(一)政治正确

对高校思政课教师的评价,首先须对其是否政治正确进行评定,这是高校思政课教师自身承载的艰巨使命决定。众所周知,同为高校教师,思政课教师与专业课教师有共性,例如,他们都应为人师表,要严格遵守教师职业道德规范,但不得不承认,思政课教师与专业课教师担负的教学内容与教学任务存在差别。总的来说,高校思政课教师主要是以马克思主义理论讲授为主,教学内容具有鲜明的政治属性,他们的教学任务,不只是简单完成相应思政课程的内容讲解,更为重要的是通过课程教学教育引导青年大学生树立正确世界观、人生观、价值观,确保高校培养的是合格的社会主义建设者与可靠的接班人。高校思政课的教学内容与教学任务决定,评价高校思政课教师,首先要考核评定其是否在政治上与党中央保持一致。

如果高校思政课教师没有正确的政治立场,在政治上不能同党中央保持一致,例如,他们自身都不信仰甚至不相信马克思主义,对社会主义和共产主义没有坚定信心与信念,不仅不能对大学生进行正确教育引导,还有可能将其引入歧途。倘若高校思政课教师在政治上不能同党中央保持一致,在课堂上极力鼓吹西方国家的政治理论与政治制度,对中国特色社会主义制度优越性闭口不谈,在各种场合更多的是宣扬西方资本主义国家文化价值观念,这样的高校思政课教师很难为党和国家培养合格的接班人。可见,高校思政课教师作为青年大学生健康成长的指导者与引路人,无论是他们自身的思想道德素养还是其课堂教育教学内容,乃至其在日常生活中一言一行,都应符合政治正确这一标准,在政治上必须始终与党中央保持一致,坚定信仰马克思主义,对社会主义和共产主义有坚定信念。因此,立法应对评价高校思政课教师须坚持政治正确这一原则予以确立。

（二）价值引领

对高校思政课教师的评价，首先必须坚持政治正确原则，但不能因此忽视高校思政课教师的价值引领作用。在全球经济一体化趋势日益加强的背景下，伴随我国对外开放力度不断加大及各国交往更加频繁，在高校意识形态领域，中外各种文化思潮在交流交融中产生激烈碰撞，如果高校思政课教师的课堂教育教学对大学生没有价值引领力或者价值引领力太小，面对西方各种文化思潮的强力冲击，很难教育引导青年大学生对马克思主义持坚定信仰，高校思政课不能发挥作用或作用不明显，国家花费巨大人力、物力开设高校思政课的目的无从实现。

高校思政课教师对青年大学生进行系统的马克思主义理论教育，就是要为青年大学生树立正确世界观、人生观、价值观，提供科学理论指导，促使其健康成长，将他们培养成为对党和国家有用的人。教育部明确高校思政课教师承担相应思政课课程的学时与教学任务，要求他们在年度时限内完成一定的教学工作量，是为了通过满足教学时数，确保高校思政课教师有充裕时间对青年大学生进行教育引导。可以说，高校思政课教学不是单纯完成教学任务，完成教学任务只是手段而非目的，思政课教学的目的是为大学生价值判断提供正确价值标准。[①] 倘若高校思政课教师仅有政治正确，但不能对学生进行价值引领，不能引导学生树立正确世界观、人生观、价值观，这样的高校思政课教师同样是不合格。因此，把政治正确和价值引领结合起来，是立法确立对高校思政课教师进行评价应遵循的原则。

三、教学与科研评价平衡原则

教学与科研能力同时兼具，是一个合格高校思政课教师须满足的基本条件，否则，如果一个高校思政课教师不知道如何进行科学研究，对马克思主义理论学科前沿阵地一无所知，没有新材料、新观点支撑的思政课教学，教师很有可

① 参见刘修华、揭锡捷：《高校思想政治工作价值引领的实践逻辑》，载《高教探索》2018 年第 4 期。

能照本宣科,课堂枯燥乏味,对学生毫无吸引力,更谈不上感染力。倘若一个高校思政课教师只会科研,不懂得如何教学,不能将科研成果转化为教学,无法向大学生讲清楚马克思主义具有真理性以及中国选择马克思主义作为立党立国根本指导思想的历史必然性,就无法引导大学生坚定对马克思主义的信仰。因此,立法应规定,对高校思政课教师的评价须遵循教学与科研平衡原则,不能厚此薄彼。

(一)突出教学评价

讲好思政课是高校思政课教师的首要岗位职责,[①]鉴于此,要评价一个高校思政课教师是否合格,对其教学能力进行评价是一个极其重要的内容。通过对高校思政课教师的教学过程及教学效果进行评价,能有效促使高校思政课教师革新教学理念、创新教学方法,这对于增强高校思政课教学效果有非常重要的意义。

1. 对教学过程进行评价

教学过程是高校思政课教师开展课堂教学须经的一系列环节的有机统一,它可以体现为多方面的内容,例如,对课前教学计划、教案、教学大纲、PPT 制作等所作的精心准备,提前到教室打开教学媒体,教学仪表端庄、课堂教学精神饱满,交叉采用雨课堂、钉钉、超星等平台完成教学工作,在课堂上与学生进行互动、布置课后思考题,按时下课等环节,教学过程在很大程度上反映了一个高校思政课教师的教学态度。如果一个高校思政课教师对课堂教学过程没有引起足够的重视,教学态度不端正,责任心不强,没有花时间和精力做好课前准备或者准备不充分,通常很难上好一堂高水平的思政课。由于教学准备不足,有的思政课教师为消磨时间,出现在教学过程中点名、与学生闲聊、长时间放影片等“磨课”现象。因此,对高校思政课教师的评价必须重视教学过程,教学过程是判断一个高校思政课教师是否具有责任心以及责任心强与不强的一个重要评价指标。

---

① 参见 2020 年教育部发布的《新时代高等学校思想政治理论课教师队伍建设规定》第 5 条。

2. 对教学效果进行评价

教学效果，是指高校思政课教师课堂教学产生的效果。没有产生一定良好效果的思政课，没有什么价值。从某种意义上说，高校思政课教师的课堂教学不能产生良好效果，意味着其做了无用功。对高校思政课教师教学效果的评价，主要是看，能否抓住教学重点和难点，是否善于理论联系实际，能不能教育引导学生学会运用马克思主义理论知识分析和解决中国特色社会主义建设中的理论与实际问题，有没有坚持正确的政治导向，是不是以明确的形式创新为思政课的教学内容服务。[①] 此外，高校思政课教师教学是否产生好的效果，还可从这样一些层面进行评价，如学生与教师在课堂上是否进行积极互动、学生抬头率及点头率高不高、课堂教学气氛活跃与否以及学生对思政课有没有明显的获得感。

3. 对教学指引学生行为的评价

评价高校思政课教师的教学能力与教学效果，不仅要看思政课教师有没有扎实的马克思主义理论水平、教育教学方法是否科学、学生是否有课堂获得感，而且要看学生是否受思政课教学影响在课堂外作出正确的行为选择、看学生思想是否向积极健康向上转变。如果从正面评价高校思政课教师教学对学生行为正向指引比较困难，那么可以从反面对此进行考核评定。如果一个高校的学生普遍存在信仰迷茫、诚信意识淡漠、价值取向扭曲、心理素质不佳，在校园内出现偷盗、欺诈、自杀、吸毒，在网络上散布对党和国家不利的不当言论等问题，这在一定程度可以反映该高校思政课教师的教育教学未能很好地对学生行为给予积极指引。

（二）不忽视对科研的评价

要对新时代青年大学生进行有效的马克思主义理论教育，要求高校思政课教师必须对马克思主义理论开展深入系统研究，唯有站在马克思主义理论学科最新前沿，全面深刻地理解和掌握马克思主义理论，才能对青年大学生进行马克思主

---

① 参见王维国：《疫情防控常态化下高校思想政治理论课改革创新的几点思考》，载《社会主义核心价值观研究》2020 年第 2 期。

义理论教育。否则,如果高校思政课教师缺失与时俱进的开拓创新科研意识,不知悉马克思主义中国化最新成果,上课只是照本宣科,很难以学术造诣开启青年大学生智慧。因此,重视对高校思政课教师的科学研究评价有重要意义。

1.科学研究能有效促进高校思政课教师的成长

其一,科学研究能让高校思政课教师对马克思主义理论有更深入的了解。一个高校思政课教师要深入了解马克思主义理论,对马克思主义开展研究是一种最有效的方法。因为要对马克思主义理论进行研究,需要高校思政课教师对马克思主义理论知识进行全面掌握,要求高校思政课教师广泛涉猎马克思主义理论的各种书籍,这有助于加深其对马克思主义的了解。此外,对马克思主义理论进行研究,能有效促使高校思政课教师对马克思主义理论进行理性反思。一个对马克思主义理论没有研究的人,所掌握的马克思主义理论往往停留在书本,是很肤浅的。

其二,对教育教学方法进行研究可有效提升高校思政课教师教育教学效果。创新教育教学方法是高校思政课教师进行科学研究的重要内容,由于高校思政课教师对高校思政课教育教学中存在问题较熟悉,他们参与科学研究,对于如何解决高校思政课教育教学中存在的问题所提的建议往往更具针对性和可操作性,避免单纯理论研究者提出的高校思政课教育教学改革设想在实践中难以付诸实施之弊端。从这个意义上说,高校思政课教师对思政课教育教学方法进行研究,为创新高校思政课教育教学方法提供理论支持,能有效提升高校思政课教育教学效果。

其三,科学研究有助于提升高校思政课教师职业发展。高校思政课教师职业发展要受到多方面因素的制约,科研能力无疑是其中的一个。须承认的是,科学研究是一项艰辛但很有意义的工作,在高校思政课教师普遍承担较重教学任务的情况下,如果一个高校思政课教师还能积极参与到科学研究中来,并在某一领域取得突出成果,必然会受到学生、同事、领导及社会的尊重和认可,这有助于高校思政课教师形成一种积极健康的心态,在课堂教育教学中充满自信地展示自我。拥有自信及积极健康心态,对高校思政课教师职业发展有重要意义。

2. 科学研究能有效推动马克思主义中国化理论创新

马克思主义揭示了人类社会发展的规律，是一种普遍真理，但马克思主义这一普遍真理只有和中国实际相结合，才能确保其在中国青春焕发、保持永久活力。否则，把马克思主义当作永恒不变的教条，马克思主义不能和中国具体实际相结合，极有可能因"水土不服"而出现"南橘北枳"。鉴于中国国情处于不断变化发展之中，要使马克思主义与中国实际很好结合，必须加强马克思主义研究。

高校思政课教师是高校教师队伍中对青年大学生进行马克思主义理论教育的中坚力量，要充分发挥高校思政课对青年大学生开展马克思主义理论教育的重要功能，高校思政课教师必须对如何运用马克思主义的世界观与方法论解决中国特色社会主义建设中的实际问题进行深入研究，而不只是在课堂上背诵与重复马克思主义的具体观点与经典词句。一个不开展马克思主义理论研究的高校思政课教师，不可能运用马克思主义理论分析与解决中国新时代改革开放的实际问题，不能回答中国之问，更难回答世界之问。因此，高校思政课教师必须结合中国改革开放的实际不断深入研究马克思主义理论，才能切实有效推动马克思主义中国化的理论创新，形成与时俱进的更好指导中国实践的马克思主义理论成果。

3. 科学研究能有效支撑高校思政课教学

高校思政课教学，如果没有相应最新科研成果予以支撑，高校思政课教师的课堂讲授往往缺乏深度。倘若一个高校思政课教师只教学不做科研，对马克思主义理论学科前沿毫不知情，对于如何应用马克思主义理论分析和解决中国特色社会主义建设中的理论与实际问题，没有自己的观点，在课堂上易出现照本宣科的现象，课堂枯燥乏味，对学生没有吸引力，谈不上抬头率，更遑论回应率。

科学研究可以为高校思政课教学提供强有力支撑，这要求高校思政课教师应当具有一定的科学研究能力，能站在本学科前沿，了解和掌握马克思主义中国化的最新理论研究成果，否则，缺乏针对性、创新性的马克思主义理论研究成果予以支撑，一个高校思政课教师很难讲清楚"中国奇迹"背后的道理学理哲理,进而有可能出现课堂教学内容空洞乏味,没有吸引力,学生对思政课获得感不强。因此,必须强化对高校思政课教师科研能力的评价,通过评价结果运用,促使高校思政课教师增强科研意识,投入一定时间和精力进行马克思主义理论研究。

(三)教学与科研评价要适度平衡

一个不会做或者不愿意做科学研究的高校思政课教师,通常很难有创新意识,教学往往只是对别人研究成果的简单传承,没有自己的观点,上课常常是从概念到特征,无任何创新,了无生趣,对青年大学生没有任何吸引力。可以肯定地说,这样的高校思政课教师很难引导青年大学生坚定对马克思主义的信仰。反之,会做科研但不知道如何搞好教学的高校思政课教师,即便有扎实的马克思主义理论功底,学识渊博,由于无法将知识转化给学生,这些丰富理论知识的作用也就被大打折扣,难以发挥其价值。因此,对高校思政课教师的评价必须将教学和科研进行综合权衡,坚决反对只重科研或只重教学的两种极端错误观点。

一是反对将论文与课题作为评价高校思政课教师的唯一标准。必须承认,在现有课题评审及论文发表的体制机制尚存不足的情况下,确实存在大量的"垃圾论文"与一定的"关系课题",但不管怎样,一个教师发表论文及主持课题的级别,在一定程度还是能真实代表及反映其科研水平,不能否认课题和论文在评价高校教师中的重要性。高校作为科研重地,如果不将主持课题和发表论文作为评价一个教师的重要指标,谁还去做科研,没有科研,如何实现科技强国。然而,由于学科特点不同,课题与论文在评价一个高校教师中的分值或占比应有所区别,例如,对高校思政课教师而言,他们的首要岗位职责是讲好思政课,通过优质高效的课堂教育教学,引导学生树立正确世界观、人生观、价值观,坚定信仰马克思主义以及对社会主义与共产主义持坚定的信念,从这个意义上说,对高校思政课教师的评价要突出教学业绩,而非课题与论文,即便要将课题与论文作为评价思政课教师的重要指标,科研评价的侧重点应该是关于马克思主义理论学科以及有关高校思政课教育教学改革创新方面的成果,不能简单唯论文与唯课题。

二是反对因强调教学业绩就轻视科学研究。对高校思政课教师的评价应以教育教学业绩为重点，但不能因此轻视科学研究。如果不将科研设定为评价高校思政课教师的指标，势必会导致很多高校思政课教师不愿意从事马克思主义理论研究，长此以往，会严重制约和影响高校思政课的教学效果。因此，对高校思政课教师的评价要突出教学业绩，但不能因此轻视科学研究，是否开展科学研究以及取得的科研成果质量，依然是评价高校思政课教师的一个重要指标，不能因为是高校思政课教师就享有不做科研的豁免权。在一些地方高校，个别党务工作者没有任何科研成果都可以评上高校思政课系列正高职称的做法，[①]是对党和国家文件关于高校思政课教师评价相关政策规定的错误解读，[②]须予以纠正。

四、实体正义与程序正义兼顾原则

实体正义是高校思政课教师评价所追求的最高价值目标，然而，对高校思政课教师评价的实体正义离不开正义评价程序的保障。如若评价缺失正义程序，例如，与被评价高校思政课教师有利害关系的人也可以充当评价者，高校思政课教师在被评价过程中没有申请回避、陈述事实以及发表意见的权利，要实现评价的实体正义将极其艰难，因此，对高校思政课教师的评价必须遵循实体正义与程序正义相结合的原则。为确保该原则得以贯彻实施，应由立法对此予以明确。

（一）实体正义原则

实体正义原则，是指对高校思政课教师的评价，要遵循评价须有真实依据、

---

① 在有的地方，文件明确规定只要在某一岗位从事党务工作满一定年限，就可以评高校思政课教师正高职称。

② 例如，教育部于2020年发布的《新时代高等学校思想政治理论课教师队伍建设规定》指出，高校应当制定符合思政课教师职业特点和岗位要求的专业技术职务（职称）评聘标准，提高教学和教学研究在评聘条件中的占比。在制定思政课教师专业技术职务（职称）评聘指标排次定序依据时，要结合实际设置规则，不得将国外期刊论文发表情况和出国访学留学情况作为必要条件。

评价方法要科学以及评价结果要同高校思政课教师的思想言行一致的基本准则。

1. 对高校思政课教师评价遵循实体正义的意义

一是能充分调动高校思政课教师的工作积极性。考核评价结果直接决定高校思政课教师的薪酬、奖惩乃至能否被继续聘用。如果评价主体不能对高校思政课教师政治素质、师德师风、教学业绩、科研成果等予以正确评价,导致不该激励被激励抑或应被激励却未被激励的乱象,这无疑会严重挫伤高校思政课教师的工作积极性。反之,评价主体能对高校思政课教师的德能勤绩作出实体正义的评价,对于作出贡献的高校思政课教师给予适当的物质或者精神激励,不仅会调动作出贡献的高校思政课教师的工作积极性,而且通过这种正向激励的示范作用,能有效促使其他高校思政课教师为追求更高价值目标而努力拼搏,进而在整个高校思政课教师队伍中形成一种争创佳绩的良性竞争态势。

二是能对高校思政课教师进行有效管理。要对高校思政课教师进行有效管理,作为管理者的高校及教育主管部门首先应对高校思政课教师的思想政治状况、师德师风、知识储备、教育教学水平、科学研究能力等有一个准确了解,这有赖于对高校思政课教师的公正评价。如果评价实体不公甚至出现错误,例如,对于高校思政课教师存在政治上不能同党中央保持一致及师德师风出现严重问题的情形,评价主体由于工作失职、碍于情面或者基于其他因素考量,对高校思政课教师存在的问题,在评价结论中没有给予明确指出;又如,对于教育教学能力不能满足相应思政课程需要的高校思政课教师,评价主体没有给予实事求是评价。对高校思政课教师评价不公,导致高校及主管教育部门对高校思政课教师现状与问题不能正确认识,势必影响其抉择,进而导致不能对高校思政课教师进行有效管理。由此可见,对高校思政课教师的评价能否公正,会对有关主体能否对高校思政课教师进行有效管理产生影响,客观公正评价能为有效管理提供依据。

三是有助于构建和谐社会。和谐社会,是指一个社会的稳定、均衡与有序发展。高校思政课教师作为社会有机整体的一个重要组成部分,如果对其评价实体不公,轻会直接影响高校思政课教师的教学科研以及服务社会的积极性,重则会使他们心生怨恨，甚至产生对高校、对党和国家以及对社会的不满，当这些怨恨与不满长时间不能得到宣泄的时候，会像火山爆发一样释放出惊人的破坏力量，对和谐社会造成严重影响。由此不难发现，高校思政课教师作为社会的一员，对其客观公正评价，避免评价不公导致的负面影响，有助于和谐社会构建。

2. 对高校思政课教师评价实体正义的条件

一是评价须有依据。有评价资格的主体对高校思政课教师的评价要有一定依据，不能凭个人主观想象或者推测，例如，对高校思政课教师科研能力的评价，要以其发表论文的数量及质量、主持课题的级别、科研成果在教学中的转化情况等为依据。强调评价须有依据，是为了有效避免没有依据就对高校思政课教师进行评价可能导致的评价随意性，确保评价是建立在具有一定依据的基础上。

二是评价依据要真实。对高校思政课教师的评价不仅要有依据，而且依据必须真实，如果评价的依据不真实，用不真实的依据评价高校思政课教师，与对高校思政课教师评价没有依据一样，会导致评价主体恣意妄为，造成评价结果不真实。因此，在对高校思政课教师进行评价时，要对评价依据是否真实进行适当调查研究，尤其是对高校思政课教师不利的评价依据更要予以调查核实，不能想当然。在对评价依据进行调查核实的时候，可以征求高校思政课教师的意见，让其对评价依据真实性发表自己意见，依据真实是评价客观公正的关键。

三是评价结论要客观全面。金无足赤，人无完人，对高校思政课教师的评价要客观全面，既要看到优点又要发现不足。否则，无论是只看到优点而忽略不足，还是因缺点而看不到优点，这样的评价无疑是以偏概全，结果不可能客观公正。如果被评价的高校思政课教师存在缺点就对其予以全盘否定，这对高校思政课教师无疑是一个沉重的致命打击，让他看不到任何希望。倘若因高校思政课教师的优点而忽略其不足，有可能助长高校思政课教师的侥幸心理，使其不足难以改正，因此，对高校思政课教师的评价要客观全面，评价才有可能客观公正。

（二）程序正义原则

对于何谓程序正义，人们的理解不尽一致，在法律领域，一般认为其表征的是一种规范或者正统的执法理念。“任何人不得做自己案件的法官”与“给予同案件有利害关系的人充分发表自己的意见的权利”，是法律程序正义的基本要求。法律程序正义的基本要求同样适用于高校思政课教师的评价程序。

评价程序正义，对于保障高校思政课教师评价的实体正义有十分重要意义，从自然正义出发，高校思政课教师评价程序正义须满足以下两方面的条件。

1. 评价者应具有中立性

高校思政课教师评价涉及公益与私益的激烈碰撞，任何与评价结果有利害关系的人不得做承担评价义务的裁决者，这就如同体育场上的竞技比赛，一个人不能既当运动员，又当裁判员，否则，有可能基于自身利益考量而作出对他人不利的裁决，从而使评价结果缺失公正性。美国当代程序正义理论的集大成者迈克尔·贝勒斯告诫人们，利益冲突或者偏见的存在是影响裁决者中立性的一个重要因素。根据这一论断，高校思政课教师的评价者对评价结果不能含有其个人或者关乎其亲朋好友的利益，即通常所说的“利益无涉”原则。此外，评价者不应该事先有偏见，否则，对被高校思政课教师持有偏见，那么其就有可能出于个人情感上的好恶而作出对高校思政课教师不利的评价。

2. 被评价者有发表意见的权利

高校思政课教师作为被评价者，评价结果和他们有直接的利害关系。保障高校思政课教师有发表意见的权利，既是对高校思政课教师主体地位的尊重，也有利于其对不利于己评价的接受，因为评价是建立在对其充分尊重的基础上作出的。高校思政课教师对评价有发表意见的权利，不仅体现在对评价依据、依据的真实性以及结论发表自己的看法，还可以体现在有权申请评价者回避，确保评价程序正义。为了使高校思政课教师的发表意见权利能落到实处，立法有必要规定对高校思政课教师进行评价的主体负有告知义务。

（三）实体正义与程序正义要适当兼顾

对高校思政课教师进行评价，既要确保实体正义又要重视程序正义，实体正义与程序正义兼顾是高校思政课教师评价须遵循的基本原则。实体正义是高校思政课教师评价追求的最高价值目标,程序正义是保障实体正义的有效手段,缺失评价程序正义,要达到评价实体正义极其艰难。从总的说,对高校思政课教师评价的实体正义与程序正义具有一致性,立法对此应明确规定。但从某种意义上说,评价程序要符合正义需要付出一定代价,例如,基于程序正义要求的被评价高校思政课教师享有申请回避权,一旦高校思政课教师行使申请回避权,要求更换不中立评价者,无论是对申请回避事由的调查还是重新更换评价者,都需要一定的成本,由此不难发现,评价程序正义的程度往往与成本的多少成正比。实体正义与程序正义存在的紧张关系要求,立法对高校思政课教师的评价必须对实体正义与程序正义进行适度平衡,不可偏废,否则,都会影响对高校思政课教师的公正评价。

五、一票否决原则

思政课教师在高校教师队伍中扮演的角色决定,[①]其必须有过硬的政治素质与优良的师德师风。如果高校思政课教师自己都存在政治信仰迷茫,在政治上不能与党中央保持一致,不可能引导学生坚定信仰马克思主义以及对社会主义和共产主义持坚定信念;倘若高校思政课教师自身没有高尚道德情操、价值取向扭曲、言行不一、身心不健康、人格不健全、意志不坚定,很难引导青年大学生立德树人。因此,立法应将政治素质与师德师风确立为评价高校思政课教师的重要内容,对在政治上不能同党中央保持一致及师德师风出现严重问题的实行一票否决。

(一)一票否决原则的基本内涵

一票否决是一个多义词,但通常在两种意义上使用:一是在投票选举或表决中,只要有一张反对票,被表决的事项或者该候选人就会被否定,即便获得赞

① 参见2020年教育部发布的《新时代高等学校思想政治理论课教师队伍建设规定》第2条第2款规定,思政课教师是高校教师队伍中承担开展马克思主义理论教育、用习近平新时代中国特色社会主义思想铸魂育人的中坚力量。

同票再多也于事无补。二是指在对公共服务主体进行考核评价时,在规定的多项指标中,只要有任意一项或者特定项不符合规定,则考核为整体不合格。

此处的一票否决原则,是在第二种意义上使用的,指在对高校思政课教师进行评价时,如果发现其具有在政治上与党中央不能保持一致或者在师德师风上出现严重问题的情形,评价直接定性为不合格。据此,高校思政课教师评价一票否决原则涵括两个具体原则:一是在政治上不能与党中央保持一致的一票否决(亦称为政治不合格一票否决)原则;二是师德师风出现严重问题的一票否决原则。

政治不合格一票否决原则,是指在对高校思政课教师进行评价的过程中,只要发现其在政治上不能同党中央保持一致的,就予以一票否决。言下之意,只要发现高校思政课教师政治不合格,即便其他方面表现再好乃至优秀,也于事无补,对该高校思政课教师的整体评价视为不合格。同样,师德师风出现严重问题的一票否决原则,是指在对高校思政课教师进行评价的过程中,只要发现师德师风出现严重问题的,对该高校思政课教师的整体评价视为不合格。由此可见,一票否决原则,是指在对高校思政课教师进行评价的过程中,只要发现高校思政课教师存在政治不合格或者师德师风出现严重问题的情形,就直接定性为评价不合格。

对高校思政课教师评价一票否决原则蕴含两方面的基本内容:

其一,政治素质与师德师风是考核评价高校思政课教师的重要内容。对高校思政课教师是否具有过硬政治素质以及有无优良师德师风,必须进行严格考核评定。倘若一个高校思政课教师自身都没有良好的道德情操,见利忘义、心胸狭窄、不思进取,不可能对大学生立德树人、立志成才。三观不正的高校思政课教师,不能获得大学生尊重,无法引导大学生树立正确三观,鉴于此,对高校思政课教师进行评价时,尽管评价内容较多,但政治素质与师德师风是最为重要的评价内容。

其二,政治不合格与师德师风出现严重问题,一旦查证属实,其他方面无须评价,可直接定性为评价不合格。对高校思政课教师的评价或考核指标有多方面,除了考核评价思想政治素质及师德师风之外,还要对教学业绩、科研成果、社会服务等进行考核评价,但在对高校思政课教师进行考核的过程中,一旦发现其政治不合格或者师德师风存在严重问题的,就可以直接定性为评价不合格。倘若对教学业绩、科研能力及社会服务等方面的内容尚未考核评价的,就没有继续评价的必要,无论是在评优评模还是在专业技术职务职称评聘中,都予以取消资格。当然,政治不合格与师德师风出现严重问题,必须有相应证据且证据要经查证属实,否则,动辄就可以给高校思政课教师"扣大帽子",这有可能让其在工作中如履薄冰、战战兢兢,进而影响其教育教学工作积极性,不能开展具有开拓创新性的工作。

(二)一票否决原则的正当基础

1. 高校思政课具有鲜明的政治属性决定

高校思政课是确保中国大学社会主义办学方向的重要阵地,具有鲜明的政治属性。高校思政课教师应当在政治上与党中央保持一致,旗帜鲜明地对大学生开展马克思主义理论教育,积极宣传党的理论和路线方针政策,坚决拥护党的领导,维护党的权威。如果高校思政课教师不能在政治上与党中央保持一致,在课堂上盛赞西方国家政治制度,妄议党和国家政策,极力贬低和攻击我国各种制度,这不仅没有达到开设高校思政课的效果,而且严重违背开设高校思政课的初衷。因此,在对高校思政课教师进行评价时,首先必须对其是否政治正确进行严格审查,这是评价高校思政课教师合格与否的决定性指标。一旦发现其在政治上不能同党中央保持一致,直接定性为不合格,这是高校思政课具有鲜明的政治属性所决定。

2. 高校思政课教师引导大学生立德树人的需要

高校思政课教师对青年大学生立德树人,首先要求其自身必须具有良好的思想道德品质,才能有效发挥榜样的力量。如果一个高校思政课教师没有良好的道德情操,如缺乏责任心、言行不一、没有吃苦拼搏精神、价值取向扭曲、意志不坚定、身心不健康、人格不健全,无法赢得新时代大学生的尊重。一个不被大学生认可、在大学生中没有威信的高校思政课教师,无法对大学生立德树人,更遑论要求其引导大学生把爱国情、强国志、报国行自觉融入建设社会主义现代化强国的奋斗之中。因此，在对高校思政课教师进行评价时，对师德师风出现严重问题的实行一票否决，将一票否决作为评价高校思政课教师须遵循的原则，是高校思政课教师对青年大学生立德树人的需要。

3. 促使高校思政课教师提高政治站位意识

高校思政课教师要具有过硬的政治素质及优良的师德师风，首先其必须在思想上充分认识到自己扮演角色的重要性，否则，认识不到位，只是把上思政课作为谋生的一种手段，没有将思政课提升到关乎"为党育人、为国育才"的政治高度，在开展思政课教育教学工作中，其轻则敷衍应对，"做一天和尚撞一天钟"，重则有可能在课堂上发表对党和国家不利的言论，引发学生对党和国家的不满。然而，要促使高校思政课教师提高政治站位意识，除了强化思想政治教育之外，有必要加强对高校思政课教师的考核，在考核中发现有在政治上不能与党中央保持一致及师德师风出现严重问题的情形，实行一票否决。由于一票否决直接关乎高校思政课教师切身利益，如评价不合格，职务职称评聘、职级晋升、绩效分配要受影响，这有利于促使高校思政课教师在思想上提高政治站位意识。

（三）一票否决原则须注意事项

在对高校思政课教师进行评价时，由于一票否决直接关乎高校思政课教师的职级晋升、绩效分配、评优评模、年终考核、职务职称评聘乃至任职资格，为此，在评价高校思政课教师过程中，如果涉及政治上不能与党中央保持一致以及师德师风出现严重问题的一票否决原则之运用，评价主体应注意如下两个问题：

1. 必须有确实、充分的证据

不论是政治不合格还是师德师风有严重问题的评价结论，都会直接影响高校思政课教师的切身利益，甚至有可能结束其职业生涯。因此，在对高校思政课教师作出政治不合格或者师德师风有严重问题的评价结论时，必须有确实、充分的证据。首先，评价要有证据。坚决反对没有证据就对高校思政课教师作出政治不合格或师德师风存在严重问题的结论，这是对高校思政课教师严重不负责任的表现,相关评价主体要承担相应的法律责任。其次,评价的证据须查证属实。由于证据本身存在真伪问题,作为评价高校思政课教师政治不合格或师德师风有严重问题的证据必须查证属实,否则,证据无须查证属实,难免有可能出现评价主体以虚假、伪造的证据对高校思政课教师政治素质及师德师风进行评价,这不仅会对高校思政课教师造成无法弥补的伤害,还有可能在整个社会造成正义不存在的阴影。因此,对作为评价高校思政课教师政治不合格或师德师风有严重问题的证据须经有关主体查证属实。最后,查证属实的证据要充分。在没有直接证据证明高校思政课教师政治不合格或师德师风存在严重问题的情况下,要依据间接证据对高校思政课教师给予后果非常严重的定性,必须做到:不仅要对间接证据进行查证属实,而且间接证据之间要环环相扣,形成一个合理证明链条,得出的结论应该是唯一的,排除其他的合理可能性。

2. 认真听取被评价高校思政课教师的意见

必须承认,在对高校思政课教师进行评价过程中,高校思政课教师是被评价的对象,但不是完全被动接受评价的客体。对于涉及不利于高校思政课教师的评价,特别是涉及政治不合格或师德师风存在严重问题的一票否决,对高校思政课教师给予充分的尊重,认真听取其意见,具有十分重要意义。首先,有利于查清事实。在评价过程中,如果评价主体没有认真听取高校思政课教师的意见,得出结论难免以偏概全。其次,在一定程度有利于高校思政课教师对不利于己的决定的接受。认真听取被评价高校思政课教师的意见,体现了评价程序正义,让高校思政课教师感受到对自己不利的评价是在充分尊重自己意见的基础上作出。最后,能充分彰显党和国家对高校思政课教师的人文关怀。如果高校思政课教师不能在政治上同党中央保持一致或在师德师风上出现严重问题,对其须承担的责任要予以追究,但给予其充分发表意见的权利,从某种意义上说,这是对高校思政课教师主体的人格尊重,能充分彰显党和国家对高校思政课教师的人文关怀。

第二节 评价主体法治化

评价主体,是指有资格对高校思政课教师的政治素质、思想道德品质、教育教学能力、科学研究水平、社会服务能力以及服务效果等进行评价的个人或者组织。评价主体法治化,是指在立法上对有资格评价高校思政课教师的人或组织予以规定。由于评价直接关乎高校思政课教师的职务职称评聘、职级晋升、年度考核、绩效分配、政治激励以及名誉荣誉等,为此,在立法上对有资格评价高校思政课教师的主体予以明确,能有效避免不具评价资格的人或者组织也可以对高校思政课教师进行评价的乱象,这不论是对确保高校思政课教师评价的顺利进行还是保障高校思政课教师的合法权益,都具有极其重要意义。

根据表7,关于高校思政课教师评价主体是否应当多元化,尽管人们的看法不一,但不论是学生还是高校思政课教师,大多数都认为高校思政课教师评价主体应多元化。众所周知,对高校思政课教师的评价,涉及对其政治立场、师德师风、知识储备、科研水平、教育教学能力及社会服务效果等方面的考核评定。鉴于人认识能力有限性,由不同主体从不同视域进行审视,有利于对高校思政课教师做出客观公正评价。因此,立法有必要对高校思政课教师评价主体予以具体规定。

表7 高校思政课教师评价主体调查

问卷问题	问卷对象		
	大一学生	大三学生	高校思政课教师
1. 高校思政课教师评价主体是否有必要多元化?(单选) a. 应多元化;b. 没必要;c. 不知道	a. 为85%; b. 为8%; c. 为7%	a. 为90%; b. 为6%; c. 为4%	a. 为95%; b. 为3%; c. 为2%
2. 你认为谁有资格作为评价高校思政课教师的主体?(多选) a. 学生;b. 同行专家;c. 第三方机构	a. 为95%; b. 为100%; c. 为53%	a. 为96%; b. 为96%; c. 为56%	a. 为75%; b. 为90%; c. 为67%

续表

问卷问题	问卷对象		
	大一学生	大三学生	高校思政课教师
3. 高校思政课教师能否成为自己评价自己的主体？（单选） a. 可以；b. 不可以；c. 不知道	a. 为 73%； b. 为 22%； c. 为 5%	a. 为 65%； b. 为 29%； c. 为 6%	a. 为 93%； b. 为 4%； c. 为 3%

一、高校思政课教师

高校思政课教师对自己的政治素质、思想道德品质、教育教学水平、科研成果质量以及社会服务能力等，通常有较全面的认识，如果他们能提高政治站位，站在客观中立立场对自己进行审视，由其自己作为评价主体，有一定合理性。

（一）高校思政课教师自我评价正当依据

1. 高校思政课教师对自身情况最熟悉

高校思政课教师的政治素质、思想道德品质、知识储备、教育教学能力与效果、科研水平以及社会服务能力如何，可以由具有评价资格的他人进行评价，通过他人的评价，有利于促使高校思政课教师对自身情况进行理性反思，这对于其不断完善自我具有极其重要意义。但须注意的是，在对高校思政课教师进行评价的过程中，高校思政课教师不完全是被评价对象，他们是党的理论和路线方针政策的宣讲者，是教育教学主体，他们比别人更清楚自己的政治素质、思想道德品质、知识储备、教育教学能力及效果，由其对自己的思想政治素质、教育教学能力、科学研究水平及成果质量、社会服务态度与服务效果进行评价，有正当依据。

2. 提升高校思政课教师自身素质的需要

一个人要正确认识自我，尤其是要敢于面对自身存在的缺陷，从某种意义上说，这的确有一定的难度。但不得不承认，对于一个人自身存在的不足，如果是自己发现而非他人指出，那么，要改正不足相对比较容易。高校思政课教师是马克思主义理论的讲授者，他们应该比其他人更具有反思能力，由其对自身政治素质、思想道德品质、教育教学能力、科研水平以及社会服务质量等进行自我评价,通过自己理性反思发现自身在某一方面存在的不足。由于这种不足是高校思政课教师自我反思发现而非他人指出的,在这种情况下,相比外在强烈要求改正不足,自我主动改正不足的效果应该更好,进而有利于提升高校思政课教师的自身素质。

3. 有利于高校思政课教师对不利于己的评价的接受

在对高校思政课教师进行评价的过程中,如果高校思政课教师没有自我评价资格,他们可能对自己的过往行为就不会反思,对自己存在的不足往往难以认识。当外在主体对其作出不利评价,高校思政课教师可能会很不高兴。反之,高校思政课教师可以是评价自己的主体,即便作出的评价结果对自己不利,但这种对自己不利的评价是自己在自我评价过程中作出的,这不仅体现高校思政课教师认识到自己存在不足,也反映其勇于暴露自身缺陷,有敢于纠正自身不足的勇气。对于高校思政课教师存在的一些问题,由于是高校思政课教师在自我评价中自我暴露的,在一定程度往往易得到人们的理解。倘若不足是在他人评价中发现的,会极大改变高校思政课教师在人们心目中的良好形象。因此,相比较外界对自己作出的不利评价,自我不利评价相对易于接受。

综上所述,在对高校思政课教师的评价中,高校思政课教师既是被评价的对象又是自我评价的主体,高校思政课教师可以成为自我评价的主体有正当性基础。在开展对高校思政课教师的评价时,应注意发挥高校思政课老师自我评价的积极性,使自我评价成为高校思政课教师的一种自觉行为,通过高校思政课教师本人对自身政治素质、思想品德、教育教学能力、科研水平以及服务社会的能力进行评价,可以让其发现自身存在的不足,有利于其在今后教育教学与科学研究中不断提升自我。

(二)高校思政课教师自我评价之不足

由高校思政课教师对自己的思想政治素质、师德师风、教育教学效果、科研水平以及社会服务能力进行自我评价有合理性,但存在的不足尤为明显。一是程序不正义。就自然正义而言,与高校思政课教师评价结果有利害关系的人不能成为评价主体,否则,评价结果就会失去正义程序的保障。从某种意义上说,高校思政课教师进行自我评价,就犹如自己做自己案件的“法官”,自己既是“运动员”又是“裁判员”,评价程序不正义自不待言。二是可能导致实体不公正。评价结果关乎高校思政课教师的职称评聘、职务晋升、年终绩效发放以及评优评模等。简言之,评价与高校思政课教师自身利益相关。高校思政课教师成为评价主体,他们有可能基于自身利益考量而作出对自己有利的评价,对于自己在工作中存在的不足,避重就轻、轻描淡写,导致评价结果片面,缺乏客观性。

综上所述,高校思政课教师作为评价自己的主体,有利有弊。鉴于自我评价存在不足,立法在确立高校思政课教师可以成为评价自己的主体时,对其自我评价结果的使用要慎重,注意严格审查。尤其是在对各种评价主体的评价进行分值量化时,从总体来说,自我评价所占比值应有适当限制,不宜过高。

二、授课班级学生

学生是高校思政课教师的教育教学对象,对于高校思政课教师是否具有过硬的政治素质、有没有良好的思想品德以及能不能掌握娴熟的教育教学技巧,他们应该有发言权。特别是新时代大学生,他们见多识广、有较高的知识素养,对是非好坏有自己独立的分析与判断能力,由其对高校思政课教师的政治素质、思想道德品质、知识储备、教育教学能力及效果进行评价,有一定的合理性。

(一)授课班级学生作为评价主体的正当依据

1. 学生是“理性人”

理性人,是理性主义哲学对人的一种理论预设,即预设每个人都是具有判断和识别真假能力的人。近代理性主义开创者勒内·笛卡尔指出,具有理性禀赋,是人不同于禽兽的根本之处。理性的功利主义者杰里米·边沁认为,人都具有趋乐避苦的自然本性,自然把人类置于苦与乐的统治之下,只有苦与乐这两个至上的主人才能决定人们应该做什么及决定人们将怎样做。[①] 根据“理性人”预设，大学生是有判断和识别真假能力的理性人，他们会对高校思政课教师作出客观公正的评价，因为这同其自身利益息息相关。倘若大学生对高校思政课教师作出的评价有失公正，如将教学能力差的评价为优秀，最终的受害者是其自身；又如，把优秀的高校思政课教师评价为不合格，教师的积极性受影响，最终受害者是他们自己，评价结果和自身利益相关，基于理性人有权衡利弊的理性禀赋，为更好维护自身利益，他们会对此作出公正评价。

2. 能有效促进师生共同发展

高校思政课教师与授课班级学生相处的时间多，学生对其思想政治素质、知识储备、科研能力、教育教学水平比较熟悉，由授课班级学生对高校思政课教师进行评价具有一定合理性。通过学生的评价，高校思政课教师可发现自己的不足，这对其教育教学能力提升尤为重要。鉴于评价对教师影响很大，要求学生进行评价时应理性行使评价权利，这对其评价能力及社会责任感的培养尤为重要。一个不懂得如何评价以及不善于评价自己老师的大学生，我们很难对其在学习和生活中有所作为这件事抱有期待。大学生成为评价高校思政课教师的主体，不仅因为他们是思政课的学习主体，而且学会评价本身即是其在学校中应该习得的一部分。或许这也是学生成为评价主体是增进教学评价教育功能的本然意蕴，因为教育是一种静待花开的“智慧”。[②] 从当下教学的角度来说，学生成为评价主体与学生的知识无关，但是学生在成为评价主体后所习得的方法、情感等对其一生都有所助益。[③] 由此可见，学生成为高校思政课教师的评价主体，能有效促进师生共同发展。

（二）授课班级学生作为评价主体存在的不足

1. 知识存在缺陷

尽管大学生有一定的专业知识和社会阅历，但总的来说，他们的学科知

---

① 参见陈兴良：《刑法的人性基础》，中国人民大学出版社 2006 年版，第 2～8 页。

② 参见郭思乐：《静待花开的智慧：教育是效果之道还是结果之道——关于有效教学的讨论》，载《教育研究》2011 年第 2 期。

③ 参见彭亮：《学生成为教学评价主体的探究》，载《湖南师范大学教育科学学报》2015 年第 6 期。

识毕竟有限，特别是在教育教学知识和教学实践技能方面，知识缺陷尤为明显。由于受限于自身的知识与能力，学生在对高校思政课教师进行评价过程中，往往削弱了自身的评价权。仅从教学评价权的效用来看，学生对高校思政课教师的评价，所占比值不是很高。至于对高校思政课教师的科研水平及社会服务能力，通常是由学校科研部门组织有关专家进行评价，学生很少参与。可见，因知识受限，学生作为高校思政课教师的评价主体，主要体现在对其教育教学能力、师德师风的评价，是一个受限制的评价主体，不能享有完整的评价权。

2. 易感情用事

年轻人容易感情用事，大学生亦不例外。在高校思政课教师与学生相处的过程中，难免产生一定的情感元素，只要高校思政课教师没有做出出格的事情，学生们往往基于情感因素考量，给高校思政课教师一个很高的评价。如果高校思政课教师对学生要求苛刻，自身的教育教学水平又存在一定的瑕疵，部分学生在对该教师进行评价时，易感情用事，对其予以不理性的评价。

3. 责任缺失

目前来看，尚无规章制度规定了大学生对高校思政课教师胡乱评价须承担责任。缺失责任承担，在一定程度导致在评价高校思政课教师时，部分学生在思想上没有引起足够重视，随意打分或者填涂的现象经常发生，出现各方面表现好的高校思政课教师在学生评价中得分反而低的评价乱象。

三、同行专家

专家，通常是指在某一领域有较丰富阅历和专长、有较高的学术造诣、有一定权威、获得普遍认可，具备某一领域的专业知识，了解某一领域最前沿理论问题的人。在高校思政课教师评价中，由同样具有高校思政课教育教学及科研经历的同行专家作为评价主体，有正当性基础。

这是因为，对高校思政课教师的评价必然涉及对诸多专业问题的分析和判断，例如，高校思政课教师是否在政治上与党中央保持一致，是否有扎实的马克思主义理论功底，理论素养以及教育教学水平能否满足相应课程需要，是否有开展马克思主义理论研究的水平等，要对此作出正确评价，需要评价者具有一定的专业知识。一个没有科研经历及科研水平有限的人，很难对高校思政课教师的科研能力作出客观评价，倘若一个评价者自己都不知道什么是马克思主义，就不可能对高校思政课教师的理论素养、教学水平是否达到某一学科教学要求作出正确判断。因此，评价者只有自己曾从事过高校思政课教育教学或一直专门从事高校思政课的教育教学研究，其才能对于一个高校思政课教师须具有怎样的素质了如指掌，正是从这个意义上说，同行专家是最有资格评价高校思政课教师的主体。

由上可见，有高校思政课教师经历的同行专家，他们渊博的专业知识、扎实的理论功底，对某一学科前沿问题的精准把握，特别是对科研成果的价值判断具有独特的学术敏感度和精准定位，由其作为高校思政课教师评价主体具有合理性。此外，同行专家评价有相对独立性，他们可完全根据一定标准进行自主判断，不受外界干扰，拥有根据长期以来达成的共识而自主制定学术评价标准及评价程序、主导评价过程、进行结果公布和运用的权力。① 倘若同行专家与被评价的高校思政课教师没有利害关系，例如，从校外聘请的专家对被评价的高校思政课教师不熟悉，没有任何偏见，不带任何个人感情色彩，他们是完全站在相对中立立场对高校思政课教师的各方面进行评价，得出的评价结果更具客观性和权威性。因此，同行专家在高校思政课教师评价尤其是在教育教学以及科研评价方面往往占据核心地位，是对高校思政课教师"定性评价"的重要载体。

但须注意的是，同行专家对高校思政课教师的评价往往要受到时空条件的制约，专家对高校思政课教师的了解毕竟非常有限，评价难免以偏概全。正是从这个意义上说，对高校思政课教师的评价要坚持多元评价主体互补原则，要实行教师自我评价与专家评价相结合，尤其是要注重专家的作用，形成专家引领、高校思政课教师自我反思以及同行和学生信息反馈等多主体评价制度，让

---

① 参见史万兵、曹方方：《高校社会科学教师科研评价主体权力配置及其运行机制研究》，载《东北大学学报（社会科学版）》2017 年第 3 期。

不同主体从多角度视域对高校思政课教师进行评价，有利于确保评价结果的客观公正。

四、第三方机构

第三方机构，是指独立于高校思政课教师、授课班级学生、同行专家、社会受众及主管教育部门的专业机构。第三方机构可以成为评价高等教育的主体，在教育部颁布的规范性文件中有规定，[①]尽管这些文件是关于第三方机构可以成为评价高等教育的主体，但为第三方作为高校思政课教师的评价主体提供了新思路。

由第三方机构对高校思政课教师进行评价具有合理性：其一，第三方机构有专业知识且与被评价的高校思政课教师及利益相关者没有直接的利害冲突，地位中立，这是其作为评价主体最突出的优势；其二，第三方机构作为专门评价机构，其对评价须遵循的程序有明确规定，这为高校思政课教师评价客观公正提供了程序保障；其三，第三方机构对高校思政课教师的评价，完全是根据法定评价标准开展，不受外在因素的制约和影响，独立自主地运用科学统计方法，用客观的数据对高校思政课教师的思想政治素质、师德师风、教育教学能力及效果、科研水平及成果质量、社会服务能力及服务效果等进行量化考评。从某种意义上说，第三方机构在高校思政课教师的评价中承担的一个极其重要任务就是进行“定量评价”，为客观公正的评价提供真实数据。

须注意的是，承担“定量评价”任务的第三方机构，要确保评价公正性的实现，要求对高校思政课教师进行评价的第三方机构收集的信息要客观全面、处理信息要科学严谨、运用信息要精准适当，唯有如此，才能得出准确反映评估对象实际情况的最终评价结论。此外，第三方机构作为评价主体具有营利性，为防止对高校思政课教师评价的过程中可能出现非法交易行为，要求作为评价主

① 例如，2012 年，教育部在《高等教育专题规划》中指出，要鼓励社会专门机构参与对高等教育质量的监督和评价；2015 年，教育部在《关于深入推进教育管办评分离促进政府职能转变的若干意见》中强调，要扩大行业协会、专业学会、基金会等各类社会组织参与教育评价。

体的第三方机构需构建严密的职业准则与约束惩戒机制，工作人员要有良好职业素养，须恪守职业操守、内化职业道德、践行职业规范，以保证评价的无偏与避私。①

五、社会受众

社会受众，从广义来说，是指社会组织和社会民众。在我国，人民当家作主，由社会组织和社会民众对高校思政课教师进行评价有合理性，但因社会组织和社会民众与高校思政课教师接触不多，他们对高校思政课教师了解不是很深，其作为高校思政课教师的评价主体，大多情况下往往是以参加工作的学生为媒介。

众所周知，高校培养的学生最终要走入社会，进入各种各样的用人单位，接受社会的检阅。不能将参加工作的学生在单位的纪律意识、思想品德及工作态度作为评价其就读高校思政课教师的直接依据，但须承认，高校思政课教师是青年大学生健康成长的指导者和引路人，大学生的为人处世往往要受到高校思政课教师的影响，从这个意义上说，将参加工作的学生在单位的纪律意识、思想品德及工作态度作为评价其就读高校思政课教师的参照指标有一定合理性。

高校思政课教师的思想政治品格、教育教学态度与能力、学术造诣都会对大学生产生深刻影响，这种影响甚至在学生走入工作岗位后也会有体现，可以说，一个已毕业大学生的言行举止能折射其就读高校思政课教师的涵养。高校思政课教师和学生的关系类似于工厂与产品的关系，一个工厂生产的产品质量，可通过广大消费者对产品的评价略知一二。同样的道理，高校思政课教师的教育教学效果，即其教育引导的学生能否成为社会主义核心价值观的引领者、能否成为合格社会主义建设者和接班人，毕业大学生的用人单位以及与其有各种关系（如同事关系、朋友关系、领导关系）的社会受众，拥

① 参见张智：《新时代高校思想政治教育工作第三方评价机制研究》，载《学校党建与思想教育》2020 年第 13 期。

有评价的权利。若学生获得好评，在一定程度可反映高校思政课教师教育教学产生良好效果，反之，学生没有获得社会受众的肯定，则表明高校思政课教师教育教学没有取得好的效果，因为他们生产出来的“产品”没有获得应有的好评。

由上不难发现，社会受众是将高校培养出来的学生表现作为评价高校思政课教师的依据，尽管这种评价有一定的合理性，但存在极其明显的弊端。因为参加工作学生的政治素质、思想道德品质以及工作态度虽受高校思政课教师的影响，可这种影响毕竟有限，无论是参加工作的大学生还是在校的大学生，他们的思想都会随着环境的变化而变化，而非恒定不变。此外，必须强调的是，高校思政课是由很多门课程构成的有机整体，不同思政课程在“铸魂育人”中发挥的作用有区别但难以分割，社会组织与社会民众对高校思政课教师进行评价，其评价对象往往是某高校所有的思政课教师，很难对单个思政课教师予以评价，这是社会受众作为评价高校思政课教师主体存在的难以克服的缺陷。鉴于此，社会受众对高校思政课教师思想政治素质、师德师风、教育教学水平以及社会服务能力的评价，应当只是一个参照指标，不宜作为对高校思政课教师予以定性的主要依据。

六、教育主管部门与高校

高校与教育主管部门是对高校思政课教师进行管理的责任主体，它们理所当然有权对高校思政课教师的政治素质、思想道德品质、教育教学能力、科学研究水平以及社会服务能力等进行评价，例如，对高校思政课教师的科研能力进行评价，主管教育部门以及各高校科研管理机构作为管理者，他们的管理权主要围绕学术资源的分配和管理展开，旨在完善相关科研的管理制度、激励高校思政课教师科研创新、有效利用科研资源、推动马克思主义理论学科发展。具体来说，各级政府的主管教育部门以及各高校科研处有权制定有关高校思政课教师科研的政策和制度，行使对各类思政专项或科研奖项的申请、评议、监督和追责的权力，高校思政课教师须符合法定条件，才能获得项目立项及奖励。因此，主管教育部门及各高校科研处对高校思政课教师的科研评价，往往成为高校思政课教师科学研究的风向标，是激励广大高校思政课教师长期坚持科学研究的重要保障。

各级政府主管教育部门以及高校相关机构作为高校思政课教师的评价者，尽管其拥有资源分配和管理权，在对高校思政课教师的评价尤其是教学和科研评价中同样扮演着重要角色，但总的来说，不具备同行专家“定性评价”及第三方机构“定量评价”的专业评价功能。各级政府主管教育部门以及高校相关机构对高校思政课教师的评价，更多的是从宏观层面对高校思政课教师进行政策引导。

第三节　评价内容法治化

评价内容法治化，是指对高校思政课教师的评价须从哪些方面进行，立法对此要予以明确规定。一旦对高校思政教师予以评价的内容由立法加以确立，这意味着，对属于法定评价高校思政课教师的内容，要逐项进行评价，不得有遗漏，对不在评价范围的，不得随意添加，否则都是违法，要承担相应法律责任。评价内容法治化，可以让高校思政课教师明确努力方向，更好地规划自己职业发展，进而有利于高校建设一支高素质思政课教师队伍。

根据表8，人们对评价高校思政课教师应涵括的内容没有太大争议，但在是否有必要将评价内容予以法治化问题上，存在不同的看法。如果通过立法对高校思政课教师评价内容予以确立、明确评价重点，有利于避免内容不明可能导致评价中不必要争论，因此，有必要将政治素质、师德师风、教育教学业绩、科学研究能力以及社会服务列为高校思政课教师评价内容并予以法治化。

表 8　高校思政课教师评价内容及评价内容法治化调查

问卷对象	问卷问题	
	1. 对高校思政教师的评价应包含哪些内容？（多选） a. 政治素质；b. 师德师风；c. 教育教学业绩；d. 科学研究能力；e. 社会服务	2. 是否有必要将高校思政课教师评价内容予以法治化？（单选） a. 有必要；b. 没必要；c. 不知道
大一、大二学生	a. 为 98%； b. 为 100%； c. 为 100%； d. 为 87%； e. 为 83%	a. 为 56%； b. 为 26%； c. 为 18%
高校思政课教师	a. 为 96%； b. 为 98%； c. 为 100%； d. 为 75%； e. 为 81%	a. 为 86%； b. 为 9%； c. 为 5%

一、政治素质

高校思政课教师是党的理论和路线方针政策的宣讲者，是青年大学生健康成长的引路人，肩负教育引导青年大学生坚定信仰马克思主义的重任。为此，在立法上将具有过硬政治素质确立为评价高校思政课教师的重要内容，有正当依据。

（一）促使高校思政课教师提升自身的政治素质

有过硬政治素质，是一个合格高校思政课教师应具备的基本要件，政治不合格的高校思政课教师不仅不能确保我国大学的社会主义办学方向，还有可能将大学生引导到党和国家的对立面，给党和国家造成不可估量的损失。因此，在立法上将具有过硬政治素质确立为考核评价高校思政课教师的重要内容，明确在政治上不能与党中央保持一致要予以退出的后果，让高校思政课教师在思想上真正认识到有过硬政治素质的重要性，这有利于促使其想方设法提升自身的政治素质。倘若没有将政治素质确立为考核评价高校思政课教师的内容或者对考核评价不合格的后果缺失规定，很难让高校思政课教师在思想上对政治素质的重要性引起足够重视，思想上的放松，易导致高校思政课教师在教育教学中妄议党的理论路线和方针政策。正是从这个意义上说，在立法上将政治素质确立为考核评价高校思政课教师的重要内容并明确评价不合格的后果，是促使高校思政课教师提升自身政治素质的必然要求。

（二）高校思政课教师完成铸魂育人使命的必然要求

高校思政课教师要用习近平新时代中国特色社会主义思想铸魂育人，就必须在政治上同以习近平同志为核心的党中央保持一致。因此，有必要在立法上将政治素质确立为评价高校思政课教师的一个重要内容，对于政治素质考核评价不合格的，要予以转岗或退出，这促使高校思政课教师在思想上真正认识到政治素质的重要性，也只有高校思政课教师在思想上真正认识到政治素质的重要性，才能在政治上同以习近平同志为核心的党中央保持高度一致。正是从这个意义上说，在立法上明确政治素质是考核评价高校思政课教师的重要内容，迫使高校思政课教师加强自身的道德修养、全面提升自己的道德素质，才有可能用习近平新时代中国特色社会主义思想铸魂育人。

（三）高校完成"为党育人、为国育才"使命的需要

高校思政课教师是青年大学生健康成长的指导者，高校要完成"为党育人、为国育才"的神圣使命，离不开一支政治素质过硬的思政课教师队伍。有必要在立法上将政治素质确立为考核评价高校思政课教师的一个重要内容，明确规定政治素质考核不合格要转岗或退出的后果，让我国高校思政课教师在思想上真正认识到在政治上与党中央保持一致的重要性，唯有如此，才能有效促使高校思政课教师采取有效措施提升自身政治素质。当每个高校思政课教师都有过硬政治素质、在政治上始终与党中央保持一致、在思想上坚定信仰马克思主义时，才能教育引导青年大学生立德树人、树立正确世界观、人生观、价值观，高校肩负的"为党育人、为国育才"神圣使命才能得以实现。

二、师德师风

具有优良的师德师风，是高校思政课教师教育引导青年大学生健康成长的

必然要求,是高校思政课教师专业发展的原动力,是支持高校思政课教师从容面对各种挑战的核心品质,鉴于此,在立法上将师德师风确立为考核评价高校思政课教师的核心内容,通过刚性法律制度予以保障实施,有正当性依据。

(一)高校落实立德树人根本任务的必然要求

高校思政课教师是青年大学生立德树人、立志成才的教育者和引导者,高校要落实立德树人根本任务,在很大程度上取决于思政课教师是否具有优良师德师风。如果一个高校思政课教师不能以德立身、以德施教、以德立学,不可能获得学生的信任与尊敬,即便其苦口婆心、绞尽脑汁地对学生进行思想政治教育,也很难避免学生发自内心对其蔑视,正如"言之谆谆,听者藐藐",一个自身缺失优良师德师风的高校思政课教师,很难教育引导新时代大学生立德树人。

鉴于高校思政课教师的师德师风对青年大学生健康成长有极其重要意义,立法有必要将师德师风确立为考核评价高校思政课教师的重要内容,对于考核评价不合格的,在评优评模、职务职称评聘中予以一票否决,对于师德师风出现严重问题的,应予以转岗乃至退出思政课教师岗位。通过立法确立师德师风在考核评价高校思政课教师中重要地位及评价不合格的严重后果,将师德师风评价与高校思政课教师切身利益进行捆绑,在一定程度有利于高校思政课教师增强师德师风意识,改进不良师德行为。高校思政课教师对师德师风重要性认识不到位,不能采取有效措施提升师德修养,不良师风未能得到纠正,势必会影响高校落实立德树人根本任务,正是从这个意义上说,在立法上将师德师风确立为评价高校思政课教师的一项重要内容,是高校落实立德树人根本任务的必然要求。

(二)高校思政课教师教育引导青年大学生健康成长的需要

高校思政课教师要成为青年大学生健康成长的优秀指导者,帮助青年大学生树立正确世界观、人生观、价值观,引导青年大学生扣好人生第一粒扣子,其自身必须具有良好的师德师风,通过榜样的力量,才能很好地发挥教育的力量。如果高校思政课教师不热爱党的教育事业、不尊重学生、不能以身作则、不讲诚信、不能勇担责任、不乐于奉献,这样的高校思政课教师不仅不能获得学生发自内心的敬佩,还会遭受学生的鄙视。一个不能获得学生尊重甚至被学生鄙视的高校思政课教师,常常会产生一种自惭形秽的自卑心理,一个连自信心都没有的高校思政课教师,既没有信心也没有能力教育引导青年大学生立德树人、立志成才。

由上可见,高校思政课教师要教育引导青年大学生健康成长,首先其自身必须具有优良的师德师风,鉴于此,立法应将师德师风确立为考核评价高校思政课教师的重要内容,在职务职称评聘、职级晋升、各种政治激励中建立师德师风不合格"一票否决"制度,以有效促使高校思政课教师增强职业道德意识、加强自身职业道德修养。只有高校思政课教师具有高尚师德与优良师风,才能对青年大学生进行有效教育引导,因此,有必要将师德师风设定为评价高校思政课教师的重要内容并由刚性法律制度加以保障,这样才能有效教育引导学生健康成长。

(三)引导青年大学生培育和践行社会主义核心价值观的需要

高校思政课教师自己首先模范践行社会主义核心价值观,是其完成引导青年大学生培育和践行社会主义核心价值观任务的先决性。若一个高校思政课教师自身都没有爱国情怀、不遵守社会公德、没有艰苦奋斗精神、缺失职业道德荣誉感、线上线下的言行截然不同、课上说的与在课下做的大相径庭、诚信意识淡漠、缺乏社会责任感,这样的高校思政课教师不可能获得青年大学生的喜爱和尊重,很难实现引导新时代青年大学生培育和践行社会主义核心价值观。

不能让没有道德的人给人讲道德,给别人讲道德的人必须有道德,因此,有必要在立法上将师德师风确立为考核评价高校思政课教师的重要内容并明确评价不合格的后果。通过将师德师风考核评价与高校思政课教师切身利益挂钩,如评价不合格的要面临职业终结危险,会让高校思政课教师在思想上真正意识到师德师风的重要性,进而促使其自觉提升道德修养水平,模范践行社会主义核心价值观,唯有如此,高校思政课教师才能引导青年大学生培育与践行社会主义核心价值观,正是从这个意义上说,在立法上将师德师风确定为考核评价高校思政课教师的重要内容,是引导青年大学生培育与践行社会主义核心价值观的需要。

三、教育教学业绩

讲好思政课、教育引导学生健康成长，是高校思政课教师的职责与要求，[①]在立法上将教育教学业绩确立为评价高校思政课教师的重要内容有正当依据。

（一）促使高校思政课教师提升教育教学能力

高校思政课教师要引导青年大学生坚定信仰马克思主义，必须具有一定的教育教学能力，否则，如果一个高校思政课教师不能深入浅出地向学生讲清楚什么是马克思主义，不能向学生讲明白为何马克思主义具有真理性，不能用马克思主义理论分析和解释中国特色社会主义建设中遇到的一些重大理论和实际问题，课堂教学效果差，学生思政课到课率低，更遑论抬头率与点头率，学生对思政课没有兴趣，那么，很难引导其坚定信仰马克思主义以及对社会主义和共产主义持坚定的信念。因此，必须想方设法促使高校思政课教师提升教育教学能力，在立法上，将教育教学业绩确立为考核评价高校思政课教师的一项重要指标，明确教育教学业绩考核评价不合格须承担的后果，应当是一种简洁但非常有效的方法。

因为立法一旦将教育教学业绩确立为考核评价高校思政课教师的一项重要指标，尤其是明确教育教学业绩考核评价不合格的后果，就让高校思政课教师意识到教育教学的重要性。如果高校思政课教师不能自觉创新教育教学方法，在课堂上还是继续采用传统陈旧的教育教学方法，不仅不能调动学生学习思政课的积极性，还会面临教育教学业绩考核不合格被调整甚至退出思政课教学岗位的危险。基于外在压力及维护自身利益考量，高校思政课教师不得不想方设法创新教育教学方法，提升自己的教育教学业绩。正是从这个意义上说，在立法上将教育教学业绩确立为评价高校思政课教师的内容，是促使高校思政

---

① 参见2020年教育部发布的《新时代高等学校思想政治理论课教师队伍建设规定》第5条规定，高校思政课教师的首要岗位职责是讲好思政课，引导学生立德树人、立志成才，树立正确世界观、人生观、价值观，坚定对马克思主义的信仰等。

课教师提升教育教学能力的需要。

(二)发挥高校思政课是大学生思想政治教育主渠道的作用

要充分发挥高校思政课是对青年大学生进行思想政治教育的主渠道的作用,高校思政课教师必须具有较高的教育教学能力。然而,仍有不少的高校思政课教师没有真正在思想上认识到思政课教育教学的重要性,改革创新教育教学方式方法的意识不强,采取的措施乏力,课堂教育教学效果不理想,学生课堂获得感不强,高校思政课是大学生思想政治教育主渠道的作用没有能够得到有效发挥。要改变这种现状,在立法上将教育教学业绩确立为考核评价高校思政课教师的重要内容,明确考核评价不合格要予以转岗乃至退出的后果,应该是一种有效的路径选择。因为一旦立法将教育教学业绩列为考核评价高校思政课教师的重要指标,这种评价及其评价后果使用关乎高校思政课教师切身利益且有国家强制力保障,有利于促使高校思政课教师革新教育教学理念,改变传统教育教学模式,积极探索增强教师吸引力与亲和力的教育教学范式;有利于促使高校思政课教师运用新技术成果,借助雨课堂、学习通、蓝墨云班课等平台展现思政课教育教学内容;有利于促使高校思政课教师针对新时代大学生思想和认知特点,综合运用能调动学生积极性的启发式、互动式、参与式、案例式的教育教学方法。因此,在立法上将教育教学业绩设定为评价高校思政课教师的重要内容,明确评价不合格须承担的否定性后果,是发挥高校思政课是大学生思想政治教育主渠道的作用的需要。

(三)培养社会主义建设者和接班人的需要

高校思政课是全面贯彻党的理论和路线方针政策、培养社会主义合格建设者与可靠接班人的重要阵地,但要发挥思政课培养社会主义建设者和接班人的作用,教师的教育教学能力起关键作用。如果高校思政课教师的教育教学能力有限,上课照本宣科或只讲大道理,不会结合中国特色社会主义建设中的实际事例,上课枯燥乏味,没有感染力和说服力,不能在润物细无声中对学生进行潜移默化的思想政治教育工作,即便有扎实深厚的马克思主义理论知识,也不能将这种强大理论转化为培养社会主义建设者与接班人的利器。因此,有必要在立法上将教育教学业绩设定为考核评价高校思政课教师的重要内容，并明确考核不合格须承担的法律责任，促使高校思政课教师在思想上认识到教育教学的重要性，并想方设法提升自己的教育教学能力，唯有高校思政课教师的教育教学能力得到真正提升，才有可能培养出满足中国特色社会主义的合格建设者和可靠接班人。否则，教育教学业绩在高校思政课教师评价中的地位和作用没有获得重视，或者未能上升到立法层面加以保障，很难促使高校思政课教师在思想上对教育教学引起高度重视。高校思政课教师的教育教学能力不能得到有效提升，学生对思政课没有获得感，甚至不知道什么是马克思主义以及中国为什么要选择马克思主义作为立党立国的指导思想，这样的大学生不能说是合格的社会主义建设者与接班人，正是从这个意义上说，在立法上将教育教学业绩设定为评价高校思政课教师的重要内容，明确教育教学业绩考核评价不合格须承担的否定性后果，有利于促使高校思政课教师认识教育教学意义及改革创新思政课教育教学方法，这是培养社会主义合格建设者和可靠接班人的需要。

四、科学研究能力

不能将论文、课题作为评价高校思政课教师的决定性指标，但不能因此否定科研的重要性。一个没有科研能力或不愿从事科研的高校思政课教师，不了解马克思主义理论学科的最新研究状况，不能将马克思主义中国化最新成果融合到思政课教学中来，更不可能以学术造诣开启学生智慧，因此，对高校思政课教师的评价，不仅要在立法上确立对其科研能力的考核，而且要对评价不合格的否定性法律后果予以明确规定，这对于提升高校思政课教师科研能力有重要意义。

（一）推动马克思主义中国化理论创新的需要

马克思主义只有与我国实际相结合，植根本国、本民族历史文化沃土，着眼解决我国社会主义现代化建设中遇到的问题，才能保持其蓬勃生机与旺盛活力。

如果高校思政课教师没有一定的科研能力，不了解本学科的最新研究成果，不能运用马克思主义理论分析和解释中国特色社会主义建设中遇到的一些理论和实际问题，在课堂上没有自己的观点，极有可能照本宣科，既不能调动学生学习马克思主义理论的积极性，也无法推动马克思主义中国化的理论创新。因此，有必要在立法上将科研能力及水平作为评价高校思政课教师的一个重要指标，对于缺乏一定科研能力及没有科研成果的，其职务职称评聘、绩效分配及职务职级晋升要受到一定影响。通过立法确立科研能力和水平是考核评价高校思政课教师的重要内容及评价不合格须承担的后果，旗帜鲜明地强调高校思政课教师应加强马克思主义理论研究，有利于增强高校思政课教师的科研意识，这对于推动马克思主义中国化理论创新有极其重要意义。正是从这个意义上说，在立法上强化高校思政课教师的科研能力评价，是推动马克思主义中国化理论创新的需要。

（二）有效支撑高校思政课教学的需要

要讲好思政课，高校思政课教师不仅要有扎实的马克思主义理论知识及采用科学的教育教学方法，还要掌握马克思主义理论研究最新成果，为思政课供给思想性、理论性资源。如果高校思政课教师不搞科研，不了解马克思主义理论学科的最新研究成果，缺乏最新科研成果支撑的思政课教学，不仅授课内容缺乏深度，还易导致思政课教师照本宣科，课堂教学乏味沉闷，师生之间无法互动，课堂活跃气氛难以形成，教学效果差，学生思政课没有获得感或获得感不强。

要避免高校思政课空对空的教学范式，增强思政课说理性、针对性，立法有必要规定，科研能力与水平是考核评价高校思政课教师的一个指标点，对于评价不合格的，在职务职称评聘、职级晋升以及各种评优评模上要受到一定限制。将科研能力的评价结果与高校思政课教师的切身利益挂钩，有利于促使高校思政课教师增强科研意识，积极开展马克思主义理论研究。随着高校思政课教师科研能力提升及科研成果不断丰富，有利于高校思政课教师通过创新性、前沿性、针对性的研究成果支撑思政课教学，亦只有丰富的科研成果进行对思政课教学支撑，他们才能讲清楚“中国奇迹”背后的道理学理哲理。正是从这个意义上说,在立法上将科研能力确立为评价高校思政课教师的重要内容,是有效支撑高校思政课教学的需要。

(三)以学术造诣开启学生智慧的需要

高校思政课教师是高校教师队伍中对新时代大学生进行马克思主义理论教育的中坚力量,如果他们不搞学术研究或者科研水平太差,不知道如何将马克思主义与中国具体实际相结合,不能用马克思主义理论分析和解决我国改革开放和社会主义现代化建设中遇到的一些重大理论和实际问题,在课堂上,只能向学生讲授一些马克思主义理论基本知识,不能通过自己的科研成果教育和熏陶学生,不能直接影响学生的治学态度与学术观点,那么学生不能从高校思政课教师那里掌握和领悟马克思主义中国化的创新能力,学生智慧没有被开启。

要改变目前很多高校思政课教师不愿意做科研的现状,促使高校思政课教师以学术造诣开启学生智慧,必须加强对高校思政课教师科研能力的考核评价,在立法上确立科研是考核评价高校思政课教师的重要指标,明确考核不合格的法律后果,如职务职称评聘、职级晋升、评优评模、绩效分配等要受到限制。将科研作为考核评价的内容予以法治化,会增强高校思政课教师的科研意识,自觉将更多时间和精力投入马克思主义理论研究中。高校思政课教师科研能力得到提升,有助于培养学生创新能力。正是从这个意义上说,将科研水平作为评价高校思政课教师的重要指标并予以立法化,是以学术造诣开启学生智慧的需要。

将科学研究能力作为考核评价高校思政课教师的重要内容有正当性基础,但在评价机制的构建及运行过程中,对于科研的评价导向,应当注意如下几个问题:

1. 坚持科学研究要服务思政课教学的评价导向

高校思政课教师的首要岗位职责是讲好思政课,通过思政课教育引导青年大学生健康成长。从某种意义上说,高校思政课教师开展科研是为了讲好思政课,更好引导学生树立正确世界观、人生观、价值观,将他们培养成为对党和国家有用的人。基于此,对高校思政课教师的科研评价应突出和强调服务思政课教学的导向,例如,高校思政课教师的科研应围绕马克思主义理论学科进行,研究如何用马克思主义理论分析和解决中国特色社会主义建设中遇到的问题,研究高校思政课教学重点难点及改革创新教学方法,要突出和强调科研成果在高校思政课教学中的转化。

2. 建立符合高校思政课特点的评价机制

高校思政课就是要通过对青年大学生开展马克思主义理论教育,引导青年大学生立德树人、树立正确三观、坚定对马克思主义的信仰以及对社会主义和共产主义持坚定的信念,将他们培养成为德智体美劳全面发展的社会主义建设者与接班人。高校思政课的教学内容及教学任务决定,对高校思政课教师的科研评价,不能单纯以课题和论文来衡量,要建立能体现高校思政课特点的评价机制,如构建代表性成果的评价方式,强化科研成果转化为课堂教学资源,将有助于合格人才培养的学术成果作为评价高校思政课教师科研能力及科研水平的重要依据。

3. 设置可行的分类评价机制

根据高校思政课教师开展研究的类型不同,分别建立不同的评价标准,例如,对从事基础研究的评价,主要考察高校思政课教师的马克思主义理论水平;对从事应用研究的评价,主要考察高校思政课教师运用马克思主义理论分析和解决中国社会主义建设中遇到的重大理论与实际问题的能力,突出科研成果转化为教学资源的贡献值。对科研团队中高校思政课教师的个体评价,要注重将高校思政课教师个体评价与团队评价的结合,反对抹杀或者归功思政课教师个人的评价方式。

4. 构建科学的评价周期

科研产出需要长期投入,尤其是从事马克思主义理论之类的基础研究,要取得成果,可能需要的时间更长。各高校要根据本校思政课教师的实际情况,对思政课教师的科研评价设定一个合理周期,例如,一个周期一般不应当少于2年,至于对科研团队中的个人考核评价周期,原则上应当更长。对高校思政课教师科研评价设定一个合理周期,有利于鼓励高校思政课教师潜心研究,克服急功近利的科研短视行为。从某种意义上说,为高校思政课教师构建一个合理的评价周期，有助于避免因急于完成任务而抄袭他人成果的学术不端行为。

五、社会服务

社会服务，是指高校思政课教师利用自己学科知识，直接参与满足社会需要的一系列活动，如参与政府政策咨询、智库建设、人才培训等。伴随社会转型，国家治理体系和治理能力现代化的不断增强，有多学科专业背景的高校思政课教师开展社会服务工作的价值逐步得到彰显，服务内容和形式日趋丰富多样。鉴于此，在立法上确立社会服务是评价高校思政课教师的内容有重要意义。

（一）评价的必要性

1. 提升高校思政课教师的社会服务意识

社会服务意识是推动高校思政课教师自觉发展其社会服务能力的前提和基础。如果一个高校思政课教师具有良好的社会服务意识，有助于其自觉承担社会责任。但因当下对高校思政课教师的评价主要集中在教育教学及科研方面，对高校思政课教师社会服务能力评价的重要性还没有获得应有的重视，这在一定程度势必制约和影响高校思政课教师社会服务意识的形成。要有效提升高校思政课教师的社会服务意识，有必要在立法上将社会服务确立为评价高校思政课教师的重要内容，并将考核结果与高校思政课教师的职务职称评聘、绩效津贴、评优评模挂钩，促使高校思政课教师提升服务社会意识、增强服务能力。

2. 开阔高校思政课教师的科研视野

有价值的选题对高校思政课教师开展科学研究尤为重要，通过参加社会服务，有助于开阔高校思政课教师的科研视野，为其发现有价值的选题提供有利条件，如通过对相关领域提供社会服务，可以让高校思政课教师对该领域发展变革趋向有更深刻了解，这有助于使其选题具有前瞻性。又如，通过参加与本专业有关的社会服务，可使高校思政课教师能捕捉到社会发展变化的最新信息，有利于高校思政课教师结合自身专业把握事物发展规律，准确判断某一领域的现状及未来发展趋势。此外，参加社会服务能促使高校思政课教师认识到成果转化的重要性，努力把自己掌握的马克思主义理论知识直接运用于推动社会政治经济文化事业发展。因此，在立法上把社会服务确立为评价高校思政课教师的重要内容，并将考核结果与高校思政课教师的职务职称评聘、绩效津贴、评优评模等挂钩，有利于开阔高校思政课教师的科研视野，为其开展高质量科研提供新思路、新思想。

3. 增强高校思政课教师的各种能力

参加社会服务能增强高校思政课教师的各种能力，例如，高校思政课教师在参与社会服务时要与他人进行沟通交流，有助于增强其语言表达能力；在参加社会服务过程中，高校思政课教师要及时更新和掌握相关的知识与技能，有助于增强其学习能力；在参与社会服务过程中与专业同行进行交流合作，有助于增强高校思政课教师的沟通与合作能力；高校思政课教师在社会服务活动中，要不断从外界收集信息以及对所获的信息进行整理与加工，这有助于增强其处理信息的能力。高校思政课教师从社会服务中获得的如上各种能力，无论是对高校思政课教师开展教学还是从事科研工作，都具有重要意义。因此，在立法上把社会服务确立为考核评价高校思政课教师的一个重要指标，并将考核结果与高校思政课教师利益挂钩，有利于提升高校思政课教师的社会服务意识、增强其各种能力。

（二）要反对两种错误认识

在立法上，将社会服务确立为评价高校思政课教师的一个重要指标具有合理性，但在构建社会服务能力的具体评价机制时，要反对两种错误认识：

第一种错误认识是无限扩大高校思政课教师提供服务能力的作用。高校思政课教师一般有接受过系统的马克思主义理论相关专业教育的知识背景，专业知识比较扎实，政治觉悟高，对党和国家政策理解能力强。但不得不承认，高校思政课教师更多的是偏重理论，实际操作的技能有限。因此，不能过分夸大高校思政课教师的社会服务作用，不能将其视为地方部门工作的免费“救火队”，否则，过于夸大高校思政课教师的社会服务能力，有可能导致高校思政课教师被视为装点场面的造势者、召之即来的服务人员，使高校思政课教师工作不堪重负。

第二种错误认识是对高校思政课教师的社会服务评价过于急功近利。在市场经济背景下，对高校思政课教师社会服务的评价难免存在关注眼前利益的短视性期待，但若过度关注社会服务活动的经济利益，对高校思政课教师服务的社会价值缺失远见，有可能导致社会服务出现唯经济化的趋向。因此，有必要为高校思政课教师的社会服务评价创造一个宽松环境，不要将参与社会服务的高校思政课教师当作无所不能的救赎者。就宏观而言，对高校思政课教师社会服务的评价，除了要有效推动社会经济发展外，还要看这种社会服务能否有效促进高校思政课教师教育教学及科研能力提升，是否增强高校思政课教师与社会的良性互动。

（三）须注意的问题

1. 要采取综合评价的方法

高校思政课教师专业知识偏重于理论性，这要求对高校思政课教师的社会服务能力以及服务效果的评价，不宜仅从短期经济效益予以考量，要将经济效益与社会效益和长远效益与短期效益予以结合。具体来说，高校思政课教师对党和国家政策的宣传以及对中华民族优秀传统文化的传播，从短期来看，很难产生直接的经济效益，但宣传党和国家政策以及传播中华民族优秀传统文化具有凝聚人心与汇聚民力的作用，对助推中华民族伟大复兴有极其重要意义，从长远审视，如果高校思政课教师对党和国家政策的宣传以及对中华民族优秀传统文化的传播能够深入人心，理论一旦被群众所掌握，就能转化为强大的物质力量。因此，对高校思政课教师社会服务能力应当采取综合而非单一的评价方法，唯有如此，才能对高校思政课教师社会服务能力以及服务效果作出客观公正评定。

2. 要突出科研成果转化业绩的评价

高校思政课教师的科研成果大多是理论性，但也不乏为地方经济社会发展出谋划策的应用型成果。对高校思政课教师社会服务能力进行评价，从某种意义上说，就是要有效促使高校思政课教师增强服务意识，充分发挥高校思政课教师科研成果在国家和地方政治、经济以及文化建设中的重要作用，展现高校思政课教师科研成果的价值，在高校思政课教师与社会之间建立一种有效的良好互动关系。鉴于此，对高校思政课教师社会服务能力的评价，要突出考核科研成果转化业绩，特别是要注意考核高校思政课教师科研成果服务地方政治、经济、文化建设的情况，将科研成果转化业绩作为高校思政课教师职务职称评聘、职级晋升、绩效分配、评优评模以及进行政治激励的重要依据，促使高校思政课教师不仅要钻研马克思主义理论知识，还要深入社会生活中，了解国情民情，只有将马克思主义理论与中国实践结合，理论对实践具有的指导意义才得以彰显。

第四节　评价程序法治化

评价程序法治化，是指评价一个高校思政课教师须经的环节或步骤，立法对此要予以明确规定。一旦评价高校思政课教师的程序由立法加以确立，就意味着，对高校思政课教师的评价须遵守法定程序，否则，程序违法的评价不仅没有法律效力，还要追究违法人相应法律责任。评价程序法治化，明确了评价高校思政课教师的具体环节，通过对程序的规范，可有效避免评价过程中个别评价主体的恣意妄为，为高校思政课教师评价结果实体公正提供有效保障。

根据表9，对于高校思政课教师评价程序正义的判断标准，人们的观点没有很大差异，但对于是否有必要将高校思政课教师评价程序予以法治化的问题，或许是对程序法治价值的认识和理解程度有别，学生与老师的看法有明显不同。程序为高校思政课教师评价明确了具体路径，通过立法对评价程序予以规定，有利于防范高校思政课教师评价中权利与权力的滥用，对于确保评价工作顺利进行有重要意义。为此，将高校思政课教师评价程序予以法治化，不仅必要且急需。

表9　高校思政课教师评价程序法治化与评价程序公正标准调查

问卷对象	问卷问题	
	1. 是否有必要将高校思政课教师评价程序予以法治化？（单选） a. 有必要；b. 没必要；c. 不知道	2. 你认为判断评价高校思政课教师程序公正的标准是什么？（多选） a. 评价者地位中立；b. 将评价相关事项予以告知；c. 评价过程与评价结果公开；d. 设立对评价不服的救济方式；e. 其他
大三学生	a. 为 51%； b. 为 23%； c. 为 26%	a. 为 87%； b. 为 83%； c. 为 90%； d. 为 78%； e. 为 31%
高校思政课教师	a. 为 85%； b. 为 9%； c. 为 6%	a. 为 96%； b. 为 95%； c. 为 97%； d. 为 95%； e. 为 65%

一、成立领导小组

要对高校思政课教师的思想政治素质、教育教学能力、科研水平及社会服务进行客观公正评价，是一个极具挑战性的复杂系统工程，它直接关乎高校思政课教师的切身利益。为确保评价活动能够有条不紊地顺利进行，有必要成立一个由专门人员组成的有权威性的领导小组，由其对高校思政课教师评价予以组织保障。

（一）成立领导小组的必要性

1. 客观公正评价的需要

对高校思政课教师进行评价，不仅直接关乎高校思政课教师的职务职称评聘、岗位津贴、绩效分配、评优评模等，而且直接关乎高校能否建设一支高素质的思政课教师队伍，从这个意义上说，客观公正是对高校思政课教师进行评价所追求的最高价值目标。然而，对高校思政课教师的评价是一项复杂的系统工程，专业性强，例如，高校思政课教师的理论素养、教学水平是否达到能胜任高校某一思政课程教学的需要，目前还缺乏合理且有可操作性的标准，要对高校思政课教师作出一个客观公正的评价结论，实属不易；又如，对于高校思政课教师是否在政治上与党中央保持一致，这看似简单，但其实是一个很难作出评价的棘手问题。要对高校思政课教师评价中这些不易判断的问题作出客观公正定论，需要一个强有力的组织给予正确思想指引与专业指导，否则，由于人们的认知不同、采用的标准不一样，作出的评价可能会存在很大差异。正是从这个意义上说，成立专门领导小组，是确保对高校思政课教师客观公正评价的需要。

2. 协调各种评价事宜的需要

对高校思政课教师的评价，不仅涉及内容繁杂，而且评价主体众多，如评价内容涉及思想政治素质、教育教学业绩、科研水平以及社会服务能力等；又如评价主体既可以是高校思政课教师自身，也可以是教学督导的同行专家、授课班级学生、第三方机构乃至社会受众等。在这个评价主体与评价内容多样性的评价过程中，难免发生一些冲突，如对高校思政课教师教育教学业绩的评价，不同评价主体的判决结果可能不一样，甚至存在对立。为避免对高校思政课教师的评价出现严重冲突或矛盾现象，有必要成立一个熟悉业务、能很好把控评价政策的领导小组，由其对评价过程中的各种事宜进行协调，例如，制定科学合理的评价标准，确保对高校思政课教师的评价客观公正。

3. 提高评价效益的需要

根据西方经济学中流行的“资源稀缺”理论，现实社会中的资源并非取之不尽用之不竭。对高校思政课教师的评价，作为一种既需要支付一定代价又能产生一定效果的特定人类实践活动，同样需要以最小的消耗获得最大的效果，这是人类社会从事任何活动都应遵循的经济性原则。① 一种没有效益的评价，即便实体公正，但迟来的正义非正义。但要有效利用评价高校思政课教师中的各种资源，提高评价效益，离不开一个强有力的组织领导。因为一个懂业务的评价领导小组，会把各项评价工作组织得井井有条，避免在高校思政课教师评价中可能造成不必要的资源浪费。因此，成立高校思政课教师评价领导小组，由

① 参见胡卫星：《论法律效率》，载《中国法学》1992 年第 1 期。

领导小组对评价工作开展进行合理安排,有利于提高评价效益。

（二）领导小组名称

设立专门领导小组,由相对稳定人员对高校思政课教师的评价进行组织协调,在一定程度上确保领导小组成员有熟练的业务能力,既保障评价质量又提高评价效益。至于这个专门领导小组的名称,可以将其命名为“高校思政课教师评价委员会”,因为通过该名称可以充分体现其职能,即是对高校思政课教师的政治素质、师德师风、教育教学业绩、科研以及社会服务能力进行评价。关于高校思政课教师评价委员会(以下简称评价委员会)应设在哪里,可以考虑将其与“高校思政课教师资格审查委员会”合并为“高校思政课教师资格审查与评价委员会”,把该委员会设在高校,具体可设在高校人事处或教师工作处,各高校可以根据自身的实际情况,既可以单独设立办公室,也可由高校人事处或者教师工作处办公室兼管。

（三）领导小组的成员

评价委员会的主要职责是负责评价的组织协调及提供服务,不具体行使评价职权,但评价委员会有制定相关评价规则的权力,对于在评价高校思政课教师过程中发生的一些冲突或分歧,如果被评价的高校思政课教师向评价委员会提出请求,其有权负责处理。从某种意义上说,评价委员会在对高校思政课教师进行评价的过程中,扮演多种角色,职能冲突现象比较严重。为确保评价委员会相对中立,通过评价程序正义保障评价实体公正,有必要对评价委员会的人员构成进行适当限制,如高校行政部门领导担任评价委员会成员的人数不能超过1/3,高校思政课教师在评价委员会中的人员不能少于1/2,此外,高校纪检监察部门须有一人参与。

二、确定评价人员

对高校思政课教师的思想政治素质、教学业绩、科研水平以及社会服务能力进行评价的主体,就犹如庭审中的法官,其评价结果类似于法院判决,会对高校思政课教师产生极其重要影响,因此,有必要对评价人员资格进行适当限制。

（一）须具备一定条件

对高校思政课教师进行评价形成的结果，与高校思政课教师的利益息息相关，例如，倘若评价人员认为被评价思政课教师在政治上不能同党中央保持一致或者教学水平不能满足胜任高校思政课程教学要求的，意味着该思政课教师要被转岗或被退出。正是从这个意义上说，评价将决定高校思政课教师的前途命运。为确保对高校思政课教师评价的客观公正，有必要规定评价人员必须具备一定的条件：其一，熟悉党的理论和路线方针政策，坚决拥护党的领导，有过硬的政治素质；其二，为人正直诚实，师德师风优良，没有不良诚信记录；其三，有从事高校思想政治教育工作或者担任高校思政课教师的经历，没有出现教学事故的历史污点，教育教学能力获得认可；其四，具有一定的科研能力，尤其是有从事马克思主义理论或者高校思政课教育教学研究经历且取得一定成果，在学界有一定影响。

（二）录入专家库

对于具备担任高校思政课教师评价人员条件的人，根据自愿原则，可以向评价委员会提出书面申请，经审查合格后，予以公示。公示期满后，有评价资格的成员将自己的相关信息录入高校思政课教师评价专家库，评价委员会对录入信息进行审核确认。须强调的是，评价委员会不能以任何借口向被评价高校思政课教师收取费用。然而，对高校思政课教师的评价需要投入，对于如何解决评价须支出又不能向被评价高校思政课教师收取费用的难题，可以采取这样的方法：对于评价委员会所需办公费用，高校应列入预算，由高校予以经费划拨。对于评价人员，没有经费支持，为了调动其评价积极性，在职务职称评聘中，可将参与评价次数折算为提供社会服务的工作量，也可以把参与评价工作算为教学工作量。

（三）随机抽取

随机抽取，是指对高校思政课教师进行评价所需的评价人员，由评价委员会从专家库中进行不确定抽取，库存中每个专家都有均等被抽取的机会。对参加高校思政课教师评价的评价人员采取随机抽取方式,在一定程度上有助于评价客观公正及被评价的高校思政课教师对不利于己的评价的接受。

一方面,能有效避免被评价对象与评价主体进行"勾兑",增强高校思政课教师评价的可信度。如果评价高校思政课教师的人不是随机抽取的,而是相对固定的,那么,个别高校思政课教师有可能以各种各样的方式事先与评价人员进行联系,导致评价形同虚设,没有达到设立评价机制的目的。对评价人员采取随机抽取方式,高校思政课教师不知道评价人员是谁,就很难采取非法途径与评价人员进行接触。为了确保专家库有足够的人员,可加强与校外合作,或者规定校外评价专家须占据一定比例,以避免校内评价人员因共情而作出对被评价高校思政课教师有利的评价。

另一方面,有助于被评价思政课教师对不利于己的评价的接受,增强评价权威性。如果评价人员是评价领导小组安排,一旦出现评价结论对高校思政课教师不利情形,被评价高校思政课教师有可能产生这是有意安排的合理怀疑。随机抽取评价人员,谁事先都不知道评价人员是谁,这在一定程度可消除高校思政课教师的思想疑虑,即便出现评价结果对他不利的情况,被评价高校思政课教师也可能把注意力放在对自己的反思上,而不是对评价委员会与评价人员产生怀疑。

(四)高校思政课教师有申请回避权

回避,是指评价人员与高校思政课教师评价有利害关系或者有其他可能影响公正评价的事由,不得参与高校思政课教师评价活动的一种行为。如果评价人员发现有回避情形的,应当自行回避,否则,被评价人有权申请其回避。保障被评价高校思政课教师享有申请回避的权利,对于确保评价客观公正有重要意义。

一是防止评价人员先入为主或徇私舞弊,有利于保证评价的客观公正。对高校思政课教师进行评价及评价形成的结果,直接关乎高校思政课教师的切身利益,为此,评价人员在评价中承载客观中立义务,在对高校思政课教师进行评价时,应当做到客观公正。如果评价人员与被评价的高校思政课教师有利害关系或者其他特殊关系,就有可能作出偏袒被评价人的评价或者故意作出对被评价人不利的评价。正是从这个意义上说,保障高校思政课教师有权申请回避、消除评价过程中可能对被评价人不利评价的因素,有利于对高校思政课教师评价的客观公正。

二是程序正义的体现。人们对程序正义的理解不尽一致,但在纠纷或冲突解决的场域,一般认为其表征的是一种规范或正统的执法理念。"任何人不得做自己案件法官"与"给予同纠纷或冲突有利害关系的人机会充分发表自己意见",被视为纠纷解决程序正义的基本要求。① 在对高校思政课教师评价中,赋予高校思政课教师享有申请回避的权利,确保其有机会充分发表自己的意见,可以消除被评价高校思政课教师的思想顾虑,这对于促进评价的顺利进行有重要意义。否则,如果评价人员有应当回避的情形而没有回避,即便其能够克服偏袒之心,但因评价程序不正义,评价人员存有偏袒之嫌,难以消除高校思政课教师的合理怀疑,这极有可能增加其提请复核或申诉的概率,从而增加评价的工作负担,妨碍评价的顺利进行。因此,保障高校思政课教师申请回避权,有助于消除其思想顾虑、增强他们对评价结果的信任、维护评价的权威、减少不必要的提请复核或申诉。

三、事前告知

事前告知,是指对高校思政课教师承担评价义务的主体,在对高校思政课教师进行评价之前,要通过文件或其他书面形式下发有关单位,由有关单位就评价事项告知高校思政课教师。事前告知是对被评价高校思政课教师给予充分尊重的必然要求,为确保高校思政课教师对事前告知事项享有充分知情权,相关立法应当规定,评价委员会发布有关高校思政课教师评价的文件或其他书面形式的通知,应对评价的原则、内容、时间及其他须告知事项予以明确。

---

① 参见[美]迈克尔·D.贝勒斯:《法律的原则——一个规范的分析》,张文显等译,中国大百科全书出版社1996年版,第35页。

(一)告知的正当性

1. 被评价的高校思政课教师是主体而非客体

自近代启蒙运动以来,人是主体而非客体理论蓬勃兴起,如康德指出,人生而具有尊严,任何人都无权把别人当作达到主观目的的手段。[①] 到现代,人是主体理论得到进一步确立。具体就高校思政课教师评价而言,评价人员与被评价的高校思政课教师都是平等主体,双方在评价过程中只存在角色区别,没有高低贵贱之分。高校思政课教师作为主体,在涉及其自身利益的评价过程中,应当赋予其参与及改善自身处境的机会和手段,否则,高校思政课教师主体地位将难以彰显。因此,相关立法有必要规定,在评价之前,承担评价义务主体应将相关事项对高校思政课教师予以告知,这是由高校思政课教师在评价中主体地位决定。

2. 是评价程序正义的必然要求

对高校思政课教师进行评价及形成结论直接关乎高校思政课教师的切身利益,根据程序正义理论,在实施某种可能对他人利益产生不利影响的行为时,必须保障承载不利行为的人享有被告知权利以及其陈述自己意见应当得到倾听。[②] 高校思政课教师对有关主体实施的评价行为有配合与协助的义务,但不能以保障公益为由对高校思政课教师应当享有的知情权予以限制或者剥夺。如果高校思政课教师的知情权没有得到最低限度保障,这样的评价程序无正义可言。缺失正义程序为依托,即便实体公正,亦难以阻却承受不利后果的高校思政课教师对评价结果产生合理怀疑。因此,为确保评价程序正义,立法应当明确规定,在对高校思政课教师进行评价之前,要将相关事项对其予以告知,这是评价程序正义的必然要求。告知充分彰显对高校思政课教师意志自由和人格尊严的尊重,有利于被评价的高校思政课教师对不利于其评价的接受。正如有学者所指出:"程序正义是一种监督和高于它所达到的结果正义的价值,当程序包含对受其

---

① 参见《康德文集》,改革出版社 1997 年版,第 93 页。

② 参见[日]谷口安平:《程序的正义与诉讼》(增补本),王亚新、刘荣军译,中国政法大学出版社 2002 年版,第 4 页。

影响的人们的一种尊重时，我们能够最好地理解它的这个独特性质。”①

3. 是防范评价权滥用的客观需要

从某种意义上说，评价权也是一种公权力。在高校思政课教师评价中，要有效防范评价主体滥用评价权，在立法上确立高校思政课教师有知情权，评价主体有义务对高校思政课教师进行事前告知，就是从制度设计层面对评价权进行有效约束的重要方式。因为立法一旦确立高校思政课教师有权知悉评价事项后，评价主体在作出评价时，如果不履行告知义务，要承担不利后果，这有利于评价主体强化程序意识，慎重考虑评价所依据的事实及法律，从而使评价权更加理性和正确地被行使。此外，对评价之前的相关事项告知，倘若高校思政课教师对评价不服，可充分利用这一知情权进行有效救济，维护自身合法权益。

（二）告知事项

1. 评价目的

评价目的，是指特定主体对他人进行评价所追求的目标或希望达到的结果。就高校思政课教师评价而言，根据目的指向度不同，可以将高校思政课教师的评价目的分为奖惩性评价与发展性评价两种。前者是一种面向过去的评价，即对过去已经取得突出成绩的高校思政课教师予以表彰，对没有达到要求的落后者进行惩处，形成一种有针对性的有效激励和约束机制；后者是一种面向未来的评价，具体来说，发展性评价不是针对高校思政课教师过去取得的成绩或存在的问题进行评价，而是着眼于其个人专业发展的评价，对于评价过程中出现的问题或存在的不足，强调要用教育引导手段来促进高校思政课教师自我完善。②

评价目的是对高校思政课教师实施评价活动的终极目标，确立告知评价目的并通过立法予以保障，让高校思政课教师在思想上认识到评价绝非有意针对其个人，而是建设一支高素质高校思政课教师队伍的必然要求，这不仅在一定程度上

① 参见[英]戴维·米勒：《社会正义原则》，应奇译，江苏人民出版社2001年版，第102页。

② 关于奖惩性评价目的与发展性评价目的的划分，参见李楠：《我国高校教师教学评价目的研究——基于职业生涯发展周期视角》，载《高教探索》2012年第6期。

避免了高校思政课教师对评价的不满与抵触，而且有利于其积极配合评价工作。

2. 评价原则

评价及其结论直接关乎高校思政课教师个人利益，为避免评价主体滥用评价权，有必要确立评价须遵循一系列原则。评价原则体现对高校思政课教师评价的基本精神，贯穿于高校思政课教师评价的整个过程，决定高校思政课教师评价的基本特征，对一国高校思政课教师乃至对所有教师的评价机制建设都具有普遍指导意义。就某种意义而言，评价原则不仅决定或左右一国设立什么样的高校思政课教师评价机制，而且在很大程度对该机制在实践中的实际运行有重大影响。

将高校思政课教师有权知悉评价原则予以法治化，通过刚性法律制度保障评价委员会履行告知义务，让高校思政课教师了解评价须遵循的基本原则，这在一定程度能增强其对评价结果的信任度，进而有助于避免不必要的申请复核乃至向有关部门不停申诉的行为，对节约评价成本有重要意义。

3. 评价内容

评价内容，是指考核评定高校思政课教师是否合格的具体测评点，例如，在政治上是不是与党中央保持一致、有没有较高质量的科研成果、是否具有满足相应思政课课程需要的教育教学能力等。高校思政课教师知悉对其评价的基本内容，既有利于高校思政课教师知道自己的工作重点，也有助于他们根据评价内容进行反思，了解自己在工作中尚存不足，自己今后要在哪些方面加以努力，例如，高校思政课教师知悉科研是对其进行考核评价的测评点，如果评价不合格，职务职称评聘、职级晋升、绩效分配等都将受到影响，这有利于促使高校思政课教师增强科研意识，想方设法提升自身的科研能力。又如，高校思政课教师知悉社会服务是评价的主要内容，能增强其社会服务意识，自觉履行社会服务义务。

高校思政课教师知悉评价内容有重要意义，为确保高校思政课教师充分了解评价内容，有必要将评价内容告知予以法治化，由刚性法律制度设定评价委员会及有关主体的告知义务，可有效保障高校思政课教师知情权。

4. 评价标准

评价标准,是指评价高校思政课的测评点是否合格的评判尺度和界限,例如,判断高校思政课教师在政治上同党中央保持一致的尺度与界限、判断高校思政课教师有优良师德师风的尺度与界限、判断高校思政课教师有没有胜任相应思政课程教育教学的能力的尺度与界限、判断高校思政课教师有没有一定科研水平的尺度与界限、判断高校思政课教师有没有服务社会能力的尺度与界限。高校思政课教师知悉对其是否合格的评价标准,有利于其对自己是否是一个合格的高校思政课教师进行自我评价与反思,如果认为自己没有达到合格高校思政课教师的标准,对不利于己的评价结果也能欣然接受。反之,倘若高校思政课教师对评价标准不知情,一旦接到不利的评价结果,可能会有一些抱怨,产生一些合理怀疑。此外,高校思政课教师知悉评价标准,有助于其知道今后自己的努力方向。

高校思政课教师知悉评价标准,对其开展自我评价以及自身职业发展有极其重要意义。为确保高校思政课教师充分了解评价标准,有必要在立法上将评价标准告知予以确立,通过刚性法律制度设定评价委员会以及有关主体告知评价标准义务,可以有效保障高校思政课教师对评价标准的知情权。

5. 评价时间

对高校思政课教师的评价,是一个由评价者主导但又需要被评价者与评价者进行有效互动的过程。高校思政课教师作为被评价者,其事先知悉评价时间,有利于其为评价事先做好准备,因为评价活动的顺利进行,需要高校思政课教师的配合,例如,对科研水平的评价,需要高校思政课教师提供主持课题、发表论文、获奖证书的复印件等相关材料;又如,对教育教学、社会服务的评价同样需要被评价高校思政课教师提供相关材料。如果被评价的高校思政课教师事先不知悉评价时间,有可能导致无法及时提供各种资料而影响评价进程。此外,高校思政课教师不知悉具体评价时间,有可能导致负责评价的主体随意调整评价进程,进而给人一种错觉,对高校思政课教师的评价不具有可预期性。

高校思政课教师知悉开展评价的具体时间,对其有充足时间提供相关资料有重要意义。为确保高校思政课教师充分了解评价时间,有必要在立法上将评价时间告知予以确立,通过刚性法律制度设定评价委员会以及有关主体告知评价时间的义务,能有效保障高校思政课教师对评价时间的知情权。

(三)不告知后果

在对高校思政课教师进行评价之前,让其事先知悉评价的相关事项,这不仅是对高校思政课教师予以尊重的体现,而且对确保评价的顺利进行以及增强高校思政课教师对不利于其评价的可接受性,都具有极其重要意义。为此,由相关立法明确评价委员会以及相关主体的告知义务,必要且急需。

然而,要确保高校思政课教师在评价之前知悉相关评价事项,仅有立法确立有关主体的告知义务还远远不够。如果立法对有关主体不履行告知义务的后果缺失规定,只有告知义务的法律规范就犹如道德规范,能否得到执行以及在多大程度上得到执行,在很大程度上就取决于承载告知义务主体的道德境界。在涉及利益冲突的场域,没有明确不履行告知义务须承担的法律责任,通常很难确保被评价高校思政课教师享有知情权,因此,立法既要规定有关主体承载告知义务,还要规定不履行告知义务要承担的法律责任,例如,有关主体没有履行告知高校思政课教师有关评价相关事项的义务,评价行为无效,先前实施的评价行为就是做无用功,评价将退回到该行为没有发生之前的初始状态。

由上不难发现,评价行为无效对于不告知的程序违法有非常严厉的制裁效果,对于促使有关主体在对高校思政课教师进行评价时履行事先告知义务具有极其重要的作用。此外,立法对有关主体没有履行告知义务的要予以法律责任追究,让其承担不告知的否定性后果,可以在一定程度上促使其增强履行告知义务的程序意识,这对于保障高校思政课教师在评价中的知情权有极其重要意义。

四、正式评价环节

要确保对高校思政课教师的评价活动有条不紊地进行,立法应当对评价的各个环节予以明确规定。具体就正式评价而言,有必要设置以下几个关键步骤。

一是评价小组负责人就评价有关事项的详细告知。对高校思政课教师负责评价的工作小组，类似于法院负责具体案件审理的审判庭，评价小组负责人就扮演庭审中审判长的角色，在对高校思政课教师进行集体会议评价之前，具体负责评价的小组负责人应当就评价的相关事项进行详细告知，例如，告知本次评价人员构成、参与评价主体须遵守的纪律以及违反纪律要承担的法律责任、评价须经的步骤、被评价高校思政课教师以及参与评价主体享有的权利以及应当承担的义务等。在正式评价环节，将相关事项予以告知，一方面便于参与评价的工作人员开展工作，另一方面体现对高校思政课教师主体人格的尊重，让高校思政课教师感受到是在被尊重中接受评价，这有利于其对不利于己的评价结果的接受。

二是高校思政课教师自评的书面陈述。被评价的高校思政课教师是接受过高等教育的高学历知识分子，他们对自己是否有过硬的政治素质、有没有良好的师德师风，对自己的教育教学业绩、科研水平以及社会服务能力等，通常有比较清楚的认识。由高校思政课教师对自己履行岗位职责情况，尤其是具体就自身的政治素质、师德师风、科研成果、教育教学业绩、社会服务能力以及效果等进行自我评价，可以为评价小组的评价奠定基础。但因评价涉及高校思政课教师自身利益，对于高校思政课教师自我评价及形成的结果，在采用时要采取谨慎态度。

三是高校思政课教师进行20分钟的讲课。有无能够满足相应课程需要的教育教学水平，是考核评价高校思政课教师是否合格的一个重要内容。必须承认，仅凭书面材料通常很难正确判断一个高校思政课教师的教育教学水平。如果评价人员没有亲临现场听课就对高校思政课教师的教育教学能力给予定性，这样的评价对高校思政课教师不公平。为此，有必要将现场观摩讲课设定为考核评价高校思政课教师教育教学能力的必经环节。由于被评价高校思政课教师人数较多，考核评价的任务重，每个高校思政课教师讲课的时间不宜太长，在通常情况下，20分钟的授课足以能反映一个高校思政课教师专业理论素养及教育教学水平。

四是评价小组评课并征求学生意见。为调动高校思政课教师讲课积极性，最大限度发挥高校思政课教师讲课水平，高校思政课教师讲课时，应安排部分学生听课，使高校思政课教师的讲课水平最大限度接近平常上课水平。评价小组人员在评课时，要认真听取学生意见，条件允许，参加听课的学生尽可能选择是被评价高校思政课教师授课班级的学生，通过学生对高校思政课教师平时上课与被评价时上课比较，可避免存在通过一节课评定一个高校思政课教师教学能力的弊端。

五是评价小组秘密评议。在全面考核高校思政课教师思想政治素质、科研水平、教育教学业绩以及社会服务能力的基础上，对高校思政课教师的评价进入定性的秘密评议环节。评价小组的最后评议采取秘密方式进行，主要是为了消除评价人员的思想顾虑，让评价小组的每个成员可以畅所欲言、大胆发表自己的意见，让不同的人从不同视角对高校思政课教师的各方面发表自己的看法，有助于对高校思政课教师评价结论的客观公正。否则，对评议予以公开，评价人员可能基于这样或那样的考量而不敢表达自己的意见。此外，秘密评议有利于保障评价人员的人身安全，因为被评价人知道对自己不利的评价结论系某人所为，个别人有可能采取报复措施，进而作出有害评价人员的行为，对社会造成不良影响。因此，立法应确立对高校思政课教师评价的最后评议环节须采取秘密方式进行。

五、评价结果公示

评价结果公示，是指评价小组对高校思政课教师进行评价后，将评价结果报评价委员会，由该委员会将评价结果予以公布，接受社会监督。

（一）评价结果公示的作用

一是告知评价结果。对高校思政课教师思想政治素质、教育教学水平、科研成果以及社会服务能力与效果进行全面考核评价，奖优罚劣，尤其是对不合格的高校思政课教师予以退出，有利于促使高校思政课教师进行自我反思，不断提升自身素质。但须注意的是，在高校思政课教师评价中，高校思政课教师不是纯粹的被评价客体，他们既是评价对象又是评价主体。由于评价结果直接关乎被评价高校思政课教师的职务职称评聘、岗位津贴、年终绩效分配、进修培训、评优评模等,将评价结果进行公示,让高校思政课教师知悉评价结果,这不仅是对高校思政课教师主体地位的尊重,也可以为其对评价不服展开后续抗辩提供依据。

二是便于公众监督。监督有利于防范对高校思政课教师进行评价过程中的违法或不当行为。但要保障公众对评价的有效监督,有赖于公众对评价信息的充分掌握,评价结果公示则是社会公众了解评价信息的有效途径。通过公示评价结果,让人们知悉评价情况,如果评价结果与实际不符,人们可以通过法定方式进行举报,要求评价委员会进行复核,或者向有关部门提出申诉。此外,公示的评价结果,倘若与事实不符,会在社会民众中引起反响,造成一种正义不存在的社会阴影,这对于评价人员会形成一种无形的压力,迫于法律责任追究以及强大社会舆论压力,在一定程度会促使参与评价的主体遵循评价规则、理性行使评价权利。

三是增强评价的公信力。评价的公信力,是指对高校思政课教师的评价具有使当事人以及社会民众对评价结果自愿服从的力量。评价公信力,既可以是来自实体问题公正评价的真实信赖,也可以是来自程序正义本身所具备要素的心悦诚服,评价者自身具有的人格魅力,亦可以是人们对评价信服的一个重要因素。不管怎样,如果对高校思政课教师的评价具有公信力,能增强评价委员会及评价人员的权威,进而减少高校思政课教师不必要的申诉乃至上访,对于和谐社会构建有重要意义。将高校思政课教师评价结果予以公示,征求公众意见,收集评价主体没有掌握的情况,接受社会监督,这是评价程序正义的必然要求。如果在公示期内,没有人对评价结果提出异议,这虽不表示评价结果一定客观公正,但表明人们对评价结果可接受,有助于增强评价公信力。

(二)评价结果公示期

评价结果公示期,是指对高校思政课教师的评价结果进行公示的期限。在公示期内,对评价结果有异议的,可以向有关部门反映情况。公示期满后,评价结果生效。由此可见,公示期在一定程度影响考核评价结果的反馈,如果公示期过短，有可能错过反馈异议的机会，反之，有可能导致评价正义迟来。基于对公益与私益予以适度平衡原则考量，可将高校思政课教师评价结果的公示期设定为7个工作日（不含节假日）。在公示期限内，如果对评价结果不服，被评价的高校思政课教师、校内教职工以及被评价高校思政课教师授课班级学生，可以向评价委员会提出异议，该委员会要对此进行及时查证并作出处理。

（三）评价结果公示地点

公示地点的选择，在一定程度上决定被评价的高校思政课教师能否及时知悉评价结果，如果公示地点比较偏或者是被评价高校思政课教师很少去的地方，就会影响其及时知悉评价结果，进而有可能带来不利后果。因此，对高校思政课教师评价结果予以公示的地点，应当尽量从便利高校思政课教师的角度予以选择。例如，可以将评价结果在高校思政课教师上课的必经之路附近进行张贴，同时在学校办公区域、图书馆较显眼的地方张贴，张贴公示地点不应少于3个。对于个别在外进修学习的被评价高校思政课教师，要采取电话、邮件、微信、QQ或其他便利的方式通知其本人。对于评价结果不合格的高校思政课教师，须通知本人，并要求其所在分院或部门做好必要的思想政治教育工作，避免意外情形发生。

六、对评价结果不服的救济

对评价结果不服的救济，是指高校思政课教师对评价结果有异议，认为评价侵害自己权益，在法定期限内向有关部门提出请求，要求重新审查处理的行为。

（一）救济意义

1. 有利于维护高校思政课教师的合法权益

评价结果直接关乎高校思政课教师的职务职称评聘、职级晋升、年终绩效分配、进修培训、评优评模等切身利益。如果高校思政课教师认为评价结果有失客观公正，自己合法权益因此受侵犯，对评价结果有异议，却不能为其提供有效救济途径，那么高校思政课教师在评价中的主体地位就无从体现，宪法和法律赋予公民的权利就如同不能兑现的空头支票，没有任何实际意义。被誉为

“普通法之父”的威廉·布莱克斯通曾经告诫人们,若无办法对被侵害权利予以恢复或者弥补,那么宣布这些权利便毫无意义,命令人们遵照指示必定也是徒劳。① 因此,高校思政课教师对评价结果不服,相关立法应当赋予其进行权益救济的权利,通过有关机关的重新审查处理,使错误评价能够得到及时纠正,高校思政课教师的合法权益得以维护。

2. 有利于防范评价权力的滥用

权力都有易被滥用的危险,②这是人们熟知的经验常识,在高校思政课教师评价中,评价权同样没有例外。因此,对评价权行使进行有效防范就成为高校思政课教师评价的制度设计须解决的问题之一。尽管监督制约评价权滥用的方式很多,但赋予高校思政课教师享有救济权益的权利,是一种监督制约评价权滥用最有效、最可靠的方式。因为允许高校思政课教师将评价者推上“被告席”,通过权利对权力的监督制约,在一定程度上会促使评价主体在行使评价权时小心翼翼,这有助于确保评价权在预设轨道内理性运行。

3. 有利于构建和谐社会

和谐社会,是指一个社会的稳定、均衡和有序发展。和谐社会不可能消灭冲突,冲突在和谐社会中依然存在,而且是难以避免。但须强调的是,一个和谐的社会必然是建立在对冲突能有序化解的基础之上,一个不能有效解决冲突或对矛盾予以化解的社会,不可能和谐安宁。具体就高校思政课教师评价来说,任何完善制度都不可能确保每个高校思政课教师的评价结果都是客观公正的。如果高校思政课教师对评价结果有异议,认为评价结果不公,自己权益受侵害却不能通过有效途径寻求救济,极有可能导致承受不利评价结果的高校思政课教师对高校乃至对社会的怨恨和不满。这种怨恨与不满犹如在地下运行的地火一样,当所有发泄管道被堵塞后,会像火山爆发一样释放出强大的破坏力量,造成社会秩序紊乱。因此,倘若高校思政课教师对评价结果不服,为其设置有效救济渠道,对冲突和平解决构架有效桥梁,有利于构建和谐社会。

---

① 参见[英]威廉·布莱克斯通:《英国法释义》(第1卷),游云庭、缪苗译,上海人民出版社2006年版,第67页。

② 参见[法]孟德斯鸠:《论法的精神》(上册),张雁深译,商务印书馆1959年版,第154页。

(二)救济路径

高校思政课教师对评价结果不服,其可以通过什么途径进行救济。在我国当下各种规范性文件中,尚未发现有关于高校思政课教师专门救济方式之规定,但根据《教师法》以及相关法律法规设置的教师权益救济制度,高校思政课教师可以以普通教师身份,通过以下途径向有关主体寻求权益救济,维护自身合法权益。

1. 申诉

申诉是一个内容丰富的语词,指高校思政课教师对评价主体就自己思想政治素质、教育教学业绩、科研水平以及社会服务能力等作出的评价结果有异议,认为评价结果与事实不符或证据不足抑或评价程序违法,自己的合法权益受到了侵害,向评价委员会、高校教师申诉委员会或者主管高校的教育行政部门提出请求,要求有关主体对评价结果进行重新审查处理的一种权益救济行为。尽管有权处理申诉的主体较多,不同主体处理申诉的路径存在一定差别,但总体来说,申诉作为一种权益救济方式,程序简便、方法灵活,是高校思政课教师对评价结果不服的一种有效的权益救济方式。

2. 仲裁

在高校思政课教师评价视域下,仲裁是指高校思政课教师对关于自己的评价结果不服,由此与评价主体发生争议,只要争议属于可以仲裁情形,经与评价主体达成协议,高校思政课教师可向仲裁机构提出请求,要求仲裁机构对争议进行审查处理的一种权益救济方式。根据《仲裁法》第 3 条与第 4 条之规定,[①] 如果被评价高校思政课教师认为评价结果与事实不符,自己合法权益受侵害,只要被评价高校思政课教师与评价主体之间发生的争议在可仲裁范围内,且被评价高校思政课教师与评价主体双方自愿达成仲裁协议的,其可以向仲裁机构申请仲裁,由仲裁机构依法对被评价高校思政课教师与评价主体之间的争议进

① 《仲裁法》第 3 条规定:"下列纠纷不能仲裁:(一)婚姻、收养、监护、扶养、继承纠纷;(二)依法应当由行政机关处理的行政争议。"第 4 条第 1 句规定:"当事人采用仲裁方式解决纠纷,应当双方自愿,达成仲裁协议。"

行解决。

3. 行政复议

行政复议,是指高校思政课教师对评价结果不服,向负责处理机关提出申诉后,如果负责处理机关久拖不决或逾期未作处理的,或者高校思政课教师对处理决定仍不服的,只要申诉属于行政复议受案范围,高校思政课教师可依法向特定行政机关提出权益救济请求,由特定行政机关对评行为的合法性与合理性进行审查并作出处理的一种活动。高校思政课教师对评价不服提起行政复议,通常以提起申诉为前提,只有负责处理申诉机关久拖不决或逾期没有作出处理的,或者高校思政课教师对申诉处理决定仍不服的,才可提起行政复议。此外,高校思政课教师对评价不服提起行政复议,争议属于行政复议范围。

4. 行政诉讼

行政诉讼,是行政相对人对行政主体实施的具体行政行为不服,向人民法院起诉,由人民法院就行政相对人与行政主体间的行政争议进行审理裁决的活动。此指高校思政课教师认为对其评价的结果有错误,向负责处理机关提出申诉后,如果负责处理机关久拖不决或逾期没有作出处理,或者高校思政课教师对处理决定仍不服,只要申诉属于行政诉讼受案范围,高校思政课教师可以依法向人民法院提出权益救济请求,由人民法院对评价行为的合法性与合理性进行审查并作出处理的一种活动。据此,高校思政课教师对评价不服提起行政诉讼,一般是高校思政课教师提起申诉后,负责处理申诉机关久拖不决或逾期没有作出处理,或者对负责处理申诉机关处理决定仍不服的,才提起行政诉讼。此外,高校思政课教师对评价不服提起行政诉讼,法院须有权对争议进行审理。①

① 参见 1995 年国家教育委员会《关于〈中华人民共和国教师法〉若干问题的实施意见》第 8 条第 3、4 项。

第五节 评价结果运用法治化

要发挥高校思政课教师评价的作用,必须将评价结果与高校思政课教师表彰奖励、进修培训以及职务职称评聘等予以挂钩,以评价结果作为对高校思政课教师实施相应的激励和制裁的主要依据。否则,如果对高校思政课教师进行评价形成的结果与高校思政课教师的切身利益无关,这样的评价就毫无意义,因此,高校思政课教师评价结果必须予以利用,将其与高校思政课教师职务职称评聘、绩效分配、职级晋升以及政治激励等予以结合。评价结果运用法治化,是指用立法的方式确立高校思政课教师评价结果的运用以及不运用的否定性后果,确保评价结果运用在法治轨道上运行。可以这样说,评价结果应用法治化的目的,就是要通过有国家强制力保障的法治确保高校思政课教师的评价结果得到有效运用,唯有如此,才能通过评价充分调动高校思政课教师开展科学研究、从事教育教学以及为社会提供优质服务的积极性、主动性与创造性,促进高校思政课教师不断提升自身素质以更好地履行自己的岗位职责。

从表 10 不难发现,关于是否应将高校思政课教师评价结果运用于职务职称评聘、职级晋升、评优评模及年度考核等领域,高校思政课教师的看法大致相同。但对于是否有必要在立法上把评价结果运用予以确立,少部分高校思政课教师认为没有必要或不置可否。从某种意义上说,对高校思政课教师进行评价的初衷就是为了调动其工作积极性,如果评价结果不能与高校思政课教师的切身利益相关联,很难促使高校思政课教师在思想上对评价引起重视,那么评价就失去了存在价值,因此,有必要将高校思政课教师评价结果运用予以法治化。

表 10　高校思政课教师评价结果运用法治化及运用领域调查

问卷对象	问卷问题	
	1. 有无必要将高校思政课教师评价结果运用予以法治化?(单选) a. 有必要;b. 没有必要;c. 不知道	2. 你认为应将高校思政课教师评价结果运用于哪些领域?(多选) a. 职务职称评聘;b. 职级晋升;c. 评优评模;d. 年度考核;e. 其他
高校思政课教师	a. 为 85%; b. 为 9%; c. 为 6%	a. 为 96%; b. 为 95%; c. 为 97%; d. 为 96%; e. 为 53%

一、运用的基本要求

评价结果运用直接关乎高校思政课教师的切身利益,如果将与高校思政课教师思想政治素质、教育教学水平及科研能力等不一致的评价结果运用到高校思政课教师的职务职称评聘、评优评模、绩效分配及职级晋升中,不仅会给高校思政课教师造成经济利益及名誉荣誉损失,而且会给社会带来一些负面影响,如在整个社会造成正义不存在的阴影。因此,立法既要确立高校思政课教师评价结果必须被运用,又要明确高校思政课教师评价结果运用应满足一定条件。

1. 评价结果的真实性

评价结果的真实性,是指对高校思政课教师的评价结论必须是在全面调查核实的基础上形成的,而非评价主体的主观臆造。要求高校思政课教师评价结果具有真实性,这是因为,评价结果的运用会对高校思政课教师的职务职称评聘、职级晋升、绩效分配、评优评模以及政治激励等产生直接影响,让伪造虚假的评价结果来决定高校思政课教师的职务职称评聘、职级晋升与绩效分配等,会引发高校思政课教师的怨恨和不满,进而有可能导致矛盾激化,影响和谐社会构建。因此,高校思政课教师评价的结果须真实,这是评价结果运用应满足的一个基本条件。

倘若高校思政课教师的评价结果缺乏真实性,未经调查核实就对高校思政课教师的教育教学业绩及科研能力予以定论,这种定论,不仅不能为相关部门进一步加强和改进高校思政课教师管理提供正确抉择依据，而且一旦其在实践中被运用，会挫伤高校思政课教师的工作积极性。此外，受不真实评价影响，高校思政课教师不能从评价中正确认识到自身价值、发展潜力以及存在的不足，此评价既不能为自我发展提升增添信心也很难激发不断进步提高的动力。要确保对高校思政课教师的评价结果具有真实性，除了要求承载评价职责的主体在思想上要提升认识外，还要求评价须严格按照法定程序进行，尽量让各环节的评价留痕。

2. 评价结果的准确性

评价结果的准确性，是指对高校思政课教师的评价结果要能如实反映高校思政课教师本人的思想政治素质、教育教学业绩、科研水平以及社会服务能力的真实状况。真实性是对高校思政课教师评价结果的最低要求，准确性是在真实性基础上对评价结果的更高要求。由于每个高校思政课教师的具体情况不同，在评价中要做到对每位高校思政课教师予以精准评定，往往有一定难度。但不管怎样，评价结果运用关乎高校思政课教师切身利益，要求对每位高校思政课教师的评价结果必须准确，有利于高校思政课教师发扬优点、克服不足。此外，准确评价，不仅让高校思政课教师从评价标准与评价导向中对自身的发展潜力有一个科学认识，也为组织开展下一轮的评价奠定良好基础，使评价体系更加呈现发展性特征。

要确保高校思政课教师评价结果具有准确性，除了要求每项评价内容须有相应证据予以有效支撑之外，还要求评价过程具有正义性，例如，评价是在评价主体与被评价高校思政课教师一致认可的原则、标准、方法下，在双方平等共同参与程序中进行。只有被评价高校思政课教师的主体地位得到充分尊重，其在被评价过程中可充分发表意见，评价者能兼听不同声音，评价程序体现公平、公正、透明原则，高校思政课教师评价结论的公信力才更强、准确度才更高。

3. 评价结果运用的及时性

从广义来说，高校思政课教师评价结果运用的及时性涵括两个方面的内容：一是评价结果应当在法定时限内得出；二是对评价结果的运用不能被拖延。不论是评价结果的得出还是评价结果的运用，都要求相关人员在思想上应引起高度重视,在工作中要改进方法,不断提高评价效率,在确保评价质量的前提下,尽快对高校思政课教师的评价形成结果,在将评价结果及时有效地反馈给高校思政课教师的同时,尽快将评价结果运用到高校思政课教师管理的各个环节。

对高校思政课教师评价的结果及结果运用要及时有正当性基础:其一,被评价高校思政课教师对评价结果运用充满期待,如果评价结果长时间没能得到运用,这对其是一种煎熬和折磨,在一定程度上会影响他们的工作,因此,及时有效地运用评价结果,可以缓解他们的焦虑情绪,使其尽早安心投入工作中;其二,评价及评价结果的运用均需成本,如果耗时过长,无异于增加评价以及将评价结果予以运用的成本,正是从这个意义上说,高校思政课教师评价结果运用的及时性,是提高高校思政课教师评价工作效益的需要;其三,评价结果运用及时有利于高校思政课教师权益救济,在对高校思政课教师进行评价及将评价结果予以运用的过程中,难免出现高校思政课教师不服的情形,高校思政课教师要提出申诉、复议或仲裁等,都需提供证据,如果评价以及对评价结果运用的时限过长,易导致证据灭失、毁损或遭受人为破坏,高校思政课教师的权益救济将难以实现。

4. 评价结果运用的回馈性

评价结果运用的回馈性,是指在对高校思政课教师评价结果予以运用过程中,评价主体与评价对象之间要进行信息交流互换。一方面,要求评价主体应将评价过程中的相关信息及评价结果及时告知被评价的高校思政课教师;另一方面,要求被评价的高校思政课教师对评价结果是否能够接受的意见及时告知评价主体。

对于高校思政课教师评价结果的运用,要求评价主体与评价对象进行信息反馈,这有利于评价主体与评价对象能相互了解评价结果运用情况,对于确保评价结果的有效运用具有极其重要价值。从某种意义上说,对高校思政课教师进行评价就是被评价的高校思政课教师与评价主体处于不断地协商、沟通的信息交换。评价结果运用的过程,就是从制定评价目标阶段开始到评价结果运用这整个评价过程。以上均体现出评价主体与评价对象的信息回馈性,特别是在评价结果的运用阶段信息的回馈性表现更为突出。如果缺失了这种回馈性，高校思政课教师评价所具有的根本理念基础、公平思想就会受到冲击，评价所涉及的各种理想与概念也将不复存在。[①] 因此，高校思政课教师评价结果运用要具有回馈性。

二、运用的价值取向

价值取向，是特定主体在面临有冲突或很难两全其美的选择时，基于自身价值观所持的一种价值立场、价值态度及价值选择。价值取向具有实践品格，一个人有什么样的价值取向，就会有什么样的价值选择，价值取向对特定主体的价值选择有决定、支配作用。高校思政课教师既是独立个体，又是社会有机整体的重要组成部分，对其评价结果的运用，既要有利于促进高校思政课教师自身发展，也要有利于促进学校发展，否则，厚此薄彼，对高校思政课教师评价结果运用很难达到预期目的，因此，立法要明确评价结果运用须坚持正确的价值取向。

（一）要有利于促进高校思政课教师的全面发展

人有权衡利弊的理性禀赋。强调评价结果与高校思政课教师的职务职称评聘、年终考核、绩效分配等挂钩，其根本目的就是让高校思政课教师在思想上认识到评价的重要性，通过评价结果运用促使高校思政课教师全面提升自身素质、调动高校思政课教师工作的积极性，在高校思政课教师个人素质得到全面发展的同时实现高校立德树人根本任务。评价根本目的决定，评价结果运用要注意有利于促进高校思政课教师的全面发展。这要求评价者须及时向高校思政课教师反馈评价结果，使其更为全面地了解和掌握自己已达到或未达到高校思政课教师要求的相关信息，否则，要全面提升高校思政课教师素质将无法实现。

须承认的是，高校思政课教师能否全面提升自身素质，要受其世界观、人生

---

① 参见王光彦：《大学教师绩效评价研究——基于教师自主发展的探索》，华东师范大学 2009 年博士学位论文。

观、价值观的制约和影响，与其职业素养、自我意识密不可分，但不能因此否认外部压力的作用。总的来说，高校思政课教师全面提升自身素质，更多的是源自内在要求，是高校思政课教师在充分认识自己肩负光荣使命基础上的自我选择、自我追求与自我完善。然而，高校思政课教师要实现自身全面素质提升，除了要有自律自立自强意识外，还有必要对其进行积极引导、鼓励和帮助。评价就是要让高校思政课教师认识到自身优点与存在的不足，评价结果运用就是要促使高校思政课教师发扬优点与改正不足，为高校思政课教师更好地实现个体价值创造条件。

由上不难发现，高校思政课教师的全面发展与外界对他的客观评价分不开，客观公正评价及评价结果的正确运用，能使高校思政课教师根据自身优势和外部环境进行职业生涯规划，并在实践中不断调整自己，不断发掘自身潜力，使自己所从事的职业能更好地满足党和国家的需要，最终才能实现自身的全面发展。

（二）要有利于高校思政课教师与学校的共同发展

高校思政课教师与高校属于部分与整体的关系，它们相互影响相互促进，例如，学校发展可以为高校思政课教师的个人全面发展提供更好条件，高校思政课教师作为高校一个有机组成部分，每个高校思政课教师得到发展，都是助推高校更好更快发展的重要力量，高校思政课教师与高校的关系就犹如小河与大河的关系一样，小河涨水大河满。鉴于高校思政课教师在高校发展中的重要作用，在对高校思政课教师评价结果予以运用时，在价值取向上，要尽可能最大限度地满足和促进高校思政课教师的发展。在党和国家政策允许的范围内，高校要站在高校思政课教师的角度，着重考虑评价结果运用能否有利于高校思政课教师个人的职业规划与发展，只有高校思政课教师个人发展才能提升学校发展的高度，高校立德树人根本任务才能实现。对任何高校来说，思政课教师都是高校的重要资源，是高校重要的组成部分，在对高校思政课教师的政治素质、教育教学业绩、师德师风、科学研究能力以及社会服务的评价结果予以运用时，要能有效促进高校思政课教师个体发展。

但须注意的是，高校是高校思政课教师安身立命的地方，如果高校不能得到很好发展，会在很大程度上制约和影响高校思政课教师的发展。高校发展对高校思政课教师个人发展的重要性决定，对高校思政课教师评价结果的运用，既要考虑评价结果运用须有利于高校思政课教师的个体发展，还要考虑评价结果运用须有利于促进高校的整体发展，例如，对高校思政课教师的进修培训，一方面，要考虑高校思政课教师个人的职业规划与职业发展；另一方面，还要考虑学校思政课的师资队伍现状，不能因为过多思政课教师进修培训导致学校思政课无人上的局面。

高校与高校思政课教师是整体与部分的辩证关系，二者相辅相成，对于高校思政课教师评价结果的运用，要注意把握好高校思政课教师个体发展与学校整体发展的紧密关系，最大限度地促进高校思政课教师个体与学校整体的平衡协调发展，使评价结果的运用更好地把高校思政课教师的全面发展与学校长远发展联系在一起。换言之，高校思政课教师评价结果运用最理想状态，应该是既能很好地促成高校思政课教师的个人素质与能力全面发展，也能相应地促使学校整体得到更好发展，这是对高校思政课教师评价结果运用时应当把握好的关键问题。

（三）要统筹兼顾与综合运用

评价结果为高校思政课教师的职务晋升、职称评聘、评优评模、年终考核、绩效发放及进修培训等提供了客观依据，但对评价结果的运用，要注意统筹兼顾与综合运用，例如，对高校思政课教师的职称评聘与职务晋升，既要考虑教育教学业绩，也要兼顾科研水平以及社会服务效果，否则，只强调教育教学，会导致一些高校思政课教师放弃或不愿意从事科学研究以及忽视为社会提供服务。此外，高校思政课教师只是高校教师的一部分，对高校思政课教师的职务职称评聘，不能完全以评价结果为依据，要考虑高校思政课教师数量在全校教师数量中的占比，为其确定一个合理评聘比例，唯有如此，才能在高校思政课教师内部形成一个良性竞争环境。

总的来说，对高校思政课教师评价结果的运用，只有统筹兼顾与综合运用，才能更好地规范高校思政课教师的职责任务，充分调动高校思政课教师工作积极性，确保高校思政课教师人力资源配置达到最优化。须补充强调的是，由于对高校思政课教师的评价并非一锤定终生，而是定期或不定期进行，这种不断运用评价结果的过程，就是不断明确高校思政课教师配置机制、聘用机制、奖惩机制、分配机制的政策导向过程，使适度的竞争、激励、淘汰的运行制度得以真正建立。此外，对高校思政课教师评价结果统筹兼顾与综合运用的导向作用，可以为高校建立一种融洽的教学氛围与良好的学术生态，营造尊重知识的人才成长环境，使高校真正走向人的科学素质的提高、科学精神的弘扬以及科学道德的树立。[①]

三、运用的主要场域

评价结果的适用范围，直接关乎高校思政课教师的切身利益，倘若适用范围过窄，如仅适用于职务职称评聘，对于不需要职务职称评聘的高校思政课教师，评价结果没有多大作用，很难对其进行有效激励和约束。可见，评价结果适用范围过窄，不能很好调动高校思政课教师的积极性，反之，适用范围过于宽泛，没有突出重点的评价结果运用，会导致运用的价值大打折扣，进而在思想上难以引起高校思政课教师对评价结果运用的重视，因此，有必要由立法对高校思政课教师评价结果的运用范围予以合理划定，避免因运用范围过宽或过窄存在之不足。

(一)年度考核中运用

年度考核，是指高校思政课教师所在单位按照管理权限，依据一定程序和方法，对高校思政课教师本年度工作的德能勤绩廉等情况进行全面了解、核实与评价。对高校思政课教师的年度考核与评价是既有联系又有区别的两种行为，例如，考核与评价的对象都是高校思政课教师，考核与评价的内容都涉及高校思政课教师是否有过硬的政治素质、有无优良的师德师风、教育教学能力能

---

① 参见王光彦：《大学教师绩效评价研究——基于教师自主发展的探索》，华东师范大学2009年博士学位论文。

否满足相应课程需要、有没有一定的科研成果及社会服务能力，考核与评价都要遵守一定原则和程序，考核与评价的结果都关乎高校思政课教师的切身利益。但对高校思政课教师的年度考核与评价有明显区别，如年度考核主体限于高校思政课教师所在单位，而有权评价的主体具有广泛性，高校思政课教师自身以及学生都可成为评价主体；年度考核通常是一年开展一次，而评价则可以定期或不定期进行。

尽管对高校思政课教师的年度考核与评价有相通之处，但从总的来说，相对于本单位进行的年度考核，评价是由专门组织有针对性地对高校思政课教师的思想政治素质、教育教学业绩、科研水平以及社会服务效果开展的综合评定，更具专业性、过程更为严肃、得出的结论更具有权威性。因此，在对高校思政课教师进行年度考核时，考核结果要充分考虑评价结果，可将评价结果作为年度考核等次的依据，不允许评价结果为优秀但年度考核结果为不称职的现象发生。

（二）职务职称评聘中运用

职务职称评聘关乎每个高校思政课教师的切身利益，如果职务职称评聘制度公平公正，有利于调动广大高校思政课教师开展教育教学、科研及服务社会的积极性。根据党和国家有关部门制定的关于高校思政课教师职务职称评聘的文件规定，[①]越来越多的高校在专业技术职务职称评聘中为思政课教师单设马克思主义理论类别，对高校思政课教师职务职称评聘越来越强调和突出教学及教学研究在评聘条件中的占比。这种能充分体现高校思政课教师职业特点的职务职称评聘制度改革，有利于高校思政课教师将更多时间和精力投入教育教学中来，对教育引导青年能大学生健康成长有极其重要意义。

---

① 2019年，中办、国办印发的《关于深化新时代学校思想政治理论课改革创新的若干意见》规定，各高校在专业技术职务职称评聘中要单设马克思主义理论类别。2020年，教育部发布的《新时代高等学校思想政治理论课教师队伍建设规定》强调，高等学校应当设置思政课教师专业技术职务（职称）岗位，按教师比例核定思政课教师专业技术职务（职称）各类岗位占比，高级岗位比例不低于学校平均水平，不得挪作他用。高等学校应当制定符合思政课教师职业特点和岗位要求的专业技术职务（职称）评聘标准，提高教学和教学研究在评聘条件中的占比。

但长久以来，很多高校对思政课教师与专业课教师的职务职称评聘采取同一标准，更多强调的是科研成果，政治素质、教育教学业绩及社会服务能力没有得到应有重视，由于高校思政课教师科研成果相对较弱，其在职务职称评聘中被置于不利境地。要改变这种不合理现状，一方面，各地各高校要认真贯彻落实高校思政课教师职称评聘的政策规定，根据高校思政课教师职业特点，制定突出教育教学业绩而非"唯论文、唯课题"的职务职称评聘标准；另一方面，要强调评价结果在高校思政课教师职务职称评聘中的运用，对于评价结果不合格的高校思政课教师，取消其参与职务职称评聘资格，在同等条件下，优先评聘评价结果为优的高校思政课教师，唯有如此，评价才能引起广大高校思政课教师的高度重视。

（三）职务与职级晋升中运用

职务与职级晋升，是指高校思政课教师从较低的职务职级上升到更高的职务职级，如职级从副高七级晋升到副高六级。职务与职级晋升，意味着其工资、福利等方面的待遇有相应提高。职务的晋升还意味着地位上升，享有更大权力，当然，与此同时要承担更多责任。由于职务与职级晋升能提高高校思政课教师的政治地位与经济待遇，竞争比较激烈。为确保高校思政课教师职务与职级晋升的公平公正，对高校思政课教师的职务与职级晋升应设定一定条件，例如，拥护党的领导，在政治上同党中央保持一致；有高尚的道德情操，教育教学业绩突出；有一定的创新能力，科研成果丰富；乐于奉献，社会服务成效显著等。

由于高校思政课教师评价结果是对高校思政课教师思想政治素质及业务能力等各方面考核评定得出的结论，将其在高校思政课教师职务职级晋升中予以运用，一是可节约资源，避免职务职称晋升中不必要资源浪费；二是可增强职务职级晋升的公信力，因为晋升是以专门机构组织的评价所形成的结果为依据，晋升依据的可信度高。此外，将评价结果运用到职务职称晋升中，还可以有效避免评价结果不好的高校思政课教师能获得晋升而评价结果优秀的高校思政课教师不能晋升的乱象，这对于调动高校思政课教师工作积极性有极其重要意义。

(四)各种评优评模中运用

高校思政课教师是青年大学生健康成长的引路人,从整体而言,他们的思想境界高、责任心与自尊心强,同专业课教师相比,高校思政课教师往往更期待得到同行认可及获得学生尊重。在各种评优评模中,若高校思政课教师能榜上有名,这不仅对其个人而且对整个高校思政课教师队伍都具有激励和鞭策作用。但评优评模不仅要符合一定标准,而且在数量上有严格限制,为此,如何让只有真正优秀的高校思政课教师才有资格评上各种奖励及获得荣誉名誉,发挥评优评模具有的激励功能,就成为评优评模制度设计必须解决的一个问题。

将评价结果运用到评优评模中,应该是解决该问题的一种有效方法,因为评价结果是对高校思政课教师思想政治素质、师德师风、教育教学业绩、科研水平以及社会服务能力进行全面考察得出的结论,有很强的客观性,可信度高。如果评价结果不能作为评优评模依据,对高校思政课教师的评价就没有多大作用;倘若评优评模无须考虑评价结果,完全可由组织评优评模的人自行确定,缺失制约的评优评模有可能出现各种滥权行为,导致设立评优评模的目的无法实现。

(五)带薪年休假中运用

带薪年休假,是指劳动者在一个单位连续工作满一定年限后,依法可以享受带薪休息的权利。对于长期从事脑力劳动的高校思政课教师来说,带薪年休假对其身心健康恢复有重要作用。但不得不承认,高校思政课教师师资有限,带薪年休假有可能会对高校思政课教师教育教学秩序产生一定冲击。

众所周知,伴随高校扩招,高校思政课教师的教学任务繁重,如果一个高校有几个思政课教师同时休假,思政课教学势必会受到影响。基于维护高校教学秩序考量,对于如有几个高校思政课教师同时提出带薪年休假请求,在没有特殊情况需要照顾的情况下,高校只能根据每个思政课教师的评价结果,即为学校作出贡献大小来决定谁优先享受带薪年休假。否则,平时工作不踏实、教育教学业绩不突出、评价结果不好的高校思政课教师能获得带薪年休假,而工作认真、为学校作出贡献、评价结果优秀的高校思政课教师只能坚守工作岗位,长此以往,会影响高校思政课教师工作积极性,使高校思政课教师评价没有多大意义。

第三章　高校思政课教师激励机制法治化

高校思政课教师激励机制，是指高校及主管教育部门根据高校思政课教师的职业特点，通过设置岗位津贴、专业技术职称评聘单列、科研项目专设及增加职业提升渠道等多种措施调动高校思政课教师教学科研积极性的一系列规定的有机统一。高校思政课教师激励机制法治化，是指将高校思政课教师激励机制上升到立法层面，由法律对高校思政课教师激励机制的激励原则、激励主体、激励对象、激励措施、激励程序以及不法激励须承担的责任予以确立和保障。由于法律有国家强制力保证实施，高校思政课教师激励机制法治化，在一定程度能有效避免激励措施无法兑现的尴尬局面，确保高校思政课教师激励机制运行可预期性和强制性。

第一节　激励机制法治化正当性

由表11发现，对于是否有必要将高校思政课教师激励机制予以法治化，人们的看法有很大不同。高校思政课教师激励机制的运行，有赖于刚性法律制度保障，否则，当高校思政课教师做出成绩时，激励主体有可能以各种理由或借口拒绝兑现承诺，导致激励机制不能有效运行，激励功能难以发挥，高校思政课教师工作积极性严重受挫。因此，将高校思政课教师激励机制予以法治化，由具有国家强制力保障实施的法律确保激励机制的付诸实施，有利于避免激励主体与高校思政课教师因激励机制运行紊乱而产生的冲突，这是国家治理体系和治理能力现代化在高校思政课教师激励中的体现与要求，有正当性基础。

表 11　高校思政课教师激励机制的必要性与正当性依据调查

问卷对象	问卷问题	
	1. 你认为有没有必要将高校思政课教师激励机制法治化？（单选） a. 有必要；b. 没必要；c. 不知道	2. 高校思政课教师激励机制法治化的正当性依据是什么？（多选） a. 保障激励机制付诸实施；b. 对权力进行有效监督制约；c. 防范权利滥用；d. 其他
大三学生	a. 为 47%； b. 为 31%； c. 为 22%	a. 为 86%； b. 为 81%； c. 为 73%； d. 为 45%
高校思政课教师	a. 为 90%； b. 为 3%； c. 为 7%	a. 为 93%； b. 为 95%； c. 为 91%； d. 为 37%

一、保障激励措施能付诸实施

设定合理的激励措施，通过合理激励措施调动高校思政课教师开展教育教学及科研积极性，这是对高校思政课教师进行有效管理的一项重要举措。但须注意的是，对高校及主管高校的教育部门来说，要制定高校思政课教师激励措施并不是一件很困难的事情，关键是如何才能确保激励措施能够切实付诸实施。高校思政课教师激励措施的生命力在于执行，如果激励措施不能得到有效执行，其就如同不能兑现的空头支票，不仅没有任何实际作用，还有可能产生很大的负面影响。因为一旦高校思政课教师认为激励措施形同虚设，高校及主管高校的教育部门将失信于高校思政课教师，这不仅有损其自身权威，还有可能在整个社会造成诚信缺失的严重后果。因此，如何确保激励措施能够切实付诸实施，这是构建高校思政课教师激励机制时不得不考虑的一个问题。

就我国现阶段而言，在党和国家有关部门颁布的一系列文件中，尽管有关于高校思政课教师激励措施的诸多规定，[①]但不得不承认，关于激励高校思政课教师的措施只是出现在文件中，相关法律法规尚未对此予以确立。由于缺失刚性法律制度保障，体现党和国家对高校思政课教师关心的激励措施未能得到有效贯彻执行，即便各地各高校也采取一些措施予以落实，但在推动落实激励措施的力度上存在很大差异，如就高校思政课教师的岗位津贴来说，甲地高校能得到执行，而乙地高校却迟迟未予落实，丙地高校是每月 2000 元，丁地高校每月却只有 1000 元。

激励机制法治化则有助于克服激励乱象，因为高校思政课教师激励机制一旦由立法加以确立和保障，意味着激励条件、激励种类、激励幅度由刚性法律制度统一规定并由国家强制力加以保障实施，如果各地各高校没有采取有效举措确保激励措施落实到位，要追究有关主体相应法律责任。在有国家强制力保证实施的法律面前，承载激励义务主体为避免自己承担不利后果，会采取有效举措确保高校思政课教师激励措施的落实。正是从这个意义上说，将高校思政课教师激励机制予以法治化，通过刚性法律制度予以确立，能有效保障激励措施付诸实施。

二、对权力进行监督制约

权力有易被滥用的危险，这既与行使权力的人的贪婪恶性有关，[②]也同权力运行自身具有的特性密不可分。一般而言，权力运行有这样一些显著特性：一是权力运行具有强制性。尽管不是所有的权力运行都需要国家强制力来保证

---

① 例如，各高校要根据本校实际，因地制宜推动实施高校思政课教师岗位津贴、单独设置高校思政课教师职务职称评聘系列，国家社科规划办及教育部设立了仅供高校思政课教师申报的思政专项，“长江学者奖励计划”等人才项目要对高校思政课教师予以政策倾斜，在教育系统各类教师表彰体系中要对高校思政课教师的评比确定相应比例、进行统一表彰等。参见 2008 年中宣部、教育部《关于进一步加强高等学校思想政治理论教师队伍建设的意见》以及 2020 年教育部发布的《新时代高等学校思想政治理论课教师队伍建设规定》。

② 参见[法]孟德斯鸠：《论法的精神》（上册），张雁深译，商务印书馆 1959 年版，第 154 页。

实施,但权力运行都具有迫使他人服从的力量,否则,无法确保权力的有效运行。二是权力运行具有易失控性。由于权力行使者与所有者很难完全同一,如属于人民的权力不可能由人民直接行使,而只能通过选举或委派代表代表人民行使权力。权力所有者与行使者的分离,为权力行使者背离所有者意志行使权力提供了条件,从而导致权力易失控,本是由人民赋予的权力反过来成为主宰和支配人民命运的异己力量。三是权力运行有扩张性。权力运行具有强制性,被授权之人在行使权力过程中始终处于强势地位,使行使权力的人易于突破权力自身合理界限。四是权力运行具有腐蚀性。掌握权力的人或多或少都具有一定的自由裁量权,他们在对各种资源进行分配的过程中,自身所处地位会给其带来利益及荣誉,这使权力在运行时常常会面临更多的诱惑,从而具有腐蚀性。[①]

高校思政课教师激励机制,无论是构建还是运行,都需要特定公权力主体来实现。由于有权力存在的地方都有权力易被滥用的危险,在高校思政课教师激励机制构建及运行中,特定主体滥用权力的现象绝非罕见,例如,不应激励而激励、应当激励却不予激励、激励程度与贡献大小不一致以及激励程序不正义等。高校思政课教师激励机制中的权力滥用,违背了设立激励机制的初衷,严重损害了高校思政课教师的实质利益。高校思政课教师激励机制法治化则将高校思政课教师激励机制构建及其运行过程中权力主体的权力边界以及权力行使予以明确规制,为权力运行预设轨道,在一定程度上有助于防止权力滥用。然而,在我国目前有关高校思政课教师激励机制的文件中,既没有对激励机制运行中的权力进行规制,也未涉及权力滥用须承担的责任。为防止激励主体滥用权力,有必要对高校思政课教师激励机制予以法治化,将法治规制权力的思想与方式运用到高校思政课教师激励机制构建及运行中,由刚性法律制度对激励中的权力进行监督制约。

---

① 关于权力运行具有强制性、失控性、扩张性、腐蚀性特征,参见董云虎:《论权力的制约和监督》,载《人权》2006 年第 6 期。

三、有效防范权利滥用

权利与利益常常密不可分,权利行使有时会给权利主体带来利益,这种特殊关系决定,拥有权利的人有可能基于自私利己的因素考量,在行使权利时,为追求自身利益最大化而滥用权利。关于人具有自私利己秉性,英国经济学家亚当·斯密在《国富论》中有这样一段被人们广为征引的名言:人们每天所需的食物和饮料,是出自酿酒家、屠夫与面包师之手,但这绝非其给予的恩赐与怜悯,而是出于他们自利的打算。[①] 亚当·斯密的话过于犀利,但其揭示人具有自私利己一面的本性,也许正因如此,尽管亚当·斯密本人并没有明确提出"经济人"命题假设,可学界很多人认为他就是"经济人"假设的始祖。

"经济人"命题的理论预设,意味着权利主体和其他社会成员一样,都是追逐自己利益最大化的"经济人"。在他们行使权利的过程中,当面临若干利益选择时,其有可能遵循的是对自己更为有利的"经济人"法则。具体就高校思政课教师激励机制来说,如果高校思政课教师认为自己在工作中取得的成绩符合激励条件,其享有获得被激励的权利。由于这种权利能给高校思政课教师带来利益,基于人具有追逐自己利益最大化的"经济人"命题预设,如果对这种"受激励"的权利不能给予适当限制,高校思政课教师也有可能会为了将利益不断扩大而将激励机制作为获利的工具。如果对此不加以引导和管控,势必会出现高校思政课教师滥用权利的情形,例如,在高校思政课教师中之所以出现学术不端,从某种意义上说,是高校思政课教师为了让自己获得利益,滥用激励权利。当然,高校以及主管教育部门通常会在其职权范围内对高校思政课教师滥用权利的行为予以监管,但若监管没有法律法规的明确授权与规制,既易被乱用,也很难使高校思政课教师信服与接受。因此,将高校思政课教师激励机制予以法治化,由法律对激励主体、激励措施、激励条件、激励程序以及不法激励责任追究进行规制,确保激励机制在法治轨道运行,能有效防范高校思政课教师滥用激励权利。

---

① 参见[英]亚当·斯密:《国富论》,郭大力、王亚南译,商务印书馆1972年版,第14页。

四、克服对激励政策理解和执行不一

关于激励高校思政课教师的政策，在党和国家有关部门发布的文件中有诸多规定。[①] 党和国家有关部门对高校思政课教师予以激励的政策支持，对于满足高校思政课教师受尊重乃至实现自我的需要具有极其重要意义。但因政策规定较原则，由此可能导致各地各高校对党和国家关于激励高校思政课教师的政策理解不一，在实际操作中，采取贯彻落实的力度有很大差别。部分高校因对政策理解不到位，没有贯彻执行或者采取措施乏力，例如，文件规定高校应当制定符合思政课教师职业特点和岗位要求的专业技术职务职称评聘标准，[②]但迄今仍有一些高校没有制定能体现思政课教师职业特点与岗位要求的职务职称评聘标准，对高校思政课教师与专业课教师的职务职称评聘标准仍没有差别，核心论文与高级别课题依然是决定高校思政课教师能否评上职务职称的决定性因素。在激烈的高校职务职称评聘中，高校思政课教师被置于极其不利境地，受尊重和实现自我的需求无法获得满足，导致部分高校思政课教师成就感和职业荣誉感不强。

各地各高校对党和国家激励高校思政课教师的政策理解不一，采取贯彻实施的力度存在很大差异，从某种意义上说，这与政策具有很大弹性及缺乏强制执行力密不可分，因此，有必要将党和国家关于高校思政课教师职务职称评聘、岗位津贴、教育系统各类表彰中的名额设定等激励政策上升到立法层面，由刚性法律制度予以确立和保障。因为激励政策一旦由立法加以确立，通过法律对激励条件、激励主体权利与义务以及激励程序的细化及明确规定，有利于避免政策规定过于原则易导致人们在认识上存在差异。此外，法律具有强制性，它

---

① 例如，高校专业技术职务职称评聘要单设马克思主义理论类别，高校应制定符合思政课教师职业特点和岗位要求的专业技术职务职称评聘标准，教育系统各类教师表彰要对高校思政课教师的评比确定相应比例，要积极探索建立高校思政课教师荣誉教师制度，国家级教学成果奖及高校人文社科优秀成果奖要加大力度支持高校思政课教师等。参见2008年中宣部、教育部发布的《关于进一步加强高等学校思想政治理论课教师队伍建设的意见》，2015年中宣部、教育部印发的《普通高校思想政治理论课建设体系创新计划》，2019年中办、国办印发的《关于深化新时代学校思想政治理论课改革创新的若干意见》以及2020年教育部发布的《新时代高等学校思想政治理论课教师队伍建设规定》。

② 参见2020年教育部发布的《新时代高等学校思想政治理论课教师队伍建设规定》第18条。

是由国家强制力保证实施，承载激励义务的高校以及主管教育部门，为了避免承担拒不激励或违法激励的不利后果，不得不采取有效措施确保激励高校思政课教师的政策能得以付诸实施。正是从这个意义上说，高校思政课教师激励机制法治化，用刚性法律制度保障高校思政课教师的激励措施得以贯彻落实，能有效增强承载激励义务主体的法治意识，有助于对高校思政课教师激励政策的正确理解及统一贯彻执行。

五、对公益与私益冲突的平衡

平衡，是一个内容丰富的语词，被广泛使用于许多领域，尽管其在不同领域中的内涵存在很大差别，但一般认为，平衡，是在一个事物内部若干独立存在的力量相互制约相互影响构成的体系内部的相对稳定。[①] 就高校思政课教师激励机制而言，平衡是指在高校思政课教师激励机制的构建及运行过程中，必须对高校思政课教师的私益与高校公益之间的冲突进行合理称量，适当兼顾。

从宏观上说，高校与高校思政课教师是整体与部分的关系，二者的根本利益具有一致性。具体就高校思政课教师激励机制的构建及运行而言，高校思政课教师是高校教师队伍中铸魂育人的中坚力量，如果激励机制能够得到有效运行，激励高校思政课教师的措施能得以及时付诸实施，高校思政课教师的教育教学、科学研究以及服务社会的积极性就能得到充分调动，这对于高校实现落实立德树人根本任务有极其重要意义。尽管激励高校思政课教师的主体不限于高校，但高校无疑是激励高校思政课教师的重要主体，很多激励高校思政课教师的措施是由高校来制定及贯彻落实，激励所需资源往往也是由高校来承担。将高校资源用于对个别高校思政课教师的激励，这看似是对高校利益的“侵害”，但从长远来看，通过激励先进以及发挥榜样的示范力量，在高校思政课教师队伍中形成一种你追我赶的良好竞争生态，有利于高校落实立德树人根本任务，实质上促进高校发展。

---

① 参见[美]汉斯·摩根索：《国家间政治：权力斗争与和平》，徐昕等译，北京大学出版社 2006 年版，第 25 页。

但不得不承认，在高校思政课教师激励中，一定范围内存在公益与私益之冲突，如给予高校思政课教师较大数额的物质激励会占用学校一定资源，进而有可能影响学校在其他方面的投入。因此，如何对私益与公益之冲突进行适度平衡，便成为高校思政课教师激励机制构建与运行须考虑并妥善解决的一个问题。

激励机制法治化无疑是解决高校思政课教师激励机制构建与运行过程中公益与私益冲突的一种有效方式，因为激励机制法治化将激励目的、激励原则、激励主体、激励措施、激励条件、激励程序以及不法激励后果等予以明确规定，有助于避免高校与思政课教师在激励中发生冲突，即便发生冲突，也能依据立法确定的权利义务得以及时处理。由此可见，高校思政课教师激励机制法治化有利于对高校与思政课教师的利益进行合理配置，使高校与思政课教师之间的利益达到良好互动，进而形成思政课教师私益与高校乃至国家公益实现共赢的效果。

第二节　激励原则法治化

激励原则，指贯穿于高校思政课教师激励机制构建及运行的整个过程，对一国高校思政课教师乃至对所有教师的激励机制构建与运行都须遵循的具有普遍指导意义的基本行为准则。高校思政课教师激励原则集中体现了构建高校思政课教师激励机制的基本精神，就某种意义而言，高校思政课教师激励原则不仅决定或者左右一所高校乃至一个国家设立什么样的高校思政课教师激励机制，而且在很大程度上制约和影响高校思政课教师激励机制在实践中的实际运行。激励原则法治化，是指在立法上将激励高校思政课教师应当遵循的原则予以规定。

关于是否有必要在立法上将高校思政课教师激励原则予以确立，根据表12，人们的看法有很大不同。通过刚性法律制度对高校思政课教师激励原则予以确立，既有利于确保高校思政课教师激励机制构建与运行须遵循原则于法有据，也有利于确保激励原则在高校思政课教师激励机制中得到有效贯彻执行，因此，有必要将高校思政课教师激励原则予以法治化。

表 12　高校思政课教师激励应遵循原则及其法治化必要性调查

问卷对象	问卷问题	
	1. 高校思政课教师激励应遵循哪些原则？（多选） a. 以人为本原则；b. 公正原则；c. 及时原则；d. 精神激励与物质激励并重原则	1. 有无必要将高校思政课教师激励原则予以法治化？（单选） a. 有必要；b. 没有必要；c. 不知道
大二与大三学生	a. 为 91%； b. 为 93%； c. 为 87%； d. 为 93%	a. 为 31%； b. 为 37%； c. 为 32%
高校思政课教师	a. 为 100%； b. 为 100%； c. 为 96%； d. 为 87%	a. 为 75%； b. 为 16%； c. 为 9%

一、以人为本原则

对于何谓"以人为本"，不同的人可从不同视角对其内涵予以解读。在一种激励机制构建及运行中，如果将"以人为本"作为基本准则，强调无论是激励机制的构建还是运行，都要充分体现对被激励人终极关怀的基本精神，否则，即便激励机制健全，在实践中也很难发挥激励机制的激励功能。倘若将"以人为本"看作指导激励机制构建与运行的一种思想或理念，它要求激励机制构建与运行主体要树立人的主体意识，明确激励机制是由人构建也是用来为人服务的，一种忽视人的主体性地位、没有体现人文关怀的激励机制，在实际运行中极有可能会碰得头破血流。尽管人们对"以人为本"的理解存在差异，但作为高校思政课教师激励机制构建与运行必须遵循的一个基本原则，它强调对高校思政课教师的共性与个性要有充分了解并给予应有的尊重，高校思政课教师激励机制的构建与运行要对高校思政课教师的复杂需求予以全面考量与充分尊重。

高校思政课教师激励机制的构建与运行要遵循"以人为本"的基本原则，这既是对高校思政课教师主体地位的尊重,也是对其复杂需求给予尽量满足,最大限度调动每个高校思政课教师的积极性。根据马斯洛关于人的需求层次划分理论,[①]高校思政课教师的需求具有复杂多样性,而且会随着年龄增长、工作经历、知识积累以及被满足程度的变化而相应地发生变化,绝非静止不变,具有从低到高变化的趋势。因此,对高校思政课教师的激励须根据不同时期不同高校采取不同激励方法。从终极意义上说,激励源于高校思政课教师的需求,能否达到预期激励效果,在一定程度取决于激励机制能否满足高校思政课教师的个人需求。

综上所述,高校思政课教师激励机制的构建与运行,要尽可能考虑高校思政课教师不同层次的需求特点,采取激励措施应具有针对性,唯有如此,才能取得有效的激励效果,例如,对于知名度高、社会影响大的高校来说,思政课教师发表一篇 CSSCI 论文给予一定数额的奖励,可能会激发他们的科研热情,但对于很多地方二本院校的思政课教师来说,这样的激励举措对他们无法发挥作用,因为很难完成。由此不难发现,如果高校思政课教师激励机制不能满足高校思政课教师需求的复杂性,激励机制具有的激励功能必受限制。总体而言,我国现阶段高校思政课教师激励机制没有很好地充分考虑高校思政课教师个体心理及个性特征,所设激励机制缺乏多维交叉,部分高校思政课教师的积极性未能得到调动。要改变不合理现状,有必要将“以人为本”原则予以法治化,通过立法对“以人为本”原则予以确立,促使高校思政课教师激励机制制定者首先在思想上引起重视,否则,很难制定出能够满足高校思政课教师多层次需求的有针对性的激励措施。

二、公正原则

公正,是一个被广泛运用却不易界定的语词,在不同领域,人们对其理解不完全相同。尽管要给公正下一个精确定义非常困难,但通常可以从实体与程序

---

① 关于人的需求,马斯洛将其从低到高分为生理需求、安全需求、归属与爱的需求、尊重需求以及自我实现需求五个层次。参见时蓉华:《社会心理学》,人民出版社 2001 年版,第 94 页。

两个层面对其予以解读。在高校思政课教师激励机制视域下,实体公正,是指在尊重法律与社会伦理道德的基础上,高校思政课教师激励机制的构建与运行要充分体现激励力度与贡献大小成正比,对每个高校思政课教师予以激励的事实要有相应确实、充分证据予以认定。程序公正,亦称程序正义,激励高校思政课教师的程序是否公正,可以从多方面视角予以考量,但起码应具备两个方面的条件:一是对高校思政课教师是否给予激励以及给予多大激励的裁决主体要保持地位的相对中立性;二是要保障高校思政课教师在激励机制构建与运行中有发表意见的权利。在高校思政课教师激励机制构建及运行中,要求裁决者保持相对中立,有利于其对激励事实与激励力度进行居中判断与裁决,否则,裁决者中立性地位丧失,其有可能基于自身利益或者其他因素考量作出不公正的激励裁决。保障高校思政课教师在激励机制构建与运行中有充分发表意见的权利,不仅是对高校思政课教师主体给予起码的应有尊重,最重要的是让裁决主体兼听则明,避免只听一面之词可能导致对高校思政课教师激励裁决的以偏概全。

高校思政课教师的工作积极性能否得到发挥,在很大程度上与激励机制有关联。如果缺失一个公正有效的激励机制,做与不做及做好与做坏没有多大区别,高校思政课教师的工作积极性势必会受到制约和影响;倘若有关主体在制定高校思政课教师激励机制时,缺失公正理念,设定的激励机制有失公正,例如,应激励而不激励,不应激励却给予激励,对自己能做到的或者对自己有利的就予以激励,对自己做不到的或者对自己不利的就不予激励,抑或激励机制运行的程序不明或不公,与激励结果有利害关系的人也可做激励的裁决者,这样的激励机制自然没有公正性可言,不仅不能调动高校思政课教师的工作积极性,还有可能影响甚至阻却其工作积极性,乃至在整个社会造成正义不存在的阴影。

综上所述,公正在高校思政课教师激励机制的构建及运行过程中具有极其重要的作用,将公正作为高校思政课教师激励机制构建及运行的基本原则有正当基础。但要确保公正在高校思政课教师激励机制构建及运行中得以真正贯彻实施,还有赖于将激励公正原则予以法治化,由立法对公正原则予以确立和保障。因为一旦公正原则上升到立法层面,公正就成为高校思政课教师激励机制构建与运行必须遵循的基本准则,无论是高校思政课教师激励机制构建还是其运行,都应以公正理念为指导。具体就激励机制构建而言,机制构建者应当听取多方意见、博采众长,只有在广泛吸取多方面有益建议的基础上,才有可能制定一套被高校思政课教师所认可的激励机制;在高校思政课教师激励机制运行中强调程序正义,因为程序不公,即便激励实体公正,也很难阻却高校思政课教师对激励结果产生合理怀疑,因此,程序正义与实体正义一样,都是高校思政课教师激励机制公正的应有之义。

三、及时原则

就高校思政课教师激励机制而言,及时,是指对符合激励条件的高校思政课教师,承担激励义务的主体(如高校或者主管高校的教育部门)要在规定时限内按程序予以付诸实施,不能以各种各样的理由或借口进行不必要拖延。

不必要拖延,具体可从两方面予以解读:一是如果高校思政课教师激励机制对激励时限有明确规定的,倘若没有特殊情况发生,必须在规定时限内对符合激励条件的高校思政课教师予以激励;二是如若高校思政课教师激励机制对激励时限没有具体规定的,激励主体应本着负责的态度,在合理期限内对符合激励条件的高校思政课教师予以激励。否则,迟来正义不利于调动高校思政课教师的工作积极性。须强调的是,及时绝非单纯一味追求激励进程的快速推进,其宗旨在于确保作出贡献的高校思政课教师能尽快得到回报,激励机制得以有效运行。

将及时原则作为高校思政课教师激励机制构建与运行须遵循的一项基本准则,是保障激励机制的激励功能得以有效发挥的必然要求。如果高校思政课教师在教学、科研以及社会服务工作中作出贡献,激励主体对此给予及时奖励,不仅能有效激发获奖的高校思政课教师更加热爱本职工作,而且对于没有获奖的高校思政课教师乃至对本校其他教师也能起到一种良好的示范效应。否则,高校思政课教师作出了成绩,根据相关规定应获得的奖励迟迟未能兑现,时间拖得越久,不仅应获奖的高校思政课教师会感到失望,还有可能导致其他的高校思政课教师认为激励措施是“空头支票”,激励机制具有的激励功能无法得到有效发挥。

要确保及时原则在高校思政课教师激励机制构建与运行中得到有效贯彻实施,将及时原则予以法治化,不仅必要而且急需,否则,缺失刚性法律制度保障,激励就有可能以各种理由被无故拖延。及时原则法治化意味着,在高校思政课教师激励机制的构建与运行时,应对承载激励义务主体对激励材料的受理、对材料核查、作出决定以及激励措施的落实等环节的工作时限要作出具体规定,以保证高校思政课教师激励机制在设定时限内能及时高效运行,避免期限不明可能导致激励主体恣意拖延激励,使激励功不能得到发挥。为确保及时原则得到遵守,还应对没有在规定时限内完成激励须承担的责任或者因特殊原因导致在规定时限内不能完成激励而采取的补救措施等内容予以明确规定,从而保证高校思政课教师激励机制所规定的时限被严格遵守,及时原则的基本精神得以彰显。

四、精神激励与物质激励并重原则

物质激励,是指高校及主管高校教育部门通过运用薪酬、福利、保险、津贴等方式满足高校思政课教师的物质需求,从而调动高校思政课教师工作积极性的一种激励措施。由于物质能满足人们的生存与发展需要,通过对作出贡献的高校思政课教师给予一定物质激励,对于调动其工作积极性,常常具有立竿见影的效果,正是从这个意义上说,物质激励是激励高校思政课教师的一种重要举措。高校思政课教师从事的职业光荣且神圣,他们为党和国家所做的工作不能简单用物质利益来衡量。但无论怎样,作为生活在现实社会中的个体,高校思政课教师同样承载养家糊口的重任,建立一种由刚性制度保障的利益驱动机制,对高校思政课教师工作成效进行可预期的物质激励,既可以给高校思政课教师及其家人适当提供改善生活的条件,也是对高校思政课教师做出成绩的肯定和认可,对于调动高校思政课教师开展工作的积极性具有极其重要的意义。

精神激励,是指对作出贡献的高校思政课教师,通过给予精神鼓励满足其精神需求,从而调动高校思政课教师开展教育教学、科研及服务社会的积极性。须承认,高校思政课教师与普通人一样,具有多样性需求,物质激励绝非唯一。根据马斯洛关于人的需求层次划分理论,物质需求不是人的最高需求,自我实现才是人需求的最高境界,从某种意义上说,精神激励更能让高校思政课教师有幸福感和成就感。因此,高校思政课教师激励机制构建与运行,既要重视物质激励也要重视精神激励,二者都具有调动高校思政课教师工作积极性的重要作用。

要充分发挥精神激励与物质激励在调动高校思政课教师工作积极性时的重要作用,避免采取单纯物质激励或精神激励存在不足,有必要通过立法确立物质激励与精神激励并重是高校思政课教师激励机制构建与运行须遵循的一个基本原则,因为立法一旦对该原则予以确立,就意味着精神激励和物质激励一样,它们都有国家强制力保证实施,倘若承载高校思政课教师激励义务的主体不能依照贯彻执行,就要承担相应法律责任。此外,高校思政课教师精神激励法治化,有助于促使人们改变重物质激励轻精神激励的传统观念,提升精神激励的地位。

五、政治激励与职业发展激励相结合原则

政治激励,是指通过政治吸纳、政治关爱、政治褒扬、政治地位提升及政治问责等方式,激发高校思政课教师政治情感及鼓励高校思政课教师参与政治实践的激励行为。根据激励向度不同,可以将高校思政课教师政治激励分为正向激励与负向激励两种,前者表现为对业绩突出的高校思政课教师予以职级晋升、表扬表彰、大胆提拔使用以及在职务职称评聘中给予倾斜等;后者表现为对不能胜任现职或难以有效履职的高校思政课教师进行问责、职位调整、职级降低等。[①] 高校思政课教师是青年大学生健康成长的指导者,职业特点决定,他们在政治上积极要求进步,有较强的荣誉感,通过对其政治激励,如吸收为入党积

---

① 关于高校思政课教师政治激励的概念界定以及分类,参照了薛立强关于公职人员政治激励的定义与分类。参见薛立强:《应急时期激励公职人员担当作为的制度建设》,载《理论探索》2022 年第 3 期。

极分子、提拔到领导岗位、对先进工作者进行政治表彰、赋予政协委员特定政治身份和政治权利等，会激发他们积极参与高校各项事务管理的政治热情。

职业发展激励，是指对于在教育教学、科学研究以及社会服务中做出成绩的高校思政课教师，高校及主管高校教育部门对其职业发展需求给予优先考虑，例如，优先给予进修培训机会、从众多思政课教师中优先提拔使用、在职务职称评聘时给予倾斜照顾，对于不能有效履行岗位职责的高校思政课教师，则进行职位调整、免除职务、高职低聘等。职业发展激励关乎高校思政课教师的切身利益，科学的职业发展激励为高校思政课教师提供明确的工作引导。

综上所述，无论是职业发展激励还是政治激励，都直接关乎高校思政课教师的政治认可和层级晋升，对于促进高校思政课教师自身以及高校发展都具有重要作用。但要充分发挥政治激励和职业发展激励的作用，对高校思政课教师行为予以明确引领，须将政治激励与职业发展激励予以法治化，通过刚性法律对职业发展激励与政治激励的原则、种类、条件、程序及违法激励后果予以确立和保障，可有效避免高校思政课教师职业发展激励和政治激励中激励主体的恣意妄为，对于引导高校思政课教师全身心投入教育教学、科研及社会服务工作有重要意义。

第三节　激励措施法治化

激励措施，是指高校以及教育主管部门为调动高校思政课教师工作积极性而采取的各种举措，例如，发表一篇北大核心期刊论文奖励 1000 元，出版一部专著奖励 5000 元，为高校思政课教师设立岗位津贴，单设高校思政课教师的职务职称评聘系列以及设立高校思政课教师专项课题等。激励措施法治化，是指由立法对高校思政课教师激励措施的种类、条件、程序以及违法激励责任追究予以确立和保障。将高校思政课教师激励措施予以法治化，有利于确保激励高校思政课教师的各种措施能够付诸实施，在一定程度上避免了激励措施不能得到兑现而可能导致激励措施形同虚设的尴尬局面，这对于更好地调动高校思政课教师开展教育教学、科学研究以及服务社会的积极性有极其重要意义。

制定有效激励措施是调动高校思政课教师工作积极性的重要手段,然而,对于是否有必要将激励措施上升到立法层面的问题,尽管大多数高校思政课教师认为答案应该是肯定,但从表13不难发现,仍有部分认为没有必要或不置可否。须承认,激励措施法治化要耗费一定资源,可一旦立法对高校思政课教师激励措施予以确立,激励主体就承载履行激励义务的责任,这有利于保障高校思政课教师的合法权益,因此,有必要将高校思政课教师激励措施予以法治化。

表13　高校思政课教师激励措施法治化是否有必要调查

问卷对象	问卷问题
	有无必要将高校思政课教师激励措施予以法治化?(单选) a. 有必要,能有效保障激励措施兑现;b. 不必要,要充分相信激励主体;c. 不知道
高校思政课教师	a. 为90%
	b. 为7%
	c. 为3%

一、岗位津贴设立及兑现

岗位津贴,是指专为高校专职思政课教师岗位设立的一种津贴。为高校专职思政课教师设立岗位津贴,[①]切实提升高校思政课教师经济待遇,是一种能有效调动高校思政课教师工作积极性的激励措施。然而,目前仅在党和国家文件中要求高校因地制宜设立高校思政课教师岗位津贴,相关法律法规还没有规定高校思政课教师的岗位津贴设立及兑现。由于缺失法律统一规定及刚性制度强力保障,加之各地各高校对党和国家文件的理解存在差异,各高校在贯彻落

① 关于设立高校思政课教师岗位津贴,在党和国家有关部门发布的文件中有明确规定,例如,2008年,中宣部、教育部在《关于进一步加强高等学校思想政治理论课教师队伍建设的意见》中指出,各高校要根据本校实际,将思政课教师的岗位津贴和课时补助等纳入内部分配体系统筹考虑;2020年,教育部发布的《新时代高等学校思想政治理论课教师队伍建设规定》强调,高校要因地制宜设立思政课教师岗位津贴。

实中的做法有很大不同,各地各高校思政课教师能否享受及享受岗位津贴数额的情况不一,这难免引起部分高校思政课教师的意见,进而有可能影响其工作积极性。为确保高校思政课教师岗位津贴能够落到实处,有必要将岗位津贴设立及兑现予以法治化。

(一)明确岗位津贴的来源

高校思政课教师的岗位津贴是由财政划拨还是高校自筹,党和国家的文件没有涉及。由于对岗位津贴的来源缺乏明确规定,加之各地各高校情况存在差别,有的高校尤其是处于偏远地区的高校,办学资源紧缺,资金匮乏。不得不承认,在办学资金较紧张的情况下,要求高校设立思政课教师的岗位津贴,实在是强人所难。由此导致各高校是否设立思政课教师的岗位津贴以及岗位津贴数额存在很大差别,大部分高校的思政课教师享受了岗位津贴,但仍有部分高校(主要是地方高校)的思政课教师无法享受,即便很多高校的思政课教师享受到岗位津贴,但因所处行政区划不同,不同地方的不同高校思政课教师享受的岗位津贴数额不同。

只要是高校思政课教师,他们要履行的岗位职责相同,如果仅因所在高校及工作地点不同,就决定其能否享受以及享受岗位津贴的多少,不合理性毋庸置疑。要改变这种不合理性,充分调动高校思政课教师工作积极性,有必要将高校思政课教师岗位津贴来源法治化,即由法律规定高校思政课教师的岗位津贴来源。一旦立法对高校思政课教师的岗位津贴来源有明确规定,如果负责提供津贴的主体拒不履行义务,要承担相应法律责任。为避免被追究法律责任,负责提供津贴的主体只能依法履行义务,保障高校思政课教师岗位津贴按时按量到位。此外,立法明确每个高校思政课教师的岗位津贴,能避免各地做法不一的混乱局面。

关于高校思政课教师岗位津贴的来源,具体可以有两种制度设想:一是由财政部统一划拨。由国家财政负担高校思政课教师岗位津贴,不仅能确保高校思政课教师岗位津贴有稳定来源,而且能有效避免各地各高校所设思政课教师津贴混乱情况,极大彰显高校思政课教师职业荣誉感自豪感,但这无疑会增加中央财政负担。二是由省级财政厅根据本行政区域财政情况统一划拨辖区内高校思政课教师的岗位津贴,这可以减轻中央财政压力,但仍不能消除各地各高校思政课教师享受不一样岗位津贴的现象。尽管由省级财政负担本行政区域内高校思政课教师岗位津贴依然存在不足,但可作为权宜之计,待国家经济实力足够强大时,再转由中央财政统一承担高校思政课教师的岗位津贴。

(二)明确岗位津贴兑现的责任主体

岗位津贴兑现的责任主体,是指有义务负担高校思政课教师岗位津贴落实的主体。如果责任主体没有认真履行职责,导致高校思政课教师岗位津贴不能落实到位,其要承担相应责任。由此不难发现,明确高校思政课教师岗位津贴兑现的责任主体,有利于迫使责任主体采取有效措施确保高校思政课教师岗位津贴的落实。否则,责任主体不明确,在岗位津贴兑现过程中有可能出现相互推诿现象,由此导致党和国家文件确立的高校思政课教师岗位津贴如同不能兑现的空头支票。因此,在立法上明确高校思政课教师岗位津贴责任主体,必要而急需。

首先,高校专职思政课教师所在的马克思主义学院须及时将有资格享受岗位津贴的思政课教师名单予以造表,报学校人事部门进行严格审查,审查通过后予以公示。如发现有伪造、虚报情况的,要追究相关人员的责任。

其次,高校人事部门在公示期满后,要及时将本校有资格享受高校思政课教师岗位津贴的名单及时报送省教育厅。省教育厅在收到本行政区域内各高校上报的名单之后,要及时进行汇总并进行严格审查,在规定期限报省财政厅。

最后,省财政厅在收到教育厅汇总的享受高校思政课教师岗位津贴的名单后,要及时报送省委、省政府,由省委、省政府通过专门会议审查决定。收到省委、省政府审查通过的文件后,省财政厅要根据文件规定将高校思政课教师岗位津贴及时下发到本行政区域内各高校,各高校按规定将岗位津贴打到思政课教师的工资卡账户中。

(三)明确各级党委不兑现岗位津贴的责任

要确保高校思政课教师岗位津贴能真正落实到位,立法有必要明确落实高校思政课教师岗位津贴是各级党委应当完成的任务，否则，缺失刚性法律制度予以保障，高校思政课教师岗位津贴能否落实到位，只能取决于各级党委的政治自觉。在地方财政尤为紧张的情况下，仅靠各级党委的政治自觉，很难保证高校思政课教师岗位津贴能够落到实处。因此，在立法上应规定，各级党委要确保高校思政课教师岗位津贴的落实到位，否则，要对党委“一把手”进行责任追究。

1. 上级党委要对下级党委是否落实高校思政课教师岗位津贴实行严格督查。督查是上级党委推动下级党委落实高校思政课教师岗位津贴兑现的一种有效手段。上级党委定期或者不定期开展专项督查，一旦发现下级党委没有认真履行职责，上级党委可以通过约谈、会议通报、文件下发等方式责令下级党委及时整改并要求将整改情况限期上报。对于下级党委没有整改、延迟整改或整改不力的，对下级党委“一把手”要予以降级、降职或者进行职位调整。为确保上级党委对下级党委的督查更具针对性，高校党委以及地方各级党委“一把手”应将推动高校思政课教师岗位津贴落实的具体情况列入其年终述职内容。对于述职中有关落实岗位津贴情况存在隐瞒、捏造事实或者伪造数据的，一经查证属实，上级党委应当依照党纪党规对下级党委“一把手”及相关负责人给予相应的处理。

2. 将落实思政课教师岗位津贴列为考核评估高校的一个重要指标。高校思政课教师岗位津贴在一些高校很难得到落实，与党和国家文件没有明确高校不落实思政课教师岗位津贴须承担的责任有关联。因为高校能否落实思政课教师岗位津贴的责任，意味着，高校思政课教师岗位津贴能否得到落实，这在很大程度取决于高校领导尤其是党政“一把手”的政治自觉。在高校办学资源比较紧张的大背景下，仅靠高校领导的政治自觉很难保障高校思政课教师岗位津贴能落到实处。要确保高校思政课教师岗位津贴能真正落实到位，应在立法上将落实高校思政课教师岗位津贴列为考核评估高校的一个重要指标。在高校竞争日趋激烈的大背景下，一旦立法将落实高校思政课教师的岗位津贴设定为考核评估高校的一个指标，如果考核评估不合格，会对高校产生很大的影响。基于学校发展的整体利益考量，高校党委不得不想方设法采取切实有效措施保障思政课教师的岗位津贴付诸实施，正是从这个意义上说，有必要将落实思政课教师岗位津贴列为考核评估高校办学质量和学科建设的重要内容，促使高校党委在思想上对此引起足够重视。

3. 把落实高校思政课教师岗位津贴纳入考评党委政绩的指标体系并实行一票否决。政绩是考察与衡量干部工作能力的重要标准，是推进干部能上能下的一个重要依据。上级党委应将完成高校思政课教师岗位津贴的情况纳入考核评价下级党委的指标体系，考核不合格的，实行一票否决。把高校思政课教师岗位津贴与党委政绩进行捆绑，对没有完成任务的实行一票否决，能有效促使承载兑现高校思政课教师岗位津贴任务的党委在思想上引起重视。否则，缺失刚性制度约束，落实高校思政课教师岗位津贴就变成“软指标”，可有可无。从某种意义上说，如果高校思政课教师岗位津贴能否兑现与干部职级晋升无关，很难促使承载兑现任务的党委尤其是党委主要领导下决心落实高校思政课教师岗位津贴。

4. 对没有落实高校思政课教师岗位津贴的党委“一把手”予以问责。高校党委以及地方各级党委“一把手”是负责高校思政课教师岗位津贴得以落实的第一责任人，如果他们没有完成落实高校思政课教师岗位津贴的任务，必须予以问责。否则，缺失责任追究的任务，就如同不能兑现的空头支票，没有任何实际作用。谈论没有责任追究的岗位津贴与纸上谈兵一样，都是毫无意义的。因此，对高校党委以及承载高校思政课教师岗位津贴落实任务的各级党委，若没有完成落实任务的，应当依照《中国共产党问责条例》以及相关国家法律法规，对党委“一把手”进行问责。唯有如此，才能促使高校党委与承载落实任务的各级党委“一把手”增强责任意识，自觉采取有力举措确保高校思政课教师岗位津贴能落实到位。

二、职务职称评聘政策倾斜

对高校思政课教师的职务职称评聘予以政策倾斜，在党和国家有关部门发布的相关文件中有规定。[①] 这些倾斜政策不仅符合高校思政课教师的职责与要求,[②]而且体现党和国家对高校思政课教师的人文关怀,对于充分调动高校思政课教师的教学科研积极性有极其重要意义。但在实践中,很多高校对思政课教师的职务职称评聘,依然采取与专业课教师相同的评聘标准,将专业课教师的职务职称评聘所需的高级别论文、高级别课题及高级别奖励等标准简单套用到高校思政课教师头上,职务职称评聘不能体现高校思政课教师职业特点,对高校思政课教师职务职称评聘的政策倾斜很难得到兑现。要改变现状,确保党和国家关于高校思政课教师职务职称评聘政策得到贯彻落实,有必要将高校思政课教师职务职称评聘的政策上升为国家立法,通过刚性法律制度予以确立与保障。

(一)单设马克思主义理论类别

高校思政课教师是宣传研究马克思主义理论的重要主体,他们不仅要对学生开展马克思主义理论教育,还要对马克思主义理论进行研究。从某种意义上说,高校思政课教师要对学生有效开展马克思主义理论教育,必须对马克思主义理论开展研究,站在马克思主义理论学科前沿,掌握最新马克思主义理论研究成果,否则,很难对学生有效开展马克思主义理论教育。然而,马克思主义理论博大精深,要对其进行研究是一种非常艰辛的劳动,为吸引更多的高校思政课教师将更多的时间和精力投入马克思主义理论研究中,推动马克思主义中国化研究出更多更好的成果,充分发挥马克思主义兴党兴国指导思想的作用,在高校教师职务职称评聘中单设马克思主义理论类别,不仅必要而且急需。在党和国家有关部门发布的相关文件中,对高校专业技术职务职称评聘中单设马克

---

① 例如,2008 年中宣部、教育部在《关于进一步加强高等学校思想政治理论课教师队伍建设的意见》指出,各高校要根据思想政治理论课教师岗位职责要求,进一步完善专业技术职务评聘标准,注重考核教学能力和教学实绩。教学研究成果和社会调研报告凡被有关部门采纳、发挥了积极作用的,应作为职称评定的依据。2019 年,中共教育部党组印发的《"新时代高校思想政治理论课创优行动"工作方案》强调,要在高校专业技术职务职称评审中推动马克思主义理论类别单设。

② 参见 2020 年教育部发布的《新时代高等学校思想政治理论课教师队伍建设规定》第 5 条规定:思政课教师的首要岗位职责是讲好思政课。思政课教师要引导学生立德树人、立志成才,树立正确世界观、人生观、价值观,坚定对马克思主义的信仰,坚定对社会主义和共产主义的信念等。

思主义理论类别有明确规定。① 但不得不承认，尽管在高校专业技术职务职称评聘中单设马克思主义理论类别有正当基础及政策依据，但在实践中，依然有很多高校没有将马克思主义理论类别予以单设，高校思政课教师研究马克思主义理论的积极性难以得到充分调动。为确保高校专业技术职务职称评聘中马克思主义理论类别单设能够切实付诸实施，有必要将其予以法治化，通过刚性法律制度予以确立，才能有效保障马克思主义理论单设在高校专业技术职务职称评聘中得到贯彻落实。

（二）设立符合高校思政课教师职业特点的评聘标准

在高校，与专业课教师相比，思政课教师的教育教学内容有独特性，他们主要是通过对大学生进行马克思主义理论教育，引导其健康成长。马克思主义理论具有科学性、真理性，但不得不承认，其阶级性尤为明显。高校思政课教师承担教育教学的课程内容决定，对其职务职称评聘要符合职业特点，不能对思政课教师与专业课教师的职务职称评聘采用同一标准，否则，用出国留学访学经历及国外期刊论文发表的标准来考量高校思政课教师，在不可能实现中会挫伤其工作积极性。然而，尽管党和国家有关部门发布的诸多文件反复强调，高校思政课教师职务职称评聘标准要符合其职业特点，②但因缺乏刚性制度保障，很多高校并未严格按照文件要求予以执行，因此，有必要将设立符合高校思政课教师职业特点的评聘标准予以法治化，通过有国家强制力保障的法律予以确立。

（三）高级岗位比例不低于学校平均水平

在高校教师专业技术职务职称评聘中，思政课教师的高级岗位占比，在一

---

① 例如，2019 年，中共教育部党组印发的《“新时代高校思想政治理论课创优行动”工作方案》强调，要在高校专业技术职务职称评审中推动马克思主义理论类别单设。同年，中办、国办印发的《关于深化新时代学校思想政治理论课改革创新的若干意见》要求，各高校在专业技术职务职称评聘中，要单独设立马克思主义理论类别。

② 如教育部于 2020 年发布的《新时代高等学校思想政治理论课教师队伍建设规定》指出：高校应当制定符合思政课教师职业特点和岗位要求的专业技术职务职称评聘标准，提高教学和教学研究在评聘条件中的占比。要将承担思政课教学的基本情况以及教学实效作为思政课教师参加高一级专业技术职务职称评聘的首要考查条件和必要条件。不得将国外期刊论文发表情况和出国访学留学情况作为必要条件。

定程度可以反映思政课在高校是否受到重视以及受重视程度。党和国家有关部门在相关文件中明确规定,高校思政课教师高级岗位在高校专业技术职务职称评聘中的占比不低于学校平均水平。[①] 这个政策规定,无疑体现了党和国家对高校思政课教师职务职称评聘的政策倾斜。然而,有的高校对此没有引起足够重视,在高级专业技术职务职称评聘中,没有按照党和国家的政策要求设置高校思政课教师的岗位比例。要确保党和国家政策规定能够得到有效贯彻实施,有必要将政策上升到国家立法,由法律将“高校专业技术职务职称评聘中思政课教师高级岗位比例不低于学校平均水平”予以规定。一旦高校专业技术职务职称评聘中思政课教师的高级岗位占比上升到立法层面,由刚性法律制度加以保障,如果高校不予执行,相关领导将面临被追责的危险,这有利于增强高校领导的责任意识,确保高校思政课教师的高级岗位比例不低于学校平均水平的政策得以落实到位。

(四)校级职务职称评聘委员会中有同比例马克思主义理论学科专家

在高校教师职务职称评聘中,每个学科都具有其自身特点,如果没有本学科专家参与,就意味着可以由“外行”对“内行”进行评价。须承认的是,在很多情况下,“外行”专家可以凭借经验对某一领域专家学者的教育教学及科研成果进行评价,但不得不说,“外行”评价“内行”的局限性尤为明显。具体来说,“外行”专家作为高校思政课教师评聘委员会的成员,其往往会从自己学科的角度进行审视和评价。在高校,与其他专业课教师相比,思政课教师的科研水平在整体上相对偏弱,这并非高校思政课教师的科研能力不行,从某种意义上说,这与思政课教师的职业特点有关,高校思政课教师的首要岗位职责是讲好思政课而非科学研究,[②]鉴于此,对高校思政课教师职务职称评聘的主要评价标准应当

---

① 如中办、国办于2019年印发的《关于深化新时代学校思想政治理论课改革创新的若干意见》指出,各高校要按教师比例核定思政课教师专业技术职务职称各类岗位占比,其中,高级岗位比例不低于学校平均水平。教育部于2020年发布的《新时代高等学校思想政治理论课教师队伍建设规定》也强调,高校思政课教师专业技术职务职称评聘中的高级岗位比例不低于学校平均水平。

② 当然,这不是说高校思政课教师无须开展科研,党和国家发布的诸多文件明确规定,高校思政课教师要加强科研,特别是加强高校思政课教学的科研。

是教育教学业绩，而不是高级别的课题、高级别的论文以及高级别的科研奖励。如果没有马克思主义理论学科专家参与或者参与的马克思主义理论学科专家人数过少，一旦“外行”专家不能从思政课教师的岗位职责与职业特点予以考虑，在评聘委员会进行投票表决时，有可能作出对高校思政课教师不利的决定。

在高校校级专业技术职务职称评聘委员会中，要保障马克思主义理论学科专家有相应比例，党和国家文件对此有明确规定，①文件的这一规定有利于维护高校思政课教师在职务职称评聘中的合法权益，具有其合理性。但在实践中，仍有部分高校对此没有引起重视，在一些高校的校内专业技术职务职称评聘委员会中，与其他学科专家相比，马克思主义理论学科专家的比例偏少。要改变这一现状，一个有效的方法就是将党和国家的政策规定予以法治化，因为一旦立法对此作出规定，就受到国家法律保护，如果高校没有遵循这一规定，意味着高校专业技术职务职称评聘委员会的组成不合法，不仅导致评聘无效，还要追究相关人员的法律责任。高校负责专业技术职务职称评聘的领导，为避免被追究法律责任，在组建高校校级专业技术职务职称评聘委员会时，对于委员会的人员构成，必然严格遵循法律规定，即保障有同比例的马克思主义理论学科专家。

（五）高级专业技术职务职称岗位指标不得挪作他用

对高校思政课教师的职务职称评聘予以单列以及为其设定一个合理的岗位指标占比，是专门针对高校思政课教师岗位职责及职业特点而设，具有对高校思政课教师给予政策性倾斜的性质。如果不是高校思政课教师也可占用高校思政课教师的高级岗位指标，即高校思政课教师的高级岗位指标可以挪作他用，这不仅会助长高校教师职务职称评聘中的不正之风，而且对其他学科教师的职务职称评聘具有明显不公平性，因此，党和国家有关部门在相关文件中明确规定，高校思政课教师的高级岗位“指标不得挪作他用”，②这不仅必要而且

---

① 例如，2019 年，中办、国办印发的《关于深化新时代学校思想政治理论课改革创新的若干意见》指出，高校校级专业技术职务职称评聘委员会中要有同比例的马克思主义理论学科专家。教育部 2020 年发布的《新时代高等学校思想政治理论课教师队伍建设规定》也有同样的规定。

② 参见教育部 2020 年发布的《新时代高等学校思想政治理论课教师队伍建设规定》第 17 条。

急需。

为了确保高校思政课教师高级岗位指标不被挪作他用，有必要将党和国家的政策规定上升为法律，由国家强制力予以保障。因为政策性规定一旦上升到立法层面，意味着将高校思政课教师高级岗位指标挪作他用是一种违法行为，要承担相应法律责任。这促使负责高校教师职务职称评聘的相关工作人员增强法律意识，对于确保高校思政课教师高级岗位指标不被挪作他用具有极其重要意义。

三、支持科学研究

教学与科研对高校思政课教师来说，犹如车之两轮、鸟之两翼，不可或缺。可以说，没有科研支撑的高校思政课教学没有深度，是肤浅的，一个不做科研的高校思政课教师，对本学科前沿不知情，易导致其在课堂上照本宣科，课堂枯燥乏味，对学生没有吸引力，上课没有抬头率，学生课堂获得感不强，因此，高校思政课教师必须加强马克思主义理论及教育教学研究。然而，高校思政课教师要开展马克思主义理论研究，离不开党和国家的政策支持，否则，若缺失党和国家的政策倾斜，高校思政课教师在高级别课题申报中，因受指标的限制，其课题申报往往很难立项，这在一定程度导致他们不想申报课题，觉得报也白报，没有课题带动，做科研的积极性不高。要改变这种恶性循环，培养高校思政课教师科研能力，除了在政策上给予支持外，还有必要用法治手段保障政策支持落实到位。

（一）加大对高校思政课教师课题立项的支持力度

课题研究是高校思政课教师提高自己学术造诣以及用自己学术造诣开启学生智慧的一条有效路径选择。如果一个高校思政课教师只会上课，既不做课题也不开展其他的科学研究，对马克思主义理论最新研究成果毫不知情，在课堂上，他们很难结合中国特色社会主义理论与实践向大学生讲清楚为何马克思主义是一种科学真理及中国选择马克思主义作为立党立国指导思想的历史必然性，无法引导新时代大学生坚定对马克思主义的信仰，更遑论以学术造诣开启新时代大学生智慧。因此，须培养高校思政课教师做课题的兴趣，提升其课题研究能力。

（二）确定科研在高校思政课教师职务职称评聘中合理占比

著名学者钱伟长教授指出："教学没有科研作为底蕴，就是一种没有观点的教育，没有灵魂的教育。""一个教师在大学里能否教好书，与他搞不搞科研关系很大。"[①]从整体来说，我国当下不少高校思政课教师的教育理念落后，教学能力不能满足相应课程需要，采用的教学方法陈旧、手段单一，课堂上照本宣科，不能恰到好处地将马克思主义理论科学性、真理性同建设中国特色社会主义伟大实践予以结合，上课枯燥乏味，教学效果差，大学生对思政课没有获得感或者说获得感不强，这与高校思政课教师没有开展科学研究有很大的关系。一个对马克思主义理论没有开展深入研究的高校思政课教师，不能站在学科前沿了解马克思主义中国化研究的最新成果，不知道如何结合中国特色社会主义伟大实践向大学生讲清楚马克思主义为什么是真理，很难教育引导其坚定信仰马克思主义。

要促使高校思政课教师增强科研意识，自觉开展马克思主义理论及高校思政课教学方法改革创新研究，通过科研带动教学，有效增强高校思政课教学效果，一个简洁有效的办法，就是在高校思政课教师的专业技术职务职称评聘中确立科研尤其是教学科研的合理占比。因为专业技术职务职称直接关乎高校思政课教师的切身利益，在专业技术职务职称评聘中确立科研尤其是教学科研的合理占比，会促使高校思政课教师在思想上充分意识到科研的重要性，进而想方设法努力提升自己的科研能力，科研能力提升会带来科研成果，科研成果又为教学提供支撑。正是从这个意义上说，在高校思政课教师职务职称评聘中确定科研尤其是教学科研的合理占比，有助于增强高校思政课的教学效果，提升大学生对思政课的获得感。

教育部文件虽有关于高校思政课教师专业技术职务职称评聘要对科研设

---

① 参见钱伟长：《大学必须拆除教学与科研之间的高墙》，载《群言》2003年第10期。

定合理占比的规定,[①]但不得不说,文件规定比较抽象,可操作性不强。这易导致各地各高校对文件理解不一,在贯彻执行中做法不同。为了更好调动高校思政课教师科研积极性,有必要在立法上对"科研合理占比"予以具体量化,通过刚性法律的强制性规定保障科研在高校思政课教师专业技术职务职称评聘中的合理占比,促使高校思政课教师积极开展科研尤其是教学科研,为教学提供有效支撑。

(三)为高校思政课教师科研交流及成果宣传提供条件

高校思政课教师进行科研有赖一定的条件,如良好的科研交流平台有助于高校思政课教师产生灵感火花,有时候还可避免走一些弯路。又如,高校思政课教师的研究成果宣传须借助于一定媒介,否则,科研成果不能出版发行,科研的作用就会大打折扣。为充分调动高校思政课教师科研积极性,立法应明确高校及主管教育部门有义务为高校思政课教师科研交流及成果宣传提供便利条件。

首先,搭建研究交流平台及设立出版资助项目。针对目前很多高校思政课教师科研能力不强的状况,有必要为其构建研究交流平台,通过聘请一些知名学者进行科研专题讲座及互动交流,开阔高校思政课教师科研视野、帮助他们提升科研水平。针对一些高校思政课教师没有出版经费的窘境,有必要设立出版资助项目,优先资助高校思政课教师出版优秀成果,鼓励他们开展马克思主义理论创新研究。为确保高校思政课教师研究交流平台得以搭建及设立出版资助项目能够付诸实施,有必要通过立法对此予以确立,由刚性法律制度予以保障。

其次,办好一批核心刊物。刊发高校思政课教师研究成果的核心刊物,是交流宣传马克思主义理论、马克思主义中国化时代化及高校思政课教育教学创新成果的重要阵地。办好一批这样的核心刊物,既可为高校思政课教师科研成

---

① 如教育部2020年发布的《新时代高等学校思想政治理论课教师队伍建设规定》第18条规定:高校应当制定符合思政课教师职业特点和岗位要求的专业技术职务职称评聘标准,提高教学和教学研究在评聘中的占比。要将教学效果作为高校思政课教师专业技术职务职称评聘的根本标准,同时重视考查科研成果。

果的交流宣传提供条件,也有利于促进高校思政课教师尤其青年高校思政课教师学术成长。鉴于此,有必要由立法对办好一批刊载高校思政课教师研究成果的核心刊物予以确立,唯有如此,才能使有关主体在思想上引起重视,进而贯彻实施。

最后,高校人文社科期刊要开设刊发马克思主义理论及高校思政课教师教学研究成果的专栏。高校人文社科期刊是高校思政课教师进行学术交流的桥梁和纽带,其刊发高校思政课教学以及马克思主义理论的研究成果,不仅能促进高校思政课教师学术交流,而且可以为高校思政课教学供给科研支撑。因此,相关立法有必要规定,高校人文社科期刊应当开设马克思主义理论研究栏目,确保高校人文社科期刊成为高校思政课教师科研成果交流宣传的重要学术阵地。

四、加大表彰奖励力度

高校思政课教师在教育教学、科研以及社会服务工作中取得成绩的,对其给予表彰奖励,有助于调动高校思政课教师的工作积极性。但须注意的是,高校思政课教师对学生开展教育教学的工作成效通常很难立竿见影体现出来。在对高校教师进行奖励时,如果思政课教师只能成为旁观者,会让其对自己从事职业的价值产生怀疑。因此,在高校教师教学成果及高校人文社科科研成果评奖中,要大力支持高校思政课教师。尽管党和国家文件对此有明确规定,[①]但在一些地方和高校,支持高校思政课教师的奖励政策在实践中难以贯彻落实,有必要将奖励政策予以法治化,通过刚性法律制度确保激励高校思政课教师的政策能落到实处。

(一)保障高校思政课教师在教育系统表彰体系中有相应名额

高校思政课教师的工作关乎为谁培养人及培养什么人的教育根本问题。

---

① 例如,2019 年,中办、国办在《关于深化新时代学校思想政治理论课改革创新的若干意见》中规定,要把优秀思政课教师纳入各类高层次人才项目,在“万人计划”“长江学者奖励计划”“四个一批”等人才项目中加大倾斜支持力度。

但须注意的是,高校思政课教师所从事的工作,不仅成效往往不能立竿见影,而且付出未必有收获,例如,高校思政课教师对大学生进行马克思主义教育,未必能引导其对马克思主义持坚定信仰,对大学生进行耐心教育,不一定能引导他们树立正确世界观、人生观、价值观。青年大学生能否坚定信仰马克思主义以及能否树立正确世界观、人生观、价值观,不仅受高校思政课教师的影响,还要受政治、经济、文化、党和国家政策以及国际环境等多种因素的制约。鉴于此,在对高校思政课教师进行教师表彰时,如果不考虑其职业特点,简单将成效作为对高校思政课教师进行奖励的标准,势必将高校思政课教师置于不利地位,长此以往,势必会影响他们的工作积极性。因此,在教育系统表彰体系中,应为高校思政课教师设定相应比例,增强高校思政课教师工作责任心与职业荣誉感。但要确保高校思政课教师在教育系统中的表彰比例在实践中能得到真正贯彻实施,还有赖于将比例进行量化并上升为立法,由刚性法律制度予以保障。

(二)对高校思政课教师中的先进典型要及时发现并积极宣传

高校思政课教师是党的理论和路线方针政策的宣讲者,是青年大学生健康成长的引路人。对于政治立场坚定、专业知识学养深厚、善于理论联系实际、教育教学水平高、科研成果突出以及服务社会成效显著的高校思政课教师,如果高校以及主管教育部门能够及时发现并加大宣传力度,榜样的力量能对广大高校思政课教师给予激励。尽管党和国家文件对于要推荐以及大力表彰高校思政课教师中先进典型有明确要求,[①]但在实践中,党和国家的文件要求在一些地方和高校未能得到贯彻执行,高校思政课教师先进典型不能被及时发现和推荐。为有效贯彻落实党和国家文件关于及时发现并大力推荐和表彰高校思政课教师先进典型的要求,有必要将这一政策要求上升到立法层面,因为一旦立法对此予以确立,及时发现并大力推荐和表彰高校思政课教师先进典型就不只

---

① 例如,2019 年,中办、国办在《关于深化新时代学校思想政治理论课改革创新的若干意见》中指出,党和国家设立的荣誉称号要注重表彰优秀思政课教师,教育部门要大力推选思政课教师年度影响力人物等先进典型。

是政策规定,而是高校及主管教育部门须履行的法律义务,如没有履行就要承担相应法律责任,这会促使高校及教育部门认真履行发现、推荐及表彰高校思政课教师中先进典型的职责。由此可见,通过刚性法律制度确立高校及主管教育部门大力推选思政课教师年度影响力人物等先进典型的义务,有利于高校及主管教育部门工作人员增强法治意识,进而促使其采取有效措施及时发现、大力推荐和表彰高校思政课教师先进典型。

(三)各类高层次人才项目要向高校思政课教师倾斜

各类高层次人才项目通常有经费支持,被评选上高层次人才项目,不仅会给入选人带来崇高荣誉,而且对于其开展教学科研有重要意义。各类高层次人才项目都设定有严格条件,如要有一定前期教学科研成果。当然,不同层次的人才项目的要求不一样,层次越高,要求就越苛刻。高校思政课教师的职业特点决定:从整体来说,高校思政课教师的科研成果相对较弱,很难与其他专业课教师的成果相比,尤其是高校思政课教师的科研成果一般很难直接转化为经济效益,不能直接推动社会经济和科技发展。简言之,在各类高层次人才项目的评选中,高校思政课教师被置于不利境地。如果不对高校思政课教师予以政策倾斜,他们在各类高层次人才项目评选中,获选的可能性不大。目前,关于各类高层次人才项目的评选,党和国家文件虽规定要对高校思政课教师予以支持,这对于增强高校思政课教师职业荣誉感进而调动其工作积极性有重要意义,但在实践中,仍有一些部门和高校对思政课的重要性认识不足,在对各类高层次人才项目的设立及评选时,没有对高校思政课教师给予支持。要改变现状,有必要将党和国家的文件规定予以法治化,由立法对高层次人才项目中要加大支持高校优秀思政课教师的文件规定予以确立,确保文件支持能得到贯彻实施。

五、鼓励职业提升

职业提升,是指对高校思政课教师职业发展给予的正向激励,如给予参加培训进修机会、优先推荐攻读更高学位、开展国内外实践研修、进行国内外学术交流、培养入党、选拔为领导干部等,通过职业发展需求的满足,调动高校思政课教师的工作积极性。职业提升,在很大程度上直接关乎对高校思政课教师的政治认可及其发展前景,在高校思政课教师激励体系中发挥重要的引导作用。党和国家有关部门在很多规范性文件中对采取职业提升方式激励高校思政课教师有规定,①但因很多激励方式需要成本,这些缺失强制力保障的激励方式,在一些地方和高校很难得到有效贯彻落实。要充分发挥职业提升的激励功能,对高校思政课教师行为予以引领,有必要将职业提升的政策性规定予以法治化,通过刚性法律对职业提升予以确立与强力保障,可以更好地调动高校思政课教师工作积极性。

(一)参加进修培训

进修培训,是指高校思政课教师通过脱产或者半脱产参加某种继续教育以提高自己政治素质及业务能力的活动。高校思政课教师要教育引导青年大学生健康成长,不仅要具备过硬的马克思主义理论知识,还要具有坚定的政治立场、创新有效的教育教学方法以及有利于引导学生立德树人、立志成才的教育教学能力。进修培训是高校思政课教师全面提升自身素质及促进自身职业发展的一条有效路径。要支持高校思政课教师参加进修培训,这在党和国家文件中有明确规定。② 我国法律法规虽没有直接规定高校思政课教师有权参加进修培训,但根据《宪法》及《教师法》相关条文,③参加进修培训,是高校思政课教师享有的一项权利。由于国家立法尚未对高校思政课教师有权参加进修培训作直接的明确规定,对于党和国家文件关于要支持高校思政课教师进修培训的政策规定,各地各高校在贯彻执行中的做法有很大差别。因此,有必要将支持高校思政课教师参加进修培训的政策性规定予以法治化,由刚性法律制度予以保障。

---

① 如中办、国办于2019年印发的《关于深化新时代学校思想政治理论课改革创新的若干意见》中特别强调,要把高校思政课教师作为学校干部队伍重要来源,学校党政管理干部原则上应有高校思政课教师、辅导员或者班主任的工作经历;要加强高校思政课教师队伍后备人才思想政治工作,加大发展党员力度,提高党员发展质量。

② 例如,2008年,中宣部、教育部在《关于进一步加强高等学校思想政治理论课教师队伍建设的意见》中指出,各高校要适时安排思政课教师通过脱产或半脱产进修形式到重点高校进修深造。2020年,教育部发布的《新时代高等学校思想政治理论课教师队伍建设规定》特别强调,要保证高校思政课专职教师每3年至少接受一次专业培训。

③ 我国《宪法》第27条规定,要实行工作人员的培训和考核制度;2009年修正的《教师法》第7条第6款强调,教师有权"参加进修或者其他方式的培训"。

（二）继续攻读更高学位

学历是判断和衡量高校思政课教师队伍素质高低的一个重要指标，尽管不能将高学历与高素质等同，但从某种意义上说，高校思政课教师的学历过低不仅制约高校思政课教师自身的专业发展，也影响一所高校乃至一国思政课的教育教学水平。根据中宣部、教育部相关文件规定，党和国家鼓励和支持高校思政课教师提升学位学历层次。但须注意的是，高校思政课教师继续深造，涉及学校经费垫付及教学任务安排，特别是伴随高校扩招，高校思政课教师人数已不能满足思政课教学需要，高校思政课教师的教学任务重甚至处于超负荷状态，很多高校因专任思政课教师编制紧张没有安排用于思政课教师深造的"轮空"编制。由此可见，仅有政策规定，很难确保高校思政课教师有机会继续攻读博士学位。因此，有必要将支持高校思政课教师继续深造的政策予以法治化，由刚性法律制度确立高校思政课教师有权继续深造，保障高校思政课教师提升学位学历的权利。

（三）参与国内外学术交流

传统意义的学术交流，是指学术界内的同行交流。① 但随着不同行业主体之间知识与信息交流的日趋频繁，学术交流主体不再局限于同行。具体就高校思政课教师来说，参与国内外学术交流的主体可以是来自各个学科、行业及不同领域的思政专家，通过参与者交流互通各自掌握的思想政治教育知识和信息，克服各自的局限性，这对于高校思政课教师增加知识与开阔视野有重要意义。此外，高校思政课教师在参加学术交流过程中，通过知识与信息交流推动不同思想的碰撞，进而有可能激发高校思政课教师的创新思维，提高其创新能力。关于高校思政课教师参加学术交流，党和国家有关部门在发布的相关文件中有明确的政策支持，②但因学术交流需要成本，为避免有的高校

---

① 参见李国红：《А. И. 米哈依洛夫科学交流模式述评》，载《情报探索》2005年第6期。

② 例如，2008年，中宣部、教育部在《关于进一步加强高等学校思想政治理论课教师队伍建设的意见》中指出，要适时安排高校思政课教师通过国内外学术交流等形式到重点高校进修深造。2019年，中办、国办印发的《关于深化新时代学校思想政治理论课改革创新的若干意见》中规定，本科院校按在校生总数每生每年不低于40元，专科院校按每生每年不低于30元的标准提取专项经费，用于思政课教师的学术交流、实践研修等，并逐步加大支持力度。

基于成本考量而减少思政课教师参与国内外学术交流，有必要将鼓励高校思政课教师参与学术交流的政策规定予以法治化，由刚性法律制度保障其参与学术交流权。

(四)开展研修及实践锻炼

高校及主管教育部门组织高校思政课教师开展研修及实践锻炼有重要意义，例如，有助于增长高校思政课教师的见识、开阔其教学科研视野；有助于加深高校思政课教师对中国国情与世界各国的了解；有助于高校思政课教师从中国特色社会主义伟大实践中汲取养分、丰富思想。党和国家文件对鼓励高校思政课教师开展国内外研修及实践锻炼有明确规定，①但因高校思政课教师开展各种研修及参与实践锻炼需要经费支持及安排其他高校思政课教师予以顶岗，这不仅需要高校支付大笔经费，而且或多或少会对高校思政课教学产生影响。基于多方面因素考量，很多高校常以各种理由和借口对高校思政课教师研修及实践锻炼予以"婉拒"。所以，有必要对高校思政课教师开展国内外研修及实践锻炼的政策性规定予以法治化，由法律制度对高校思政课教师开展国内外研修及实践锻炼予以强有力保障。

(五)加大政治激励力度

通过政治身份赋予、政治吸纳、政治褒扬、政治地位提升等方式激励高校思政课教师，增强他们的政治荣誉感，这有利于引导高校思政课教师作为学为人的表率。党和国家相关文件对加大高校思政课教师政治激励的力度也有明确规定，②但因政治激励目前仅限于政策规定，缺乏刚性制度保障实施，导致各地

---

① 例如，2008年，中宣部、教育部在《关于进一步加强高等学校思想政治理论课教师队伍建设的意见》中指出，各地各高校要积极创造条件，组织思政课教师开展社会实践、学习考察活动。2019年，教育部印发的《普通高等学校思想政治理论课教师队伍培养规划(2019—2023年)》中规定，要设立骨干教师国内外研修项目，如每年遴选若干名高校思政课拔尖教师，以公派访问学者身份赴国外访学研修。2020年，教育部发布的《新时代高等学校思想政治理论课教师队伍建设规定》指出，高校与主管教育部门要创造条件支持高校思政课教师到地方党政机关、企事业单位、基层等开展实践锻炼。

② 例如，2019年，中办、国办在印发的《关于深化新时代学校思想政治理论课改革创新的若干意见》中特别强调，要把高校思政课教师作为学校干部队伍重要来源，学校党政管理干部原则上应有高校思政课教师、辅导员或者班主任的工作经历；要加强高校思政课教师队伍后备人才思想政治工作，加大发展党员力度，提高党员发展质量。

各高校在对高校思政课教师进行政治激励的方式缺乏统一标准，做法五花八门，实施力度不一，具有很大的随意性。为更好加强对高校思政课教师的政治激励，有必要把政治激励予以法治化，即由法律将政治激励的条件、程序以及违法激励的责任后果进行规定，确保高校思政课教师政治激励免受人为因素的干扰。

第四节　激励程序法治化

激励程序法治化，是指立法对激励高校思政课教师须经程序以及违反激励程序应承担的责任要有明确规定。一旦高校思政课教师的激励程序由立法加以确立，这意味着，不遵守法定程序的高校思政课教师激励属于违法，不仅激励行为无效，还要追究有关主体的法律责任。

关于是否有必要将高校思政课教师激励程序予以法治化，根据表14，尽管有部分高校思政课教师持反对意见，但绝大多数人认为，有必要将高校思政课教师激励程序予以法治化。

表14　有无必要将高校思政课教师激励程序予以法治化调查

问卷对象	问卷问题
	有无必要将高校思政课教师激励程序予以法治化？（单选） a. 有必要，激励程序法治化有利于确保激励在法律预设轨道有条不紊运行；b. 没有必要，程序过于烦琐；c. 不知道，怎么要求就怎么做
高校思政课教师	a. 为83%
	b. 为10%
	c. 为7%

高校思政课教师激励程序上升到国家立法，由刚性法律制度对激励须经的具体步骤或环节予以规定，不仅有利于高校思政课教师激励在法治轨道内运行，而且通过有关部门的严格审查，可以有效避免不具备激励条件的高校思政

课教师亦可以获得激励的乱象。根据党和国家发布有关高校思政课教师激励的文件规定,结合法治视域下激励程序的基本原则和基本精神,相关立法有必要将如下环节或者步骤确立为高校思政课教师激励的基本程序。

一、组建专门机构

设立专门机构负责高校思政课教师激励工作,是确保高校思政课教师激励机制有效运行的关键所在。专门激励机构的设立,意味着,是否对高校思政课教师给予激励以及在多大程度上给予激励,要经过特定主体的严格审查,只有具备条件的高校思政课教师才能获得激励。换言之,专门机构组建有助于保障高校思政课教师激励的客观公正,避免不具备条件的人也可获得激励的乱象。此外,对是否符合激励条件的审查,既有易判断的刚性指标,也有难判断的柔性指标,例如,是否在科研方面取得成绩,容易判断,但对于师德是否高尚以及有没有较强教育教学能力,比较难判断。设立专门机构,由相对固定的工作人员对此进行审查,有利于确保审查人员有熟练的业务能力,既保障审查质量又提高审查效益。

至于负责高校思政课教师激励的专门机构名称及其办公场所,可以作这样的制度安排。首先,可以将这个负责激励工作的专门机构名称设定为"高校思政课教师激励委员会",因为通过该名称可以充分体现其职能,即对应否激励高校思政课教师进行形式与实质审查。其次,关于高校思政课教师激励委员会的办公场所,可以将该委员会设在高校人事处或者教师工作处,至于是单独设立办公室,还是附设在高校人事处或者教师工作处办公室,可由各高校根据自身实际情况决定。此外,笔者认为,可以考虑将负责高校思政课教师准入、评价、激励与退出的各委员会合并设立为高校思政课教师工作委员会,由其统一负责高校思政课教师准入、评价、激励与退出工作,这有利于节约成本,避免不必要资源浪费。

负责高校思政课教师激励的工作人员,从某种意义上说,他们扮演类似于庭审中的法官,行使高校思政课教师是否应获得激励及获得多大激励的裁决权。然而,要确保行使裁决权的工作人员公正行使裁决权,首先在制度上应保障激励机构地位相对中立。鉴于此,有必要对高校思政课教师激励机构的人员构成进行适当规制,例如,负责激励高校思政课教师专门机构的工作人员,不应当单纯由主管教育部门以及高校行政部门的人员组成,激励机构的人员组成要有广泛代表性,否则,完全由主管教育部门以及高校行政部门的工作人员作为负责激励工作的主体,由于他们通常对工作在一线的高校思政课教师缺乏深入了解,所制定的激励措施往往因缺乏针对性而收效不大或者难以持续生效,甚至有可能出现有的激励措施不仅不能调动高校思政课教师的积极性,反而会令一些高校思政课教师产生不满情绪。因此,有必要在立法上对高校思政课教师激励机构的人员组成予以明确规定,例如,负责激励的专门机构之成员必须有高校思政课教师代表,且高校思政课教师代表人数不得少于专门激励机构成员的1/3,高校及主管教育部门的代表不得多于该机构组成人员的1/2。高校思政课教师代表可以从校内外教育教学机构中遴选,在必要的时候,还可以邀请法律界专业人士参与,以保证高校思政课教师激励的专门机构具有专业性、专门性与公正性。

二、相关事项告知

就广义而言,告知,涵括激励主体制定激励措施之后的告知与落实激励措施之前的告知:制定激励措施之后的告知,是指激励主体在制定高校思政课教师激励措施之后,要通过文件或者其他书面形式下发高校思政课教师所在单位,由所在单位通过会议、QQ或微信通知每一位高校思政课教师,让其知悉激励有关事项。落实激励措施之前的告知,是指负责落实激励的机构在对高校思政课教师做出的成绩进行审查核实之后,兑现奖励之前,要将高校思政课教师做出的贡献及应获得的奖励予以对外公布,接受被激励高校思政课教师以及社会的监督。为确保被激励高校思政课教师的知情权,相关立法应规定,关于激励高校思政课教师的文件须明确激励的宗旨、原则、措施、时间以及其他必须明确的相关事项。

(一)告知的正当性

1. 高校思政课教师在激励中的主体地位决定

在高校思政课教师激励机制中,政府、主管教育部门及高校是激励主体,其与被激励的高校思政课教师是激励与被激励的关系,但须注意的是,在这种激励与被激励的关系中,高校思政课教师与政府、主管教育部门及高校都是平等主体,双方只存在角色区别,没有高低贵贱之分。尽管政府、主管教育部门及高校制定的激励机制对高校思政课教师具有目标导向性,但高校思政课教师不是被动接受激励的客体,其拥有知悉涉及自身利益相关事项的权利。因此,立法应当保障高校思政课教师知情权,承载激励义务的政府、主管教育部门以及高校负有告知义务,这不仅是为了确保党和国家对关于激励高校思政课教师的政策得以了解并能有效贯彻执行,而且是对高校思政课教师主体地位给予起码尊重的必然要求。

2. 激励程序正义的必然要求

构建高校思政课教师激励机制,是为了调动高校思政课教师的工作积极性。作为激励对象,承载激励义务的主体将激励条件、激励程序告知高校思政课教师,让其知悉相关激励事项,是高校思政课教师激励程序正义的体现。如果高校思政课教师的涉及自身利益的知情权都不能得到有效保障,这样的激励程序没有正义可言。缺失正义程序为依托的高校思政课教师激励,即便实体公正,亦难免让人对激励结果产生合理怀疑。因此,在立法上将告知高校思政课教师激励相关事项予以明确规定,由刚性法律制度保障高校思政课教师对激励事项享有知情权,是激励程序正义的必然要求,这不仅能充分彰显对高校思政课教师意志自由和人格尊严的尊重,而且有利于高校思政课教师对激励结果的接受。

3. 防范激励主体滥用权力的内在需要

根据有权力的人都有滥用权力危险的"人性恶"预设,在对高校思政课教师予以激励过程中,承载激励义务主体在行使是否给予激励及给予多大程度激励的裁决权时,同样有滥用权力的危险。要有效防范高校思政课教师激励中的裁决权滥用,把相关激励事项告知高校思政课教师,就是从制度层面对激励主体权力滥用进行有效约束。因为高校思政课教师知悉激励事项后,激励主体在作出激励决定时,不得不提供最低限度的理由以自圆其说,这有利于激励主体增强正确行使权力的意识,慎重考虑对高校思政课教师进行激励所依据的事实及法律,从而使激励权更加理性和正确地行使。此外,高校思政课教师知悉激励的相关事项,给其提供了陈述事实、发表意见以及进行反驳的机会,如果高校思政课教师对激励决定不服,还可以充分利用知情权进行有效抗辩,这有利于运用权利监督制约权力。因此,将告知高校思政课教师激励事项予以法治化,是有效防范权力滥用的需要。

(二)告知事项

1. 激励目的

激励目的,既指对高校思政课教师进行激励所追求的目标或希望达到的结果。根据激励的指向不同,可把高校思政课教师激励目的分为奖惩性激励和发展性激励。奖惩性激励,是通过工作的回顾与总结,主要以外在的奖优罚劣为手段,对取得突出成绩的高校思政课教师予以激励,对未达到要求的落后者进行惩处,对高校思政课教师形成一种有效激励和约束机制。发展性激励,是指对高校思政课教师在工作中出现的问题,强调用教育和引导方式来促使其进行自我评价与自我完善,最终实现高校思政课教师的差异性发展与高校整体性发展的双赢。激励目的是实施激励的基础,立法确立激励目的,有利于确保激励目的实现。

2. 激励原则

激励原则,是指高校思政课教师激励机制构建与运行必须遵循的基本准则。激励原则贯穿于高校思政教师激励机制构建及运行的整个过程,体现对高校思政课教师激励的基本精神,决定高校思政课教师激励的基本特征,对一国高校思政课教师乃至对所有教师的激励机制构建与运行都具有普遍指导意义。就某种意义而言,激励原则不仅决定或者左右一个国家设立什么样的高校思政课教师激励机制,而且在很大程度对高校思政课教师激励机制在实践中的运行有重大影响。在立法上确立高校思政课教师有权知悉激励原则，有关主体负有告知义务，让高校思政课教师知悉和了解激励原则，在一定程度能增强高校思政课教师对激励结果的信任度，进而有助于避免其因对激励结果产生合理怀疑而进行不必要申请复核乃至向有关部门不停申诉，最终达到节约高校思政课教师激励成本。为确保高校思政课知教师知悉激励原则，立法应当明确激励主体负有告知义务。

3. 激励内容

激励内容，是指对做出贡献的高校思政课教师拟采取哪些措施予以鼓励和支持，如给予一定物质奖励、优先安排攻读博士学位、带薪休假、脱产或半脱产进修、开展国内外学术交流、发展为中共党员、提拔为领导干部等。在立法上确立有关主体有义务告知高校思政课教师的激励内容，有助于高校思政课教师了解党和国家对高校思政课教师的要求，知道自己今后要在哪些方面加以努力，例如，告知高校思政课教师的科研激励内容，能激发其开展马克思主义理论研究的热情，将更多时间和精力投入科研中；告知高校思政课教师的社会服务激励内容，有助于高校思政课教师增强社会服务意识，自觉投入社会服务之中。鉴于此，立法应明确规定激励主体有义务将激励内容告知高校思政课教师。

4. 激励标准

激励标准，是指对高校思政课教师进行激励的价值尺度和界限。在立法上明确告知高校思政课教师激励标准，例如，告知高校思政课教师社会服务的激励标准，有利于高校思政课教师对自己过去开展这方面活动的成效是否达到要求进行反思，如果所开展的社会服务没有达到激励要求，对自己不能获得激励也能欣然接受。反之，倘若高校思政课教师对激励标准不知情，一旦认为自己作出贡献却不能获得激励，可能会有一些抱怨，产生一些合理怀疑。此外，在立法上规定高校思政课教师有权知悉激励标准，有助于其知道今后努力应达到的程度。

5. 激励时间

激励往往受时限规制，让高校思政课教师事先知悉激励时间，有利于其为激励做好各种准备，例如，科研激励需要高校思政课教师提供主持课题、发表论文、获奖证书的复印件等材料；对在教育教学以及社会服务方面做出贡献的激励，同样需要高校思政课教师提供相关材料予以证明。如果没有将激励时间及时告知高校思政课教师，有可能因被激励高校思政课教师不能及时提供各种资料而影响激励进程甚至被取消激励资格。此外，若高校思政课教师不知道激励时间，有可能导致激励主体随意调整激励进程，容易给人造成一种错觉，即激励没有可预期性，因此，在立法上确立将激励时间事先告知高校思政课教师，必要且急需。

（三）不告知的后果

被激励人知悉激励的相关事项，是激励机制功能得以有效发挥的重要条件。在高校思政课教师激励机制构建及运行中，要确保高校思政课教师对激励的知情权。立法不仅要明确负责激励主体的告知义务，还要对其没有履行告知义务的后果予以规定，例如，高校及主管教育部门没有履行告知义务的激励行为无效，即实施的激励行为不产生法律效力，激励将退回到应告知之前的状态。由此可见，高校思政课教师激励行为无效对于不告知的程序违法有非常严厉的制裁效果，对于促使激励主体履行告知义务有不可估量的作用。此外，立法还应对承载激励义务却没有履行告知义务的工作人员要予以责任追究，让其承担不告知的否定性后果。在高校思政课教师激励机制构建及运行中，通过立法明确不履行激励告知义务须承担责任，可以在一定程度上增强激励主体的程序意识与法治意识，这对于保障高校思政课教师在激励机制中的知情权有重要意义。

三、材料报送

在高校思政课教师激励中，主管教育部门及高校作为激励主体，其对作为激励对象的高校思政课教师往往并不知情，这样，材料就成为激励主体对高校思政课教师是否给予激励以及给予多大激励的重要依据。为确保激励及时与客观公正，高校思政课教师要在规定时限内及时提供材料，有关主体要对材料予以及时审查。

（一）提供材料的必要性

高校思政课教师要获得激励，必须是在某一方面作出一定成绩，例如，在高级别刊物发表论文、申报高级别课题获批立项、在省部级乃至国家级教学比赛中取得优异成绩、社会服务效果显著等。但高校思政课教师要获得激励，必须对自己在某一方面做出的贡献提供相应证明材料，否则，如果没有证明材料都可以获得激励，承载激励义务的公权力主体在利益驱动下极有可能会滥用权力，对不应激励的给予激励，对应当获得激励的却不给予，抑或应给予较大激励却给予较小激励，这有可能在高校乃至在整个社会造成一种正义不存在的阴影。

综上所述，高校思政课教师要获得激励，应当提供相应材料证明自己在某一方面取得优越成绩，如认为自己应获得科研奖励，就须向激励主体提供自己主持课题的立项文件、发表论文的刊物以及出版的专著等；如觉得自己在教育教学上做出了应获相应激励的成绩，就要提供材料证明自己在该方面作出的贡献。报送材料作为高校思政课教师激励程序的重要一环，是避免违法及不当激励的有效举措，立法对此应明确规定，以确保高校思政课教师激励在法治预设轨道有序运行。

（二）对材料的形式审查

对于报送的高校思政课教师激励材料，即申请某种激励应提交的佐证材料，如科研奖励须提交课题立项文件、发表论文及出版专著的复印件等，负责激励工作的专门机构应安排工作人员进行形式审查。形式审查主要是查看激励措施是否有对应材料，只要有对应材料就是形式要件具备，至于材料的真实性，是在实质审查阶段由有关专家予以判断。在形式审查的过程中，如果发现报送材料存在瑕疵或者需要补充的，工作人员应当要求补送并告知须注意的具体事项。

工作人员对报送的激励材料进行形式审查后，要将有关情况进行登记，并将情况告知材料报送的人。要求对报送材料的有关情况予以登记并告知，一是表明报送材料的任务完成。负责激励工作的人员对材料的有关情况进行登记与告知,表明其已经收到高校思政课教师申请激励的相关材料,如果发生材料丢失,负责登记的工作人员要承担相应责任。二是保障高校思政课教师的知情权。激励的材料报送,既有可能是高校思政课教师本人报送,也有可能是通过学校有关部门或其他第三者报送,如果材料是由学校有关部门或其他第三者代为报送,对报送材料的有关情况进行告知有利于消除高校思政课教师对材料是否已经送到的担心。如果因激励材料丢失而产生纷争,对报送材料的有关情况进行登记及告知就可以成为高校思政课教师进行维权的最有力证据。因此,在立法上应当规定,专门负责激励的机构对报送材料予以登记和及时告知,不仅必要而且急需。

(三)材料报送及时性

及时向负责高校思政课教师激励工作的专门机构报送材料,有正当性依据:一是提高激励效益的需要。高校思政课教师激励机制的构建与运行需要耗费一定的人力与物力,由于资源的有限性,效益是高校思政课教师激励机制构建与运行所追求的一个重要价值目标。如果材料报送没有期限规制,报送材料的人可能在思想上很难引起足够重视,难免出现拖沓现象,负责高校思政课教师激励工作的机构不得不延长接收材料的时限,本来一天就能完成的工作,结果却花了十天半月,增大激励成本。二是充分发挥激励功能的需要。迟来的正义非正义,这是人们熟知的格言。对于高校思政课教师在教学、科研及社会服务等方面取得的成绩,如果高校及主管教育部门能给予及时激励,这不仅对做出成绩的高校思政课教师而且对其他高校思政课教师都具有极其重要的激励作用。反之,激励无限拖延,有可能让人产生激励主体言而无信的合理怀疑,激励具有的功能被大打折扣。

综上所述,高校思政课教师的激励材料报送应当具有及时性,为确保激励及时能够得到准确理解和执行,立法有必要对材料报送的具体时限予以规定,即申请激励的材料必须在规定的时限内报送,是否给予激励以及给予多大激励的决定要在规定时限内作出。此外,立法还应对不及时报送材料以及不能在规定时限内作出激励裁决的后果进行规定,例如,由申请激励的高校思政课教师或者有关负责人承担责任。具体而言,如果激励材料需要由高校思政课教师自己报送,其未能在规定时限内报送激励材料,高校思政课教师要对此承担不利后果,即丧失获得激励的资格。倘若激励材料需要由有关主体报送,高校思政课教师及时将激励材料交给有关主体后,有关主体由于疏忽大意或者其他原因没有在规定时限内将材料报送激励主体,由此造成的后果由负责报送的有关主体承担。对于没有在规定时限内作出是否给予激励决定的工作人员,要追究其相应的法律责任。

四、实质审查与决定

实质审查是相对于形式审查而言的,具体就高校思政课教师激励来说,形式审查只审查激励措施有无相对应的激励材料,而实质审查则是对激励材料的真实性、相关性及政治性予以审查。由此不难发现,在对高校思政课教师激励材料的审查中,形式审查与实质审查的侧重点不同,前者强调形式,后者注重内容。

(一)实质审查的内容

1. 激励材料的客观性

在对高校思政课教师激励材料的实质审查中,材料的客观性,是指报送的材料必须客观真实,负责审查的工作人员要对此进行严格审查,严禁虚假材料作为激励高校思政课教师的依据。在对报送材料进行实质审查的过程中,如果审查人员认为有不清楚的地方或者对材料的真实性产生合理怀疑,可以采用询问方法与高校思政课教师进行沟通、交换意见,也可以通过核查方法查明真相,例如,对于材料中涉及的课题立项,可以通过立项单位或相关网站核查是否真实;对于材料中涉及的论文发表,通常可以通过中国知网进行查询;对开展的社会服务,可以进行实地调查。为确保材料客观真实,立法应对申请人故意提供虚假材料及裁决者徇私徇情对激励材料的真假进行枉法裁决须承担的法律责任予以规定。

2. 材料的相关性

材料的相关性，是指高校思政课教师提供的材料要符合所申报奖项的宗旨，提供与所设奖项宗旨无关的材料的高校思政课教师，不能获得相应激励。具体就高校思政课教师激励来说，它是专为在科研方面取得成果的高校思政课教师而设，激励应当仅限于对在马克思主义理论及高校思政课教育教学改革研究取得突出成果的高校思政课教师，倘若成果与马克思主义理论或高校思政课教育教学改革研究无关，即便取得的成果突出，但因成果不能有效转化为高校思政课教育教学资源，这样的成果可获得学校科研奖励，但不在专门高校思政课教师的科研激励范畴。限定高校思政课教师的科研激励范围，是为了确保科研为教学提供有效支撑，因此，负责审查激励材料的工作人员，在对报送材料进行审查时，要对成果与马克思主义理论及高校思政课教育教学改革研究是否具有相关性予以审查判断，对没有关联性的材料要予以告知并说明理由，工作人员可以要求申报人撤回申请，并在登记时进行注明。为确保高校思政课教师激励材料相关性审查于法有据，相关立法有必要对此予以规定。

3. 材料的政治性

对高校思政课教师进行激励，不仅要看其是否在教育教学、科学研究以及社会服务中取得优越成绩，还要看他们所取得成绩是否政治正确，例如，对于在政治上不能与党中央保持一致的科研成果，不仅高校思政课教师不能获得激励，还要追究高校思政课教师的相应责任。正是从这个意义上说，对报送的高校思政课教师激励材料，工作人员须加强政治性审查，防止在政治上不能与党中央保持一致的高校思政课教师也能获得激励。为进一步强化相关工作人员责任意识，促使其认真履行对高校思政课教师激励材料政治性审查的职责，有必要由立法对此予以明确规定。

综上所述，对高校思政课教师激励材料的实质审查，主要是对材料的客观性、相关性与政治性进行审查。为确保实质审查的顺利进行，有必要在立法上对实质审查内容予以规定，给负责审查的工作人员提供切实可行的审查判断标准。特别是在立法上将政治性作为高校思政课教师激励材料审查的内容，能有效促使高校思政课教师自觉增强政治意识、提高政治站位，确保高校社会主义办学方向。

（二）实质审查程序正义保障

程序是人们做某事须经的步骤或环节，其不仅可以是人们有意创设的，也可以是人们在长期生活中自发形成的。在权利与权力碰撞的场域，程序正义不仅有利于保障个人权利，而且对防范权力滥用有极其重要的作用。在对高校思政课教师激励的材料予以审查中，立法要确保审查程序正义，应满足以下几个方面的要件。

1. 审查人员要有思政领域专家

在高校思政课教师激励过程中，对报送材料的审查，有可能会涉及一些专业性知识问题，如果负责审查的工作人员缺乏思政方面的专业知识，很有可能对高校思政课教师是否应获激励作出错误的判断，因此，为了避免因专业知识缺乏导致对高校思政课教师激励材料审查作出错误决定，立法有必要对审查人员的构成进行适当规制，例如，对高校思政课教师激励审查的主体必须有思政领域专家参与，而且在审查人员的构成中，高校思政领域专家的人数占比不少于1/3。

2. 申请激励的高校思政课教师有回避权

在高校思政课教师激励过程中，对报送材料予以审查的工作人员，其地位和作用类似于庭审中的法官，拥有对高校思政课教师是否给予以及给予多大激励的裁决权，如果审查工作人员与激励或者与高校思政课教师有利害关系，他们有可能基于个人利益考量，作出不公正的激励裁决，例如，应激励而不激励，不应激励而激励以及激励力度与贡献大小的比例不协调。因此，为确保高校思政课教师激励程序正义，有必要赋予高校思政课教师回避权，立法对此应予以保障。

3. 激励理由说明

在对报送的高校思政课教师激励材料进行审查后，无论是作出对高校思政课教师有利还是不利裁决，都必须予以理由说明，例如，说明予以激励的理由，让人们知道对高校思政课教师给予激励的根据,这不仅是对被激励高校思政课教师的充分肯定,而且便于其他高校思政课教师对激励行为进行监督。又如,对审查后不予激励的理由说明,能充分体现对高校思政课教师的尊重。由于裁决程序正义,在一定程度上有助于申请激励的高校思政课教师对不利于己的裁决的接受,增强激励裁决的权威性。为确保高校思政课教师激励理由说明能得到贯彻执行,有必要在立法上明确负责激励主体的说明义务,并对不予说明的否定性后果予以明确。

(三)实质审查决定

对高校思政课教师激励的材料进行实质审查后,具体负责实质审查的工作人员要提出激励决定意见,向专门负责高校思政课教师激励工作的领导予以汇报,由专门负责高校思政课教师激励的机构就实质审查的最终决定对外予以公布。

就宏观而言,对高校思政课教师激励材料进行实质审查后的决定可以分为三类:一是同意予以激励,即对报送的高校思政课教师激励材料进行实质审查后,认为材料真实、材料与激励措施具有关联性以及材料不存在政治问题,完全符合激励条件与程序,决定对高校思政课教师予以激励;二是不予激励,即对报送的高校思政课教师激励材料进行实质审查后,认为材料的客观性、相关性及政治性的某一方面存在问题,不符合激励条件,决定不予激励;三是要求补充材料,即对报送的高校思政课教师激励材料进行实质审查后,认为提供的材料不充分,没有完全满足某项激励措施所需条件,要求高校思政课教师对激励材料予以补充,再根据补充材料的情况予以定夺。如果高校思政课教师对于实质审查决定不服,立法应当规定其权利救济途径,保障高校思政课教师的正当权益。

五、公示

(一)公示的内涵

公示是高校思政课教师激励程序的重要一环,其指对高校思政课教师是否给予激励及激励程度的决定作出后，承载激励审查义务的主体在特定时间与特定范围内就激励依据、激励措施、对申请激励材料的审查与其结果、对违法以及不当激励的举报方式等向高校思政课教师以及社会公众进行公开，主动接受高校思政课教师与社会公众监督和举报的一种活动。通过立法明确高校思政课教师激励决定要予以公示，让社会对高校思政课教师激励进行监督具有极其重要意义。

（二）公示的意义

1. 有利于高校思政课教师树立正确的激励观

激励公示，将高校思政课教师在教育教学、科学研究以及社会服务中取得成绩向社会进行公布，让获得激励的高校思政课教师在他人的赞美声中，不由自主从内心产生一种职业荣誉感和自豪感，让他们更加坚信，只要热爱和努力完成高校思政课教师教育教学工作，认真履行高校思政课教师岗位职责，为党的教育事业做出成绩，自己的人生价值就会得到实现，这种信念对促使获激励的高校思政课教师今后更加努力工作有极其重要意义。此外，高校思政课教师是青年大学生健康成长引路人，他们大多有强烈的进取心以及不甘人后的拼搏精神，通过公示获激励的高校思政课教师在工作中取得的优越成绩，会激发其他高校思政课教师斗志，让他们觉得自己要获得激励，就必须用实际行动做出成绩，当自己在科研、教育教学或社会服务中做出成绩时，自身价值会得到社会认可。由此不难发现，通过立法保障高校思政课教师激励公示，有利于高校思政课教师树立正确激励观。

2. 有利于社会公众对激励行为的有效监督

前面已论及，高校思政课教师激励涉及裁决权行使，如是否给予以及在多大程度给予激励，这需要特定主体进行裁决。要有效防范在高校思政课教师激励过程中的裁决权滥用，将激励过程及结果进行公示，就是从制度设计层面对激励主体权力进行有效约束的重要方式。因为公示让社会公众知悉高校思政课教师的激励情况，一旦发现激励中存在不应激励而激励及应激励却不激励的裁决权滥用，可通过有关渠道进行举报，这有利于激励主体理性行使裁决权，慎重考虑对高校思政课教师进行激励所依据的事实及法律，从而使裁决权能得到正确行使，正是从这个意义上说，在立法上明确高校思政课教师激励公示，在一定程度上有利于高校思政课教师以及社会公众对高校思政课教师激励行为进行监督。

3. 有利于激发更多的人选择高校思政课教师职业

将高校思政课教师激励过程与结果进行公示，让更多的人从中了解高校思政课教师，了解他们从事的工作光荣且神圣，这会激发一些有识之士产生献身高校思政课教师职业的愿景。此外，公示高校思政课教师取得的成绩及获得奖励，彰显了党和国家对高校思政课教师的关怀，让人们更深刻地认识到高校思政课是一门很重要的课程，这有助于促使更多的人立志选择高校思政课教师职业。正是从这个意义上说，在立法上明确高校思政课教师激励公示，确保激励事实、激励措施以及激励过程对外予以公布，有利于激发更多的人选择高校思政课教师职业。

（三）公示的内容

公示是高校思政课教师激励的必经环节，是激励程序正义的体现，是激励实现实体公正的保证。公示在高校思政课教师激励中的重要性决定，立法有必要对激励内容予以明确规定，避免承载公示义务主体故意或不经意遗漏须公示内容。

1. 公示主体

公示主体，是指对高校思政课教师激励承担公示义务与责任的组织。一般来说，高校、政府及主管教育部门负责高校思政课教师的激励工作，是高校思政课教师激励公示主体，承载公示义务。但须注意的是，他们通常是通过设立或委托特定机构负责激励工作，这个专设或受委托负责高校思政课教师激励的机构就是公示主体。由于负责高校思政课教师激励的专门机构作为公示主体，本身并没有完全独立的主体资格，从某种意义上说，作为公示主体的专门机构，其在高校思政课教师激励中的地位和作用类似于民法中的代理，高校、政府及主管教育部门是被代理人，负责高校思政课教师激励工作的机构是代理人，代理人在授权范围内实施激励行为的后果由高校、政府以及主管教育部门承担。由于激励主体在高校思政课教师激励中处于强势地位，为确保其将激励事项予以公开，立法有必要对激励主体的公示义务以及不公示须承担的法律责任予以明确规定。

2. 业绩公示

对获激励的高校思政课教师取得的业绩予以公示，是为了向社会公众征求监督性、批评性的意见。但社会公众提出正确意见的前提条件是人们要知悉激励高校思政课教师的事实，如果人们不知道一个高校思政课教师做出什么样的业绩，就无法对其获得激励是否违法或是否不当进行有效监督。因此，公示高校思政课教师的工作业绩，让人们了解其在教育教学、科学研究以及社会服务等方面做出的突出贡献，这是业绩公示的核心内容，否则，不公示业绩，激励暗箱操作，高校思政课教师激励的公信力将被大打折扣。为了确保激励主体公示业绩，增强高校思政课教师激励公信力，立法应规定激励主体有义务将高校思政课教师业绩进行公示，与此同时，对激励主体不公示业绩须承担的法律责任予以明确。

3. 公示方式

公示方式，是指激励主体对高校思政课教师取得业绩进行对外公布的具体形式。传统公示方式主要采取张贴布告形式，随着网络技术发展，高校思政课教师的激励公示应该在保持张贴布告形式的同时，借助网络媒体采取更便捷、更经济以及更具影响力的公示方式，例如，以诺贝尔颁奖的“专题新闻”报道形式在网络媒体予以公示。尽管高校思政课教师激励不能同诺贝尔颁奖相提并论，但在高校思政课教师激励中的公示可以借鉴“专题新闻”报道形式，展示高校思政课教师取得的成绩及其社会意义，宣传他们的奉献精神，让社会公众更了解高校思政课教师。为更好规范高校思政课教师激励的公示方式，立法应对此予以明确规定。

4. 公示时间

公示时间，是指对高校思政课教师激励相关事项予以公布的期限。从某种意义上说，对高校思政课教师激励事项进行公示的时间长短，直接关乎高校思政课教师以及社会公众对获激励的高校思政课教师的业绩及激励力度的知情权。如果公示时间过短，会导致很多人无法知悉激励事项，进而不能对违法或者不当的激励进行有效监督；倘若公示时间过长，会影响激励进程，导致激励及时原则不能得到贯彻。因此，在对高校思政课教师激励公示的时间予以确定时，既要考虑能确保高校思政课教师及其他社会公众知悉激励情况，又要有利于提高激励工作的效率，避免激励不必要拖延。公示时间一般以7～15天为宜，负责高校思政课教师激励的专门机构可根据实际情况确定。为确保公示时间具有相对稳定性，立法有必要对此予以明确规定。

5. 公示的效力

公示的效力，从法律意义上说，是指公示期满后法院裁决生效，如果一方不自觉履行义务，另一方有权请求法院强制执行。具体就高校思政课教师激励而言，激励公示期满后，如果没有人对激励的相关事项提出异议或者人们提出的异议不成立，高校思政课教师激励公示就产生效力，激励主体必须信守承诺，自觉履行激励义务；倘若激励主体不履行激励义务，高校思政课教师可将生效的激励决定作有力凭证，申请有关主体强制执行。由此不难看出，对高校思政课教师的激励，公示期满后，激励主体要自觉兑现激励承诺，否则，高校思政课教师有权要求有关主体强制执行。为确保生效的高校思政课教师激励能得到切实执行，立法有必要对高校思政课教师激励公示的效力予以规定。刚性法律制度的确立，有利于增强激励主体法治意识，自觉履行高校思政课教师激励义务。

6. 举报途径

对高校思政课教师激励予以公示，就是为了让人们对激励行为进行监督，确保激励客观公正。众所周知，任何完善机制都难以阻却权力滥用，高校思政课教师激励机制同样没有例外，对高校思政课教师激励予以公示的一个重要价值目标，就是要通过保障社会公众知情权，借助权利对权力进行有效监督，有效防范高校思政课教师激励中的裁决权滥用。然而，如果高校思政课教师或其他社会公众从公示中发现对高校思政课教师的激励存在问题，应当给予其明确的举报途径，否则，通过举报实现对权力进行监督制约的目标无法实现，将公示作为高校思政课教师激励程序的重要环节就失去意义。为此，对于高校思政课教师激励公示期满后,如果发现激励存在不客观公正之处,立法应明确举报途径。

六、兑现

对高校思政课教师在教育教学、科学研究以及社会服务中做出的贡献,如果符合激励条件,激励主体必须信守承诺对其进行激励,否则,高校思政课教师激励机制就没有任何实际意义,不仅不能激发高校思政课教师工作积极性,还有可能在整个社会造成诚信缺失的阴影,因此,立法应对高校思政课教师激励兑现予以明确。

(一)兑现的含义

"兑现"一词,多运用于金融领域,指票据持有人以票据为凭证,要求银行按照票据记载金额支付现金,引申比喻为实现诺言。在高校思政课教师激励机制构建及运行过程中,兑现,是指作为激励主体的高校、政府以及主管教育部门必须信守"诺言",对自己先前的高校思政课教师激励"承诺"要予以付诸实施。

在高校思政课教师激励机制中,兑现涵括两个方面的内容:一是高校、政府以及主管教育部门作为高校思政课教师激励的主体,他们制定了激励高校思政课教师的条件、措施以及程序等,并通过文件、通知等一定方式让高校思政课教师知悉,从法律意义上说,相当于对高校思政课教师作出了承诺,即只要他们在科学研究、教育教学以及社会服务等某一方面取得突出成绩,满足激励条件,就给予其相应激励;二是高校、政府及主管教育部门有义务对自己向高校思政课教师作出的"承诺"予以付诸实施,如果其没有履行义务,高校思政课教师有权要求其履行。

由上不难发现,高校、政府以及主管教育部门与高校思政课教师虽是一种管理与被管理的关系,但在高校思政课教师激励机制中,高校、政府以及主管教育部门作为激励主体,其与被激励的高校思政课教师是一种平等关系,高校、政府及主管教育部门对高校思政课教师应以平等法律关系主体身份兑现自己的承诺,否则,设立高校思政课教师激励机制的初衷就无法实现。然而,在高校思政课教师激励机制运行过程中,有的激励主体没有信守承诺,对于符合激励条件的高校思政课教师，以各种各样的理由或借口拒绝兑现激励承诺。鉴于此，有必要将高校思政课教师激励兑现予以法治化，由具有强制力的法律确立激励主体的兑现义务并保障兑现义务得以履行。

（二）兑现的意义

1. 增强激励主体的公信力

“人无信不立”是人们熟知的格言，言出必行是一个人立于天地人世的根本。在高校思政课教师激励机制运行中，如果高校、政府以及教育主管部门不信守承诺，言而无信，一旦陷入“塔西佗陷阱”[①]，广大高校思政课教师对其不再相信，这不仅会导致激励机制失灵，还有可能造成激励主体与被激励对象处于直接“对立”的尴尬境地。为避免“塔西佗陷阱”现象，增强自身公信力，立法应当将高校思政课教师激励“兑现”法治化，由法律明确高校、政府及主管教育部门信守诺言的义务，用刚性法律制度确保对高校思政课教师作出的激励承诺得以兑现。

2. 调动高校思政课教师工作积极性

高校、政府以及教育主管部门设立高校思政课教师激励机制，是要通过对付出艰辛劳动并取得成绩的高校思政课教师予以精神或者物质激励，调动他们的工作积极性。然而，根据高校、政府以及教育主管部门制定的激励机制，对高校思政课教师在科研、教育教学或社会服务中取得成绩的高校思政课教师本应给予相应激励，但高校、政府及教育主管部门却以各种理由和借口不予兑现激励承诺，激励措施不能付诸实施，通过激励机制调动高校思政课教师工作积极性的目的将无法实现。为确保高校、政府以及教育主管部门自觉兑现自己承诺，立法对此应予以明确规定，通过刚性法律制度确立与保障激励主体的兑现义务，让高校思政课教师对其信守承诺持坚定信心和乐观态度，激励机制才能实现调动高校思政课教师工作积极性的目的。

---

① 塔西佗陷阱，得名于古罗马时代的历史学家塔西佗，最初来自塔西佗所著的《塔西佗历史》，后被引申为一种社会现象，指当政府部门或某一组织失去公信力时，无论其说真话还是假话、做好事还是坏事，都会被认为是说假话、做坏事。塔西佗在评价一位罗马皇帝时说：“一旦皇帝成了人们憎恨的对象，他做的好事和坏事就同样会引起人们对他的厌恶。”

3. 促进社会和谐

社会和谐绝非没有冲突，冲突论认为，一个缺乏冲突的社会是一个了无生机、沉闷乏味的社会。① 但须承认的是，冲突会引发社会动荡，妨碍和谐社会构建。在高校思政课教师激励机制运行中，高校、政府及主管教育部门是激励主体，如果其言而无信，没有兑现激励高校思政课教师的承诺，势必会引发激励对象与激励主体的冲突，这无疑会妨碍和谐社会构建。因此，高校、政府以及主管教育部门必须信守"承诺"，对高校思政课教师作出的激励承诺，必须予以兑现，否则，会引发高校思政课教师对高校、政府以及主管教育部门乃至对党和国家怨恨与不满。因此，立法有必要确立高校思政课教师激励主体有兑现承诺的义务，通过刚性法律制度保障高校、政府及主管教育部门对高校思政课教师作出的"承诺"得以实现，避免激励主体与激励对象发生冲突，这是促进社会和谐的必然要求。

（三）保障兑现的路径选择

1. 提升激励主体在思想上真正认识兑现的重要性

要确保高校、政府以及主管教育部门兑现对高校思政课教师作出的"承诺"，调动高校思政课教师工作积极性，发挥高校思政课教师激励机制的激励功能，需要高校、政府以及主管教育部门领导及工作人员在思想上提升认识，认识到激励措施是必须兑现的"承诺"、必须履行的契约义务，否则，认识不到位，思想不统一，即便激励机制完善，在贯彻落实中也极有可能出现随意以一个理由或者借口就予以拒绝的情况，导致高校思政课教师应获得激励无法得到落实。然而，要提高高校思政课教师激励主体思想认识，让其充分认识兑现承诺的重要性，除了加强思想政治教育外，有必要在立法上将兑现确立为激励主体应履行的法律义务，通过刚性法律制度保障，才能促使高校、政府及教育主管部门的领导及工作人员提高思想认识，将兑现视为自己须履行的义务，高校思政课教师激励才能得到兑现。

① 参见[美]戴维·波普诺：《社会学》，李强等译，中国人民大学出版社1999年版，第133页。

2. 立法确立激励主体不兑现承诺的责任

在现代法治社会视域下，要确保高校思政课教师激励“承诺”能够得到及时兑现，立法仅确立激励主体的兑现义务还远远不够，要确保义务得到履行，还必须对不履行义务的法律责任予以明确，只有对不履行“承诺”的激励主体进行法律责任追究，才能有效促使高校、政府以及教育主管部门领导及其工作人员在思想上引起足够重视，否则，缺失责任追究的激励义务履行，就如签发不能兑现的空头支票，没有实际意义，谈论无法责任追究的激励有可能如同纸上谈兵，毫无意义。因此，建立高校思政课教师激励的责任追究制度，对不兑现激励“承诺”的有关主体进行追责。唯有如此，才能促使高校、政府以及教育主管部门领导及其工作人员增强兑现的责任意识，自觉履行激励“承诺”的义务。

3. 明确高校思政课教师对激励主体拒绝兑现不服的权益救济方式

高校、政府及主管教育部门不履行兑现激励“承诺”的义务，是对高校思政课教师权益的侵害。对于这种侵害行为，如不能为高校思政课教师提供有效救济渠道，有可能导致其对高校、政府及主管教育部门产生怨恨和不满。因此，在高校思政课教师激励机制构建及运行中，对于高校、政府及主管教育部门没有兑现激励“承诺”，如果高校思政课教师对此不服，相关立法不仅应赋予高校思政课教师进行权益救济的权利，而且要为其设定有效权益救济方式。通过高校思政课教师对自身权益的维护，促使激励主体自觉履行兑现“承诺”的义务。

第五节　不法激励责任追究法治化

高校思政课教师激励必须符合激励主体预设条件并严格遵循激励程序，否则，不符合条件或者违反程序予以激励，对负责激励工作的有关人员要进行责任追究。不法激励责任追究法治化，是指在高校思政课教师激励机制构建及运行中，立法对不法激励的责任追究要有明确规定。通过立法确立高校思政课教师不法激励责任追究，如明确责任追究的归责原则、确定相关责任人承担责任的方式、构建合理的责任追究程序及被追责人对追责不服的权益救济途径等，确保高校思政课教师不法激励责任追究在预设法治轨道内有序运行。

一、不法激励责任

(一)责任的含义与特征

对于什么是责任,人们的理解不尽相同。在德国古典哲学创始人康德看来,“责任”是伦理学的最高理念,他认为,责任是“一切道德价值的源泉,要求人在行为时必须为了责任而责任”[①]。在《汉英词典》中,“责任”可以译为liability,duty,responsibility 等,其含有负责、职责、任务、义务等含义。[②] 尽管要对“责任”给予精确界定不易,但其通常指人们要对自己行为承担后果,例如,一个人要对自己行为选择所造成的危害承受道义谴责以及法律制裁的不利后果。

根据如上责任内涵分析,不难发现,责任具有如下几个方面的基本特征。

1. 具有强制性

责任,往往意味着特定主体要对自己行为承担不利后果,例如,承担社会舆论谴责的道义责任、承担行政处分的行政责任、承担赔礼道歉的民事责任。无论是道义责任还是法律责任,都有迫使他人服从的力量,正是从这个意义上说,责任是行为主体对自己行为选择不得不承担的否定性后果,具有须履行的强制性。

2. 具有惩罚性

没有正确履行职责的人要受到相应惩罚,这应该是天经地义、不证自明的公理。否则,如果特定主体对自己实施于他人不利的行为无须付出代价,不仅使被侵害权益无法得到恢复或者弥补,而且会助长行为人继续实施危害他人行为的嚣张气焰,在整个社会造成正义不存在的阴影。因此,对实施危害行为的主体必须予以制裁,让其对自己行为承担不利后果,正是从这个意义上说,责任具有惩罚性。

---

① 刘登科:《康德的责任概念及其责任伦理观》,载《中共南京市委党校南京市行政学院学报》2004 年第 5 期。

② 参见北京外国语大学英语系《汉英词典》组编:《汉英词典》(修订版缩印本),外语教学与研究出版社 1997 年版,第 1573 页。

3. 具有不可推卸性

在我国，个人利益与他人利益、社会利益和国家利益，具有根本一致性。任何人不能以损害他人、社会和国家利益为代价来满足自身利益，否则，行为人要对行为给他人、国家和社会利益造成的损失承担责任。如果行为人对自己损害他人、社会和国家利益的行为无须承担责任，会导致更多的人效仿，造成社会秩序紊乱。因此，行为人理所当然须对自己行为选择承担责任，具有不可推卸性。

(二) 不法激励责任的含义与特征

在高校思政课教师激励视域下，不法激励责任，是指高校、政府或主管教育部门在对高校思政课教师进行激励的过程中，代表高校、政府或主管教育部门履行激励职责的工作人员没有认真履行职责，导致对高校思政课教师的激励违法，例如，不应激励而激励，应激励却不予激励或者激励力度与贡献值明显失衡等，造成高校思政课教师权益受侵害并在社会上产生一定甚至非常严重的不良影响，不法激励主体必须对自己实施的不法激励行为承担不利后果。

与其他责任相比较，高校思政课教师不法激励责任具有以下几个方面特征。

1. 责任主体的特定性

在高校思政课教师激励中，不法激励主体通常是高校、政府及主管教育部门，这意味着，只有特定主体才有可能对高校思政课教师实施不法激励行为。须强调的是，高校、政府及主管教育部门是单位，其对高校思政课教师履行激励职责需要由单位工作人员完成，不法激励行为是工作人员实施，但工作人员是代表单位实施激励，在职权范围内实施的行为后果由单位承担，超越职权范围实施的行为后果，由行为人自己承担，因此，高校、政府、主管教育部门及其工作人员是不法激励的责任主体。

2. 须给高校思政课教师造成一定危害后果

责任，通常以行为人的行为给他人造成一定危害后果为前提，在高校思政课教师不法激励中，要对激励主体实施不法激励行为进行责任追究，一般以不法激励行为给高校思政课教师造成一定危害后果为前提，这种危害后果既可以是物质性的危害，也可以是精神性的危害，前者如负责激励的工作人员故意或过失实施不当或不法激励行为，导致高校思政课教师本应获得物质激励却没有获得，造成其经济利益受损；后者如不法激励行为导致高校思政课教师的名誉、荣誉受到一定的损害。无论是物质损害还是精神损害，都是对高校思政课教师造成的危害后果。

3. 激励主体承担不利后果

责任与不利后果紧密相关，在高校思政课教师激励中，激励主体没有认真履行职责或者基于自身利益考量实施不法激励行为，其必须对自己行为承担不利后果，如要受到道义谴责、接受行政处分或承担法律责任。只有不法激励主体承担不利后果，让不法激励所得之苦大于所得之乐，才能有效抑制不法激励行为。

二、不法激励责任追究

（一）基本内涵

不法激励责任追究，是指在高校思政课教师激励过程中，高校、政府以及教育主管部门作为激励主体，如果其在对高校思政课教师予以激励时，没有认真履行职责，实施了不法激励行为，由特定主体对此予以调查并作相应处理。

不法激励责任追究表明，如果激励主体对高校思政课教师实施了不法的激励行为，例如，对不具备激励条件的予以激励、对应当激励的不予激励、激励力度与被激励人作出成绩明显不一致等，那么，将由特定主体依职权对应承担责任的高校、政府、主管教育部门及其工作人员开展调查并采取相应制裁措施。

由上可见，高校思政课教师不法激励责任追究具有警戒作用，有利于促使承载高校思政课教师激励义务的主体增强责任意识。但因责任追究涉及公益与私益的激烈碰撞，为避免高校思政课教师不法激励责任追究中权力恣意妄为，对公益与私益之冲突予以适度平衡，有必要对不法激励责任追究予以法治化。通过立法对责任追究主体、责任追究归责原则、责任方式、责任追究程序及对被追责不服救济方式予以规定，确保高校思政课教师不法激励责任追究在法治轨道内运行。

(二)现状反思

目前,在我国有关高校思政课教师激励的诸多文件中,[①]仅规定对高校思政课教师要大力激励,在政策上予以支持,关于不法激励责任追究则鲜有涉及。

1. 责任主体不明

从广义上说,责任主体涵括追究责任主体与负担责任主体,前者是指有资格追究他人责任,后者是指对自己的过错负责,是被追责对象。追究责任主体与负担责任主体明确,是责任追究得以顺利进行的前提。但在高校思政课教师不法激励责任追究中,对于不法激励,谁来行使追责职权,对谁追究责任,关于高校思政课教师激励的相关文件没有涉及,责任主体不清,导致不法激励责任追究职权与职责难以分清,高校思政课教师不法激励责任追究被置于艰难境地。

2. 责任追究程序缺失

程序是人们做某事须经的步骤或环节,在高校思政课教师不法激励责任追究中,明确责任追究的具体环节或步骤,确立不同主体在责任追究各环节中的权利与义务,有利于确保不法激励责任追究在预设轨道运行。然而,我国关于高校思政课教师激励的相关文件没有涉及不法激励责任追究,更遑论不法激励责任追究程序。由于责任追究程序缺失,对不法激励行为进行责任追究没有具体路径指引,这不仅会导致各地责任追究杂乱无章,还有可能导致承载责任追究任务的工作人员率性而为,不法的高校思政课教师激励行为无法得到及时有效纠正。

---

① 例如,2008 年,中宣部、教育部发布的《关于进一步加强高等学校思想政治理论课教师队伍建设的意见》中规定,在教育系统各类教师表彰体系中,要对思政课教师的评比确定相应比例,进行统一表彰,增强教师的责任感和荣誉感。2015 年,中宣部、教育部出台的《普通高校思想政治理论课建设体系创新计划》规定,要积极选树思政课教师、教学科研二级机构先进典型,推选年度影响力人物、教学名师、教学能手和优秀团队。2019 年,中共教育部党组印发的《"新时代高校思想政治理论课创优行动"工作方案》指出,要把思政课教师纳入各类高层次人才项目,在"长江学者奖励计划"等人才项目中对思政课教师加大倾斜支持力度,给予更多关心和支持。2020 年,教育部发布的《新时代高等学校思想政治理论课教师队伍建设规定》强调,国家级教学成果奖、高校科学研究优秀成果奖(人文社科)要加大力度支持思政课。

3. 对追责权力缺失监督

高校思政课教师不法激励责任追究必然涉及权力行使,没有权力作为后盾,要对高校、政府以及主管教育部门在高校思政课教师激励中的不法激励行为进行责任追究,极其困难。但权力都有易被滥用的危险,为此,有必要对高校思政课教师不法激励责任追究中的权力滥用进行有效监督。然而,我国有关高校思政课教师激励的相关文件没有涉及不法激励责任追究中的权力监督,对高校思政课教师不法激励责任追究权力缺失监督,会导致承担追责的工作人员恣意妄为。

(三)完善路径

要改变我国当下高校思政课教师不法激励责任追究存在的不足,有必要将责任追究予以法治化,通过立法确立责任追究主体、责任追究程序及对追责权力进行监督,以确保高校思政课教师不法激励责任追究在法治预设轨道内有序推进。

1. 责任主体法定

明确责任主体是高校思政课教师不法激励责任追究的前提条件。为避免责任主体不清可能导致责任追究混乱,有必要将高校思政课教师不法激励责任追究中的责任主体予以法治化,即由立法对负责责任追究的主体及被追责对象予以明确,并对追责主体的职权与被追责对象的权利进行规定。对高校思政课教师不法激励责任追究中的责任主体予以法治化,有利于防范责任追究过程中权力滥用,确保高校思政课教师不法激励责任追究在法治轨道内运行。

2. 责任追究程序法定

程序为权力与权力运行预设路径,具有防范权力恣意妄为及权利滥用的功能。在高校思政课教师不法激励责任追究中,明确责任追究具体步骤和环节,为责任追究指明路径,可避免有关主体不知如何是好的窘境。因此,有必要在立法上确立高校思政课教师不法激励责任追究程序,通过刚性法律制度保障责任追究在预设轨道内运行。

3. 强化法治监督

高校思政课教师不法激励责任追究是一项复杂系统工程，必须要把握“责任追究”中权力运行特点，在监督上加强法治建设，例如，构建专门的监督机构，完善设立投诉意见箱、电子信箱及投诉电话等监督方式，形成一个四通八达的监督网状，确保投诉渠道畅通；聘请校内外思政课教师为监督员，定期或不定期组织其对高校思政课教师不法激励责任追究工作开展调研、征求意见、提整改建议，强化社会监督；强调监督的透明性与公开性，让不法激励行为暴露在阳光下。

三、不法激励归责原则

（一）归责原则的含义

在高校思政课教师不法激励中，是不是只要激励主体实施不法激励行为，就要对其进行责任追究，答案应该是否定的。激励行为违法只是高校思政课教师不法激励责任追究的前提或者说必要条件，而非充要条件。换言之，不是所有违法的高校思政课教师激励行为都要进行责任追究，例如，有的不法激励行为发生，负责激励工作的人员在主观上没有过错，不法激励行为的发生是因为不能预见或者无法克服的客观情况导致，激励主体无须对此承担责任。由此产生这样的问题，对什么不法激励行为进行责任追究，或者说，什么样的不法激励行为激励主体无须承担责任，此即高校思政课教师不法激励责任追究归责原则要解决的问题。

在高校思政课教师不法激励责任追究者中，责任追究归责原则是指对于激励主体对高校思政课教师实施的违法激励行为，对其进行责任追究须遵循的基本准则。就宏观而言，只有符合归责的基本准则，才对违法的高校思政课教师激励行为进行责任追究，否则，即便在高校思政课教师激励中存在违法激励，也不对有关主体进行责任追究。由此不难发现，归责原则在高校思政课教师不法激励责任追究中处于极其重要地位，它不仅直接体现和反映高校思政课教师不法激励责任追究的基本精神与价值取向，还直接决定高校思政课教师不法激励责任追究范围并左右高校思政课教师不法激励责任追究制度功能能否发挥以及发挥的程度。

（二）常见归责原则与高校思政课教师不法激励责任追究

我国关于高校思政课教师激励的文件，仅要求在政策上对高校思政课教师予以激励，没有涉及违法激励的责任追究，自然也就没有责任追究的归责原则。但在涉及公权力滥用的责任追究中，常见的归责原则主要有以下几种。

1. 违法责任原则

违法责任原则，是指对于行为人实施的危害行为要不要追究责任，关键是看其实施危害行为时是否有违法行为，如果行为人实施对他人有害的行为不属于违法行为，就不能对其进行责任追究。据此，在违法责任的归责原则下，追究责任的基本准则是“行为违法或违规”，对于行为人在主观上是否有过错，无须考虑。换言之，如果行为人实施的行为合法，即便该行为导致危害后果发生，也无须承担责任。行为主体实施违法行为，才能对其造成危害后果进行责任追究。

根据违法责任追究归责原则，对高校思政课教师激励中违法激励要不要进行责任追究，关键是看违法激励是否因负责激励的高校、政府、教育主管部门及其工作人员违法行为所致，只有因高校、政府、教育主管部门及其工作人员实施违法行为导致违法激励，才可进行不法激励责任追究。

有学者指出，对于法治社会的司法人员，应给予足够信任，只要他们行为正当就应推定判决结果正当。[①] 对高校思政课教师承载激励责任的工作人员虽非司法人员，但他们行使的同样是公权力，对承载激励义务的工作人员应当给予充分信任，相信其在激励过程中能依法履行裁决权。但权力都有易被滥用的危险，如果负责高校思政课教师激励的工作人员基于个人私利或者其他因素考量，没有严格遵守激励条件与程序，如应激励而不激励，不应激励却予以激励，导致激励违法，行为人要对此承担相应责任，这应是不言而喻、不证自明的

① 参见周永坤：《错案追究制与法治国家建设——一个法社会学的思考》，载《法学》1997 年第 9 期。

公理。

将违法责任原则作为高校思政课教师不法激励责任追究归责原则具有其合理性,但高校思政课教师激励是一项较复杂的活动,不法激励,除可能是工作人员违法行为导致外,还有其他方面的原因,例如,激励力度与贡献大小一致不易判断;又如,不法激励的发生,不仅与激励主体的违法行为有关,也同其主观过错密不可分,且主观过错有故意与过失及程度轻重之分,不同错误的高校思政课教师激励造成的社会危害性程度有差别。因此,不考虑不法激励主体在主观上是否存在过错,也无论其违法是否造成危害结果,仅以激励主体实施违法行为作为高校思政课教师不法激励责任追究的归责原则具有明显的不合理之处。

2. 结果责任原则

结果责任原则,是指对行为人要不要进行责任追究,关键是看行为人的行为有没有造成一定危害结果,危害结果发生是进行责任追究的唯一依据,至于行为人是否在客观上实施了违法行为以及在主观上有没有存在过错,不在考虑范围。换言之,如果行为人的行为没有造成危害结果,即便其主观有过错以及在客观上实施了违法行为,也不追究责任。反之,只要行为造成一定危害结果,即便行为人在主观上没有过错,在客观上未实施违法行为,也要进行责任追究。

在高校思政课教师不法激励责任追究中,将造成危害结果作为责任追究的归责原则有一定合理性,因为结果责任原则简便易行,承担责任追究的工作人员只需查明违法激励是否产生危害结果,无须考量判断承载激励义务主体在主观上是否存在过错,只要有危害结果就可进行责任追究。一般而言,违法激励是否产生危害结果,相对于激励主体在主观上是否存在过错,容易取证,正是从这个意义上说,结果责任原则,有利于在激励过程中保障高校思政课教师的合法权益,在一定程度能增强高校、政府及教育主管部门工作人员的守法意识。

但结果责任原则不考虑激励主体的行为是否违法及其在主观上是否有过错,仅以"危害结果"作为高校思政课教师不法激励责任追究的唯一依据,同样存在明显不合理之处,例如,对于激励主体在主观上有过错以及在客观上实施了违法行为,但没有造成具体危害结果的不法激励行为,就无法对此进行责任追究。

此外,违法激励造成危害结果的表现形式多样,既有物质的也有精神的危害,对精神方面的危害,有时很难评估,如仅以造成危害后果作为高校思政课教师不法激励责任追究唯一归责原则,在特定情况下,会给责任追究带来难题。

3. 过错责任原则

与违法责任原则和结果责任原则不同,过错责任原则强调,行为人在主观上存在过错,是对其行为进行责任追究的唯一依据。换言之,行为人在行为时没有过错的,即使行为违法或造成危害结果,也不能对其进行责任追究。行为人在主观上因故意或重大过失导致危害结果发生的,才能对其行为进行责任追究。

在过错责任原则视域下,不法激励责任追究的关键在于能否确定激励主体在主观上有过错,如果承担激励义务的工作人员在激励工作中故意或重大过失地违反高校思政课教师激励条件与程序作出决定,那么,相关工作人员就要对违法的高校思政课教师激励承担责任,反之,承载激励义务的工作人员在激励工作中没有故意或重大过失,即便有错误或违法激励结果发生,也无须对此承担责任。

将工作人员在主观上存在“过错”作为高校思政课教师不法激励责任追究的归责原则有一定合理性,但在责任追究的实践中,要认定工作人员是否存在过错极其困难,将“过错”作为高校思政课教师不法激励责任追究归责原则可操作性不强。须承认的是,过错责任原则是建立在激励主体的主观过错是可以认识的基础上,但要怎样区分负责高校思政课教师激励的工作人员的过错心态,例如,违法激励结果发生是其在故意还是过失状态下造成,要收集证据对此予以证明,有时不容易,所以,过错责任原则形式上合理,但可操作性不强。

4. 综合责任原则

综合责任原则,是指责任追究不能采取单一违法责任、结果责任或者过错责任原则,而应采取两个或者两个以上归责原则,例如,既要看行为主体是否存在违法违规行为,还要看其主观上有没有过错,有时还要考虑危害行为是否造成一定危害结果。

在高校思政课教师激励中，作为激励主体的高校、政府以及主管教育部门与被激励高校思政课教师的关系错综复杂，违法激励的表现形式多种多样，发生的原因，有的是因工作人员疏忽大意或过于自信导致，有的则是因工作人员故意为之导致。如果对高校思政课教师不法激励责任追究采取单一归责原则，难免会导致一些不合理现象发生，例如，违法责任原则，既不考虑激励主体在主观上是否存在过错，也不考虑激励主体的行为是否造成危害后果，只要激励主体实施违法行为，就要进行责任追究；结果责任原则不考虑激励主体是否有过错，只要有危害结果就要追究责任，置激励主体于极其不利境地；过错责任原则，将激励主体在主观上存在过错作为责任追究的唯一依据，由于激励主体在主观上是否有过错的认定极其困难，将过错责任原则确立为归责原则，有时会导致激励责任追究难以进行。因此，在确立激励责任追究的归责原则时，应避免采取单一归责原则之不足，采取综合归责原则，以适应高校思政课教师不法激励责任追究活动中的复杂情况。

（三）高校思政课教师不法激励责任追究应采取主客观统一的归责原则

主客观统一，是指责任追究不仅要求他人有危害社会行为，而且要求他人在主观上存在过错，客观危害行为与主观过错不可或缺。如果他人行为造成危害社会结果，但若行为人在主观上没有过错，则不能对行为人的行为进行追责。

高校思政课教师不法激励责任追究主客观相统一，是指对不法的高校思政课教师激励行为进行责任追究，应同时具备主观与客观两方面条件。具体而言，高校思政课教师不法激励责任追究必须是激励主体在故意或者重大过失心理支配下作出错误激励，且错误激励在客观上发生了危害性后果。激励主体在主观上有过错与客观上实施违法行为，才能对高校思政课教师不法激励行为进行责任追究。

在高校思政课教师不法激励责任追究中，对于非因负责激励工作人员故意或重大过失发生的违法激励，如果进行责任追究时对此不予考虑，只考虑在客观方面有违法激励事实出现，这不仅有违马克思主义关于实践是人类有意识、有目的地改造客观世界的活动，而且会影响高校思政课教师激励主体的工作积极性,会让其在激励工作中有如履薄冰的不安全感。倘若违法激励的发生是激励主体有意识、有目的或因过失导致,通过责任追究,会增强高校思政课教师激励主体的法治意识,促使其认真履行职责,因为人是一种有理性的高级动物,有理性禀赋,他们具有判断和识别真假进而作出符合理性的价值选择能力。

具体就高校思政课教师不法激励责任追究而言,激励主体作为理性人,其应当知道因自己故意或过失导致违法激励须承担的后果,自己要对自己行为承担不利后果。反之,要其对于非因自己过错造成的违法激励行为承担责任,不仅不能增强法治意识,而且有可能引发其不满。因此,高校思政课教师激励作为一种实践活动,对这种错误的激励活动追究责任应贯彻客观危害行为与主观过错的统一原则。对没有过错的人追究责任,责任追究具有的教育与制裁功能将难以发挥。

综上所述,对高校思政课教师不法激励责任追究采用主客观相统一的归责原则,是马克思主义关于人类行为理论在责任追究上的"体现"。高校思政课教师不法激励责任追究实行主客观统一归责原则的思考逻辑是,违法激励高校思政课教师的行为是由主观要素和客观要素组成,是激励主体在主观意识支配下的一种客观实践活动。不法激励既然是主体有意识行为,理应符合人类行为的一般规律和构成特征,因此,对高校思政课教师不法激励责任追究采用主客观统一归责原则具有合理性。为确保归责原则能得到贯彻实施,对其予以法治化有必要性。

四、不法激励责任方式

(一)责任方式的内涵

责任方式,是指特定主体实施有损他人行为之后,对该行为造成的危害后果须承担的制裁形式。例如,社会舆论谴责的道义责任、赔礼道歉的民事责任、行政处分的行政责任、刑罚制裁的刑事责任。由此不难看出,责任方式具有惩罚性,是对特定主体实施危害他人行为的一种制裁。危害行为与责任方式有因果逻辑关联,前者是因,后者是果。特定主体实施具有危害性的行为是原因,要承担特定责任是其对自己行为应承担的后果。但应注意的是,因果关系具有复杂性,不是有危害行为就要承担责任,不能将危害行为与责任方式简单等同。

在高校思政课教师激励中,如果激励主体没有认真履行职责,对不该激励的予以激励,对应激励的却不予激励,或者激励力度与贡献值明显失衡,对这些不法激励行为进行责任追究,必要且急需。然而,要对高校思政课教师不法激励行为进行责任追究,责任方式明确是前提条件。如果责任方式不明,对不法激励要承担什么责任没有规定,高校思政课教师不法激励责任追究就形同虚设,没有任何实际意义。因此,为避免高校思政课教师不法激励责任追究形同虚设,有必要将不法激励责任方式予以明确并法治化。

(二)不法激励责任方式法治化的意义

在高校思政课教师不法激励责任追究中,对不法激励行为须承担责任方式予以法治化,让激励主体知悉自己实施不法激励的后果,具有极其重要意义。

1. 促使激励主体在思想上引起重视

明确不法激励的责任方式,有利于促使负责高校思政课教师激励的工作人员在思想上对此引起高度重视。然而,我国有关高校思政课教师激励的规范性文件,仅规定激励高校思政课教师的措施及要求对高校思政课教师激励予以政策支持,对不法激励的责任追究以及责任方式没有涉及。责任方式缺失,意味着不知道要对责任人追究什么。不能对责任人进行有效责任追究,在一定程度让激励主体在思想上难以对高校思政课教师激励重要性引起足够重视,进而易导致激励过程中的不法行为发生。因此,由立法明确不法激励责任方式,让高校思政课教师激励主体知道不法激励后果,有利于其在思想上对激励引起重视。

2. 保障高校思政课教师权益

无论是物质激励还是精神激励抑或政治激励,都关乎高校思政课教师切身利益。对于应激励而不激励、不该激励却予以激励的行为,如果设定有具体责任方式予以制裁,会促使激励主体对自己行为后果进行利弊权衡,当其知道自己要对某一行为承担不利后果时,有可能阻却不当及不法激励行为发生。反之，责任方式缺失，不仅使高校思政课教师被侵害权益无法得到有效恢复或弥补，而且会助长激励主体恣意妄为，进而对高校思政课教师权益造成更大侵害。因此，由立法根据激励主体在高校思政课教师激励中实施不法行为设定不同责任方式，如赔礼道歉、消除影响、恢复名誉、赔偿损失，有利于保障高校思政课教师权益。

3. 增强激励的公信力

对于高校思政课教师激励主体来说，公信力尤为重要。众所周知，对高校思政课教师进行激励的初衷就是为了充分调动广大高校思政课教师开展教育教学、科研以及社会服务的积极性。高校思政课教师根据相关激励文件规定作出了贡献，激励主体却以这样或那样的理由和借口不兑现自己的“承诺”，言而无信，或基于自身利益考量，故意对不该激励的人予以激励，对于激励主体不兑现激励“承诺”及故意实施不法激励行为，倘若缺乏相应责任方式，势必导致激励无公信力，没有公信力的高校思政课教师激励终将失去生命力，被广大高校思政课教师鄙弃。因此，在立法上对高校思政课教师不法激励责任追究设置具体责任方式，对不法激励行为给予有力制裁，有利于增强高校思政课教师激励公信力。

（三）不法激励责任方式法治化

在对高校思政课教师不法激励的责任追究中，激励主体实施不法激励的行为多样，每一种不法激励行为产生的社会危害性大小有别，要在立法上针对不同非法激励行为的性质及其危害性后果设定责任方式，难度很大。依据责任性质不同，立法可从宏观上将高校思政课教师不法激励的具体责任方式设定为以下几种。

1. 道德责任

在高校思政课教师不法激励视域下，道德责任是指激励主体在兼具客观可能和主观能力的限度内，没有正确履行职责，其在道义上应当承担对自己不利的后果。道德责任的正当依据是，人虽受历史必然性支配，但人的行为往往有目的性，一个心智正常的人，在一般情况下，有能力对自己行为可能产生的后果作出判断,如果其已意识到自己行为会引发对他人不利的后果,却仍然有意为之,就要受到社会舆论和个人良心谴责,要承担道德责任,这应该是不言而喻、不证自明的公理。

道德责任与法律责任有明显不同:一是保障实施力量不同。道德责任主要是靠传统习惯、社会舆论以及人们内心信念的力量保障实施,而法律责任则是由国家强制力保障实施。但须强调的是,道德责任不是由国家强制力保障实施,并不是说道德责任作为一种责任方式没有任何强制力予以保障。例如,社会舆论自身就是一种强大力量。二是判断标准不同。宏观而言,对于是否需要承担法律责任,通常有具体的判断标准,但对于是否要承担道德责任,不同的人往往可以从不同的角度予以判断,判断标准具有很大的伸缩性。当然,道德责任判断标准有一定伸缩性,但绝非没有标准,通常可以从动机和效果两个方面相结合进行判断。具体就高校思政课教师不法激励的道德责任追究,一方面要考察激励动机的善恶,另一方面要权衡不法激励造成的后果,对二者进行综合权衡评价。

2. 行政责任

在高校思政课教师激励中,高校、政府以及主管教育部门作为激励主体,它们与被激励的高校思政课教师存在管理与被管理的关系,具有行政主体身份。由于高校、政府以及教育主管部门作为行政主体,其在高校思政课教师激励中承载的激励工作须由隶属于自己管辖的工作人员来完成,如果工作人员没有认真履行职责,导致不应激励而被激励、应激励却不激励以及激励力度与贡献值不一致的情况,高校、政府以及教育主管部门可以根据相关法律法规对具体工作人员进行行政处分,确保高校思政课教师激励在预设法治轨道有条不紊运行。

须注意的是,高校、政府以及教育主管部门都可以对高校思政课教师进行激励,激励主体具有多样性,但高校是事业单位,不属于纯粹的行政机关,当高校作为高校思政课教师激励主体时,因受职权限制,对于高校思政课教师实施的虚构事实、伪造证据骗取激励的不法行为,高校要对实施不法行为的高校思政课教师进行行政处罚,往往要受到诸多限制。高校对于自己不能行使的行政处罚权,要通过法定程序报送有关机关予以审查决定,否则,要承担于己不利的后果。

3. 民事责任

在高校思政课教师激励中,高校、政府及教育主管部门是激励主体,其与被激励的高校思政课教师是平等主体的民事法律关系,例如,激励主体发布激励的文件,类似于民法上的要约,高校思政课教师根据激励文件规定采取满足激励条件的行为,类似于民法上的接受要约邀请。倘若高校思政课教师的行为结果符合激励条件,激励主体不兑现自己的“承诺”,属于民事违法行为,应当承担民事责任。

将高校思政课教师激励中的激励主体与被激励对象的高校思政课教师的关系比作为民事法律关系,存在不合理之处。但无论怎么样,激励主体必须信守诺言,对自己的承诺负责,对于自己的“违约”行为,应当承担相应的民事责任。

4. 刑事责任

刑事责任是一种最严厉的法律责任,其只能对实施犯罪行为的人适用。接受刑罚处罚,是刑事责任与道德责任、民事责任与行政责任的根本区别。在高校思政课教师激励中,如果负责激励的工作人员利用职务便利实施犯罪,如与他人串通、虚构事实、伪造证据、骗取较大数额财物,构成犯罪的,应承担刑事责任。

在高校思政课教师激励责任追究中明确刑事责任有重要意义:一是让负责激励工作的人员知悉不正确履行职责要承担的严重后果,这有利于促使他们在思想上不得不引起高度重视,在工作中自觉抵御各种诱惑,依法履行工作职责;二是让高校思政课教师知道,要想获得激励,必须付出,否则,通过剽窃他人成果、虚构事实、伪造证据等犯罪行为获得激励,将要承担极其严重的法律后果。

五、不法激励责任追究程序

高校思政课教师不法激励责任追究程序,是制度预设的指控主体、被追责人、裁决机构以及其他参与人在责任追究中必须经过的步骤或者环节。责任追究程序为有关主体参与责任追究活动提供了明确路径,对于防范责任追究中权利与权力滥用进而对高校思政课教师权益保障有重要作用。为确保高校思政课教师不法激励责任追究在预设法治轨道有条不紊地进行,立法有必要对追责程序予以规定。

1. 明确启动追责程序的主体

谁有资格启动追责程序,这在高校思政课教师不法激励责任追究程序的构建上尤为重要。如果责任追究程序的启动设置不合理,无论后续的追责程序设计如何精巧,也可能沦为空中楼阁。[①] 根据启动责任追责程序主体不同,可以将高校思政课教师激励责任追究的启动分为诉权启动和职权启动。诉权启动是指以高校思政课教师的投诉作为驱动责任追责程序启动的力量。职权启动是指对高校思政课激励主体拥有监督权的主体,依据法定权限与职责启动责任追究程序。

这两种模式各有利弊,例如,与高校思政课教师可能频繁提出投诉的诉权启动模式相比,职权启动的优势在于,具有监督权限的主体一般对激励主体责任的追究较为克制,这较好地体现了高校思政课教师不法激励责任追究制度的谦抑性。诉权驱动模式则在理念上对激励主体的追责事宜持更为开放的态度。高校思政课教师投诉的程序启动模式的优势在于,高校思政课教师可以更为积极主动地发挥其作用,高校思政课教师在激励中的主体地位得到较好体现和肯定,针对激励主体实施不当及不法激励行为的投诉将成为对激励主体较好的约束。

鉴于职权启动与诉权启动各有利弊,高校思政课教师不法激励责任追究程序的启动主体,应将二者予以结合。具体而言,应明确规定,对于高校思政课教师激励中的不法激励行为,高校思政课教师以及对高校、政府以及主管教育部门有监督权的机构都有权启动激励责任追究程序,负责追责机构要予以受理。

2. 设定合理裁决机构

在责任追究中,对于控方的"指控"与被控方的反驳与辩解,需要一个相对

---

① 参见白冰:《法官责任追责程序的基本要素》,载《政法论坛》2020 年第 2 期。

中立的机构对双方争议予以裁决。具体就高校思政课教师不法激励责任追究来说,在由指控方、被追责人与裁决机构三方组成的责任追究架构中,被追责人是被指控实施不法激励的“被控方”,要求责任追究一方是“控诉方”,对控诉方与被控方之争议进行审查处理的一方是“裁决方”。由于裁决方类似于运动场上的裁判员以及庭审中的法官,其中立地位尤为重要,即裁决方不得事先有支持或反对“控辩”任何一方的预断或偏见,其应当与利益冲突双方等距离,不偏不倚居中裁决,这是高校思政课教师不法激励责任追究程序正义底线。否则,裁决方的中立性地位偏颇,其有可能基于自身利益或其他各种因素考量而作出对一方不利裁决,致使设立高校思政课教师不法激励责任追究制度的初衷难以实现。

由于高校、政府以及主管教育部门等都有可能是高校思政课教师的激励主体,激励主体的广泛性决定,在高校思政课教师激励责任追究中,要设立一个相对中立且具有权威性的负责责任追究的裁决机构有一定难度。鉴于高校思政课教师不法激励责任追究案例不是很多,如果专设一个裁决机构,成本太大。鉴于此,可由高校或者主管教育部门牵头,从企事业单位或政府部门选拔一些德才兼备的人建立一个有一定数量的人才储备专家库。在对高校思政课教师予以激励的过程中,当出现不法激励需要进行责任追究时,可从专家库中抽取3~7位专家组成一个临时追责委员会。为确保这个临时追责委员会的相对中立,有必要对其人员构成进行适当限制。例如,在追责委员会中,必须有一定数额的高校思政课教师,行政人员不得超过半数,必要时可以邀请法律界专业人士参与,以保证高校思政课教师不法激励责任追究的临时追责委员会具有专业性、专门性与公正性。

3. 明确追责环节及期限

在高校思政课教师不法激励责任追究中,要对实施不法激励行为的高校、政府或主管教育部门进行及时有效的责任追究,立法不仅要规定责任追究的环节或步骤,还要明确各环节的具体处理时限。如果追责环节或步骤不明,行使追责职权的公权力主体不知如何行使职权;倘若对追责各环节的处理时限缺失规定,有可能导致追责时限不必要延迟,不法激励行为难以得到及时有效制止和纠正。

然而,我国有关高校思政课教师激励的规范性文件对不法激励的追责程序没有涉及,追究须经环节及各环节的具体处理时限缺失规定,由此有可能导致承载追责义务的工作人员在思想上不能引起足够重视,在进行追责时懒懒散散,致使高校思政课教师激励责任追究被不当拖延,不法激励行为不能得到及时纠正。鉴于此,有必要在立法上对高校思政课教师不法激励责任追究须经环节或步骤予以规定,并对追责程序的各环节或步骤的具体处理时限予以确立。

宏观而言,可将高校思政课教师不法激励责任追究程序设定为这样几个重要环节或步骤:一是有权要求追责主体提出追责的书面请求;二是负责追责主体对请求的受理与形式审查;三是负责追责主体对请求的实质审查与处理结果的告知。

高校思政课教师不法激励责任追究各环节处理时限,可在制度上这样设定:

一是提出追责时限。发现高校思政课教师激励有不法行为,有权要求追责的人或组织必须在知情后 10 日内向负责处理追责事务的主体提出指控,如因特殊情况导致不能在规定期限内提出的,追责的人或组织应当书面说明原因,由负责处理追责事务的主体对延迟指控进行审查后决定是否允许。

二是规定核查时限。负责处理追责事务的主体应当在接受指控后的 5 个工作日内进行核查并作出是否予以正式"审理"的决定,核查内容包括指控人是否适格、指控是否在规定时限内提出、追责主体是否有管辖权、有没有明确被指控人等。对不予受理的决定,负责处理追责事务的主体要及时告知要求追责的人或组织并说明不受理的理由,如果要求追责的人或组织对不予受理的决定不服,可要求复核。

三是设定审查处理时限。对于高校思政课教师不法激励的指控,负责处理追责事务的主体决定受理后,应在正式审查处理前 3 日内,将正式审查处理时间和地点通知要求追责的人或组织以及其他参与人,并告知他们做好参与审查处理的各种准备。正式审查处理应在 5 ~ 7 个工作日内完成,最长不超过

15 日。

四是明确裁决告知时限。对于高校思政课教师不法激励的指控,负责处理追责事务的主体进行审查并作出处理决定后,应当在 3 日内以书面形式告知双方当事人及其他参与人,如果当事人对处理决定不服,告知其可自收到决定书之次日起 5 日内向有权处理的机构提出申诉或者向有管辖权的法院提出行政诉讼。

4. 合理分配举证责任

举证责任是一个法律术语,通常用于解决冲突或纠纷的正式场域,对于冲突一方当事人提出对己有利的主张,法律应就由谁提供证据证明予以明确,如果法律规定有义务提供证据的一方不能提供证据时,其要承担对自己不利的后果。[①] 具体就高校思政课教师激励责任追究而言,在"控辩裁"三方组成的责任追究的基本架构中,举证责任一般包含两方面的内容:一是对于要求追究责任一方提出的主张,应当由谁提供证据予以证明;二是当要求追究责任一方提出的主张没有相关证据进行证明时,有义务提供证据的一方,要承担对自己不利的后果。

"谁主张,谁举证"通常是分配举证责任的一个基本原则,但在高校思政课教师激励责任追究中,举证责任应该根据指控主体不同进行分配。当追究责任是由对激励承载监督义务的主体提出时,举证责任按照"谁主张,谁举证"的原则分配,即由指控方承担举证责任;当责任追究是由高校思政课教师提出时,因控辩双方力量失衡,作为"控方"的高校思政课教师处于弱势地位,基于实质公正因素考量,立法可实行举证责任倒置,由被控实施不法激励的主体承担举证责任。

在高校思政课教师不法激励责任追究中,当指控是由高校思政课教师提出时,对举证责任实行倒置,即由被控方承担举证责任,这不仅有利于及时收集证据,而且避免裁决者面对举证不能不知如何处理的尴尬。制度设计可这样

---

① 参见杨世增:《试论我国行政诉讼举证责任分配的完善》,载《洛阳理工学院学报(社会科学版)》2011年第4期。

分配：

首先，由作为控方的高校思政课教师就激励存在错误承担初步举证责任。具体而言，高校思政课教师应就激励主体实施不法激励行为提供一定支撑材料，如证明激励事实或激励依据错误的材料。确立高校思政课教师承担初步举证责任，不仅有利于避免高校思政课教师动辄对激励主体进行指控，而且有利于负责处理追责事务的机构对是否进行责任追究作初步判断。考虑到高校思政课教师在激励责任追究中处于受害者地位，对其承担初步举证责任的证明标准不宜要求太高，只要能使负责处理追责事务的机构认为对不法激励指控有核查的必要性即可。

其次，被控实施不法激励的高校、政府或主管教育部门就激励行为合法予以举证。在高校思政课教师激励责任追究中，当高校思政课教师作为指控方时，举证责任不遵循“谁主张，谁举证”原则，而是由被控方承担。除了激励主体是强者这一原因外，还有一个重要缘由，那就是肩负激励义务主体，承载“依法激励”义务，其实施的每一激励行为以及所作对高校思政课教师不利的决定，都应有事实和法律依据，如果其实施的行为或所作决定是合法的，只要将相关材料呈送追责机构予以审查核实即可。因此，在高校思政课教师激励责任追究中，当高校思政课教师作为激励责任追究的指控方时，由激励主体承担主要举证责任有正当基础。

5. 保障程序权利

高校思政课教师不法激励责任追究不仅直接影响被追责人切身利益，而且关乎被追责人职业生涯能否延续，因此，为确保追责实体公正，在追责过程中，应保障被追责人有申请回避、陈述事实以及同指控方进行辩论等一系列程序权利。

(1) 申请回避的权利

在高校思政课教师不法激励责任追究中，承载处理追责事务主体的地位中立性尤为重要，如果负责追责主体对“指控方”或“被控方”有偏见抑或同追责结果有利害关系，其有可能基于个人利益或者其他因素考量，作出对他人不利裁决。因此，如果负责处理追责事务的工作人员有可能影响追责公正的因素，立法应当赋予被追责人申请回避的权利，这是确保高校思政课教师激励追责程序正义与实体公正的需要。为避免被追责人滥用申请回避权,立法还应强调,被追责人申请回避需要说明理由,如果理由不成立的,应当驳回申请并告知理由。

(2)陈述事实的权利

在高校思政课教师不法激励责任追究过程中,负责处理追责事务的工作人员在对"不法激励行为"进行审查核实时,应保障被追责人就高校思政课教师激励的事实依据、政策依据及相关法律法规依据予以陈述。通过被追责人的事实陈述,可以让负责追责的工作人员全面了解激励的过程及依据,有助于避免只听一面之词可能作出以偏概全的裁决。为此,立法应规定,在高校思政课教师不法激励责任追究中,应当保障被追责人有陈述事实的权利,如果负责处理追责事务的工作人员没有保障被追责人这一权利,追责程序违法,处理结果缺失合法性依据。

(3)同指控方进行辩论的权利

在高校思政课教师不法激励责任追究的过程中,指控方会提出证据证明对高校思政课教师的激励存在不当或违法之处。例如,激励事实不实、激励程序违法、激励力度与贡献值明显不匹配等。针对指控方指控,被追责人有权利对指控进行反驳,就激励行为的合法性及合理性予以捍卫,这有利于负责处理追责事务的工作人员查清激励事实。因此,立法应赋予被追责人有同指控方进行辩论的权利,如果被追责人的辩论权利不能得到保障,对其追责程序不合法,所作处理无效。

(4)询问证人的权利

在高校思政课教师不法激励责任追究中,证人言词有时直接决定对被追责人的指控是否成立。然而,证人有可能因各种原因作伪证,有必要对证人证言进行查证属实,而赋予被追责人有权询问证人,通过控辩双方对证人的询问与反询问,有利于负责追责工作人员对证人证言的真伪进行判断取舍。鉴于此,立法应规定,在高校思政课教师激励责任追究中,应保障被追责人询问证人的权利。

(5)最后陈述与发表意见的权利

在高校思政课教师不法激励责任追究中,负责处理追责事务的工作人员对控辩双方的指控与反驳进行全面审查核实之后,作出裁决之前,给予被追责人最后陈述和发表意见权利,既是对被追责人主体地位的尊重,也有利于负责处理追责事务工作人员对激励争议事实有更全面的了解,这对于客观公正处理高校思政课教师激励中不当或不法激励行为有极其重要意义。此外,给予被追责人最后陈述与发表意见的权利,充分听取被追责人意见,知悉其思想动态,有利于对被追责人开展适当思想政治教育工作或者采取有效措施,避免不必要极端现象发生。

(6)有要求说明理由的权利

采用法治原则的国家,要求他人负担不利的决定应说明理由,此乃当然之理。[①] 在高校思政课教师不法激励责任追究中,将不利于被追责人的裁决予以理由说明,不仅体现责任追究程序正义,而且在一定程度有助于被追责人对不利于己裁决的接受,增强高校思政课教师激励责任追究裁决的权威性。否则,要求他人承担无须说明理由的不利裁决,尽管这种裁决亦有强制执行的力量,但缺失让人们发自内心自愿信服的力量,因此,立法应规定,在高校思政课教师不法激励责任追究中作出对被追责人不利裁决,应说明理由,被追责人有权提出要求。

六、对被追责不服的救济

在高校思政课教师不法激励责任追究中,赋予负责处理追责事务主体一定自由裁量权,是确保高校思政课教师不法激励责任追究顺利进行的要求。然而,任何完善制度都不可能阻却权力滥用,如果被追责人对追责主体所作的各种处理决定不服,不仅要赋予其进行救济的权利,而且要设置及时有效的救济方式,通过权利对权力监督制约,有效防范高校思政课教师不法激励责任追究中的权力滥用。

---

① 参见城仲模主编:《行政法之一般法律原则(二)》,台北,三民书局1997年版,第550页。

(一)责任追究视域下救济含义

救济是一个内容丰富的语词,[①]在不同领域,其含义不完全相同。在法律意义上,一般认为,救济通常以特定主体权益受到侵害为前提,认为自己权益受侵害的受害者可以通过法律规定的和解、调解、申诉、行政复议、仲裁乃至诉讼途径要求对被侵害权益予以恢复或弥补。由此不难发现,法律意义上的救济是法律赋予受害者对被侵害权益享有自行解决或请求有关主体给予解决的权利。

高校思政课教师不法激励责任追究中的救济,是指负责高校思政课教师激励工作的高校、政府及主管教育部门,就追责主体对自己所作处理不服,其可以通过法定程序向承载救济义务主体提出请求,要求予以重新审查处理的一种权利。具体来说,对于高校思政课教师激励主体在激励过程中实施的不当或不法激励行为,负责追责主体要对实施不当或不法激励的高校、政府以及主管教育部门进行责任追究,如果被追责高校、政府以及主管教育部门认为追责主体对自己的处理有违事实或法律,其有权提出权益救济请求,要求承载救济义务主体重新审查处理。通过承载救济义务主体对被追责人请求的审查核实,不当或不法追责行为可能会得以纠正,被侵害权益可能得到恢复或弥补。因此,在高校思政课教师不法激励责任追究中,激励主体对被追责不服,立法应为其设置救济方式。

(二)对被追责不服予以救济的意义

1. 有利于激励功能的发挥

公平公正的激励机制能调动高校思政课教师开展教育教学、科研以及服务社会的积极性。否则,不应激励而激励、应激励却不予激励抑或激励力度与贡献值明显失衡,不仅不能调动高校思政课教师的工作积极性,还有可能导致高

---

① 例如,《现代汉语词典》将“救济”解释为“用金钱或物资帮助灾区或生活困难的人”。《牛津英语大词典》就从两种语义上对“救济”语义进行解读:第一个语义指“对身体或者精神中的疾病或者紊乱的治疗”。此种语义上的“救济”与药物联系在一起,指治疗疾病的方法,表达了疾病和治疗之间的阻止或纠正关系,阻止性救济是为了防止疾病的继续发展,而纠正性救济则是对已经出现的疾病给予治疗。第二个语义是“纠正、矫正或者消除某不良事物的方法”。这是用“救济”来表示对某种不良事物的“治疗”或者改善。

校思政课教师心生怨恨和不满，正是从这一意义上说，对激励主体实施不法激励行为进行责任追究，让应获得激励的人获得应有激励，是为了更好发挥激励机制调动高校思政课教师工作积极性的功能。不得不承认，高校思政课教师激励责任追究，涉及对激励主体权益的限制和剥夺，尽管这种对激励主体权益进行限制和剥夺的追责行为有正当性基础，但是，追责的正当性不能保证其行为都具有合法性，追责行为本身亦有可能对被追责人的权益造成侵害。如果被追责人的权益受到侵害却无法获得救济，不仅是个体权益不能得到保障，而且会让其在激励工作中胆战心惊、如履薄冰，进而妨碍追责工作。追责工作不能顺利进行，会助长不法激励行为滋生，不法激励行为泛滥，高校思政课教师工作积极性难以得到发挥。

综上所述，对高校思政课教师激励中的不法激励行为，必须进行责任追究，否则，不应激励而激励、应激励却不激励，激励机制具有的激励功能将无法得到充分发挥，高校思政课教师的工作积极性难以调动。但不得不承认，激励责任追究难免出现对被追责人权益的侵害，被追责人作为激励主体，如果其权益受侵害却不能获得救济，不仅是其个人被侵害权益无法得到恢复或弥补，还有可能影响到其他激励主体的工作积极性，进而影响高校思政课教师激励工作。因此，在高校思政课教师激励中，对于激励主体实施的不法激励行为，必须予以责任追究，但对于被追责人的合法权益也应予以保护，否则，其作为激励主体的工作积极性受影响，这同样不利于调动高校思政课教师的工作积极性，设立高校思政课教师激励机制的目的将无从实现。因此，如果被追责人对追责主体作出于其不利的处理不服，要为其设置有效救济途径，这是发挥激励功能的必然要求。

2. 有利于解决公益与私益的冲突

在高校思政课教师不法激励责任追究中，对激励主体实施不法激励行为进行责任追究，是为了实现与保障公益，但因责任追究涉及对激励主体权益的限制乃至剥夺，稍有不慎，就有可能对被追责人的合法权益造成侵害。正是从这个意义上说，高校思政课教师激励责任追究难免发生公益与私益的冲突。有冲突就必须有解决冲突的方式，为确保公益与私益冲突以理性方式得到和平解决，有必要对被追责人权益受侵害设置有效救济途径，通过救济途径可使被追责人不满情绪得以宣泄，正当性要求可能会得以满足。否则，对被追责人权益受侵害视而不见，这不仅会引发被追责人以及有相似经历的人不满，还有可能因不满而产生新的冲突。因此，在高校思政课教师不法激励责任追究中，被追责人权益救济具有"减震阀"的功能，为个人私益与国家公益冲突的和平解决架设起交流平台，这有利于消除不稳定因素，对和谐社会构建有极其重要的作用。

3. 有助于防范追责权力的滥用

有权力的人使用权力往往要直到边界为止，孟德斯鸠亦认为，这是万古不易的一条经验。[①] 在高校思政课教师激励机制运行中，要对实施不法激励的人进行责任追究，不得不赋予追责主体对被追责人权益乃至对其人身进行限制和剥夺的权力。由于权力往往有自由裁量空间，加之被追责人在道义上处于不利境地，这在一定程度给追责权力滥用提供了机会。要有效防范追责权力滥用，保障被追责人合法权益，立法除了对追责权力进行适当限制外，一个最有效的办法就是赋予被追责人救济权益的权利，一旦被追责人认为自己权益受到不法侵害，其有权请求有关机关予以审查处理，通过权力对权力的制约，被侵害权益有可能得到恢复或弥补。由此可见，被追责人拥有救济权，通过诉权行使，借助权力对权力的制约，无疑会促使追责主体理性行使追责权力，最终达到确保高校思政课教师不法激励责任追究中追责权力在法律预设轨道内运行。

（三）设置对追责不服的救济方式

1. 申诉

申诉是一个内容丰富的语词，在权益救济视域下，指当事人对涉及其利益的处理不服，请求有关主体予以重新处理的行为。通过有关主体请求重新审查处理，错误的处理会得到纠正，可见，申诉是公民维护权益的一种救济方式。

在高校思政课教师不法激励责任追责中，被追责人不服追责主体对自己所

① 参见[法]孟德斯鸠：《论法的精神》（上册），张雁深译，商务印书馆1961年版，第154页。

作的处理,可以向有权处理的高校、主管教育部门或政府提出申诉。有权处理申诉的主体要根据追责主体来决定:如果追责主体是学校,被指控实施不法激励的人对学校作出的处理不服的,可以向学校或者主管高校教育部门提出申诉;被指控实施不法激励的人对人民政府有关部门作出的追责处理决定不服的,可向同级人民政府或者上一级人民政府有关部门提出申诉。学校或有关部门应对被追责人的申诉进行全面调查核实,在法定期限内,进行调查核实并作出处理。

2. 复核

复核,是指当事人对特定主体所作对自己不利的决定不服,向作出处理决定的主体或者该主体隶属组织提出申请,要求对自己不利的决定予以重新处理。

复核作为一种权益救济方式,其优势与存在的不足都尤为明显。首先就优势来看,复核是由作出处理决定的主体或其隶属组织作为救济义务主体,当复核是由作出处理决定的主体作为救济义务主体时,复核就是由自己对自己的决定是否存在错误进行审查处理,由于复核主体对自己所作决定是否错误及错误之处何在最熟悉,这有利于节约救济成本,提高救济效益。如果是由作出处理决定的主体所隶属机构承担复核,因复核机构与原作出处理决定的主体是一种管理与被管理的关系,对申请人有利的复核决定易得到执行。然而,复核是由作出处理决定的主体或其隶属组织对当事人申请进行审查处理,“自己做自己案件法官”,程序不正义自不待言。

在高校思政课教师不法激励的责任追究中,被追责对象对追责主体所作决定不服,由追责主体作为复核主体,尽管在程序上存在不正义之处,但追责主体与复核主体同属一人,复核人对自己的决定是否有错,复核主体应该最清楚,如果其能实事求是对错误决定予以纠正,复核应当是一种简洁有效的权益救济方式。从某种意义上说,复核也是给追责主体一个自我纠错的机会,社会主义国家的性质决定,高校思政课教师激励责任追究中追责主体应该有自我纠错的勇气。

3. 行政复议

在权利与权力以及公益与私益碰撞激烈的行政管理场域，行政复议，是指对于具有行政管理权限主体实施涉及限制或干预他人（在行政法学中称之为“行政相对人”）权益的行为，行政相对人认为这种行为侵害其合法权益，向有权处理该争议的特定主体提出请求，请求对被侵害权益予以恢复或弥补，特定主体依法对行政相对人与具有行政管理权限主体发生的争议进行审查并作出处理的活动。

在高校思政课教师不法激励责任追究中，被追责人对追责主体所作处理不服，认为追责主体所作决定错误，有权提出申诉，如果负责处理申诉的主体逾期没有作出处理，或者被追责人对处理决定仍不服的，只要申诉属于行政复议受案范围的，提出申诉的被追责人可提起行政复议，具有行政复议权的机关要在法定期限内，依法对追责主体所实施的行为是否具有合法性进行审查处理。

由上不难发现，行政复议兼具司法救济与行政救济的特征，排除了行政救济程序的专断与司法救济程序的烦琐。总的来说，行政复议是解决高校思政课教师激励责任追究中被追责人与追责主体争议的一种有效方式。

4. 行政诉讼

在高校思政课教师不法激励责任追究视域下，行政诉讼，是指被追责人对追责主体实施的追责行为不服，认为追责行为违法，侵犯了自己的合法权益，向法院提起诉讼，由法院依法对追责主体与被追责人发生的争议进行审查并作出处理的一系列活动的有机统一。由此不难发现，在高校思政课教师激励责任追究中，行政诉讼是由法院依法对被追责人与追责主体发生的争议进行处理，追责主体实施的不法追责行为可能被纠正，被追责人受侵害权益可能得到恢复或弥补，从这个意义上说，行政诉讼是被追责人维护自身合法权益的一种救济方式。

在我国，目前还没有法律就高校思政课教师不法激励责任追究中的行政诉讼作出规定，但司法是维护人间公平正义的最后一道防线，在高校思政课教师激励责任追究中，如果被追责人对追责主体所作处理不服，向有关主体提出申诉，而负责处理申诉的主体逾期不作出处理或者久拖不决,或者被追责人对处理决定仍然不服的,只要申诉内容属于行政诉讼受案范围,提出申诉的被追责人还可以提起行政诉讼,由法院对追责主体所作处理是否正确作最后的审查裁决。

第四章　高校思政课教师退出机制法治化

高校思政课教师退出涉及公益与私益以及权力与权利的激烈碰撞，如果没有强有力制度予以确立和保障，有可能出现不应退出被退出以及应被退出却不退出的乱象。高校思政课教师退出机制法治化，就是要通过立法对不合格高校思政课教师退出标准、退出主体、退出程序、退出辅助措施、违法退出须承担责任以及对退出不服的救济等予以具体规定，确保退出机制在法治轨道内运行。

从表15不难发现，虽有少部分人认为没有必要将高校思政课教师退出机制予以法治化或对退出机制是否法治化持无所谓态度，但大多数人赞同通过立法确立高校思政课教师退出机制。将高校思政课教师退出机制上升到立法层面，由法律对高校思政课教师退出的相关事项予以确立，有利于避免不应退出而被退出及应被退出却不退出的乱象，确保高校思政课教师退出在法治轨道内运行。

表 15　不合格高校思政课教师有没有必要被退出及退出机制是否应被法治化调查

<table>
<tr><th rowspan="2">问卷对象</th><th colspan="2">问卷问题</th></tr>
<tr><th>1. 你认为有没有必要退出不合格的高校思政课教师？（单选）
a. 有必要；b. 没必要；c. 无所谓</th><th>2. 你认为是否应将高校思政课教师退出机制予以法治化？（单选）
a. 有必要；b. 没必要；c. 不知道</th></tr>
<tr><td>大三学生</td><td>选 a. 为 96%；
选 b. 为 1%；
选 c. 为 3%</td><td>选 a. 为 83%；
选 b. 为 7%；
选 c. 为 10%</td></tr>
<tr><td>高校思政课教师</td><td>选 a. 为 97%；
选 b. 为 1%；
选 c. 为 2%</td><td>选 a. 为 95%；
选 b. 为 2%；
选 c. 为 3%</td></tr>
</table>

第一节　退出机制法治化意义

对不合格的高校思政课教师要予以退出，在党和国家发布的相关文件中有规定。[①] 但因退出不仅关乎高校思政课教师的个人利益，还有可能因此引发一系列社会问题，有的高校基于多方面因素考量，对不合格思政课教师退出往往持谨慎态度，一些不适合从事相应课程教学的高校思政课教师，在实践中通常很难被退出。要改变这种不合理现状，确保不合格高校思政课教师能被及时退出，有必要将退出机制法治化，唯有通过国家强制力的法律保障，退出机制才能

① 例如，2008 年，中宣部、教育部在《关于进一步加强高等学校思想政治理论课教师队伍建设的意见》中规定，“在事关政治原则、政治立场和政治方向问题上不能与党中央保持一致的，不得从事思想政治理论课教学”“各高等学校要制定思想政治理论课教师工作考核的具体办法，……考核不合格的，要待岗学习；不能胜任的，要转岗分流”。2015 年，中宣部、教育部关于印发《普通高校思想政治理论课建设体系创新计划》的通知指出，要严格教师管理，在事关政治原则、政治立场和政治方向上不能与党中央保持一致的，或理论素质、教学水平达不到相应课程要求的，不得继续担任思想政治理论课教师。2020 年，教育部发布的《新时代高等学校思想政治理论课教师队伍建设规定》指出，高校应当加强对思政课教师的考核，健全退出机制，对政治立场、政治方向、政治原则、政治道路上不能同党中央保持一致的，或理论素养、教学水平达不到标准的教师，不得继续担任思政课教师或马克思主义理论学科研究生导师。

有效运行。正是从这个意义上说,高校思政课教师退出机制法治化,不仅必要而且急需。

一、增强退出主体的责任意识

退出主体,是指对不合格高校思政课教师的退出,有资格提出退出建议与有权决定退出的机构及工作人员。退出主体责任意识,是指高校思政课教师退出主体对退出须承担后果的一种思想、理念、态度、看法等。根据意识对物质有反作用的哲学原理,责任意识对于退出主体的行为选择有重大影响,正确责任意识有利于退出主体作出正确行为选择,反之,退出主体缺乏责任意识或责任意识淡漠,有可能导致退出过程中出现不应退出而退出及应退出却不予退出的现象。

高校思政课教师退出主体的正确责任意识形成是由多方面因素决定,但责任明确以及有刚性法律制度保证责任的实现,是退出主体正确责任意识形成的一个极其重要条件。不难想象,如果人们在构建高校思政课教师退出机制时,对退出主体在退出过程中的不法行为应承担责任缺失规定,或者有规定但没有强有力措施保障责任落实,很难促使退出主体形成正确责任意识。

关于高校思政课教师退出,在党和国家有关部门发布的相关文件中,仅要求对不合格的高校思政课教师予以退出,但对有关主体不应退出而退出以及应退出却不退出的责任没有规定,更没有涉及确保责任落实的具体措施。由于违法责任后果缺失,高校思政课教师退出主体对自己实施的违法退出行为有可能逃避法律制裁。这意味着,当高校思政课教师退出主体基于利己因素实施不法退出行为时,其所得之乐不是必须付出代价。换言之,所得之乐可能大于所得之苦。

近代理性主义开创者笛卡尔指出,人具有判断识别真假及权衡利弊选择的理性禀赋,这是人与禽兽不同的根本之处。理性的功利主义者边沁告诫人们,人有趋乐避苦的本性,自然把人类置于苦与乐的统治之下,只有苦与乐这两个至上的主人才能指出我们应该做什么以及决定我们将怎样做。① 高校思政课教

---

① 参见陈兴良:《刑法的人性基础》,中国人民大学出版社 2006 年版,第 2~8 页。

师退出机制关乎高校思政课教师切身利益，退出主体对应退出而不退出及不应退出却退出等行为须承担责任，如果法律对此缺失规定，退出主体没有认真履行职责无须承担很大风险，这有可能助长其基于自身利益追求徇情徇私裁决。退出机制法治化，意味着，如果承载退出义务主体不认真履行职责将承担对自己不利的后果。基于人有权衡利弊的理性禀赋，他们不会为了较小之乐而追求更大之苦。倘若置法律而不顾，等待的是严厉制裁后果。正因为人有权衡利弊得失的理性禀赋，为避免承担不利后果，其必须在思想上引起重视，在行动上严格遵循相关规定。可见，退出机制法治化增强退出主体责任意识。

二、确保退出机制顺利运行

高校思政课教师退出机制是一个由多要素构成的有机整体，其有效运行需要各要素的协调配合，例如，对于应当被退出的高校思政课教师，如果有权建议退出的主体没有提出建议，退出程序就无法启动；对于退出主体提出退出高校思政课教师的建议，倘若负责审查裁决主体的中立性地位偏颇，其有可能基于自身利益或者其他因素考量，对应退出却作出不予退出的枉法裁决，导致不合格高校思政课教师无法退出。又如，高校思政课教师退出应当要有一定标准，否则，负责审查裁决者就无法判断要不要退出，或者裁决因缺失切实可行标准而出现各地对同样情形的处理结果存在很大差异甚至截然相反的情况，导致高校思政课教师退出呈现混乱现象。此外，高校思政课教师退出机制的顺利进行，有赖于相关辅助措施的保障，例如，对举证责任进行合理配置，有利于承担举证责任主体及时收集能证明高校思政课教师应被退出的相关证据，倘若举证责任不明，当出现是否退出不能提供证据时，会置裁决者进退维谷、不知如何是好的尴尬境地。

由于高校思政课教师退出机制的顺利运行要受多种因素的制约和影响，要确保退出机制各个要素的协调运行，保证不合格高校思政课教师被退出，一条有效路径就是将退出机制法治化。因为一旦立法将高校思政课教师的退出标准、退出主体、退出程序、违法退出责任等予以规定，意味着高校思政课教师退出有国家强制力保障，退出不合格高校思政课教师是特定主体的法定职责。如果高校思政课教师有须退出的情形，例如，在政治上不能与党中央保持一致、缺乏扎实的马克思主义理论知识、教学能力达不到要求等，退出主体没有提出退出建议以及裁决者徇情徇私作出不予退出裁决，他们要为此承担相应的法律责任。由于人与生俱有权衡利弊得失的理性禀赋，承载高校思政课教师退出义务的主体，他们为避免承担不利后果，必须在思想上引起重视，在处理退出事务时不得不严格依法办事。又如，退出程序法治化，表明高校思政课教师退出须遵循的法定步骤或环节、各环节处理时限及各主体在各环节中的权利与义务均有明确规定，相关主体要严格遵循法律程序，否则要承担对自己不利的后果。此外，退出机制法治化对相关辅助措施的规定，如对举证责任的合理分配、保障被退出教师的辩论权及救济权等，对于确保高校思政课教师退出机制顺利运行具有极其重要意义。

然而，我国目前关于高校思政课教师退出仅在党和国家发布的文件中有规定，宏观而言，对高校思政课教师退出机制设置比较粗糙，例如，对于退出主体，相关文件仅规定高校应当加强高校思政课教师考核、健全退出机制，[①]对于由谁来提出退出建议以及由何机构进行审查裁决，文件没有涉及。又如，对于退出程序缺失规定，退出主体不知如何退出；对于退出举证责任及对退出不服的救济方式也缺失规定。可以说，党和国家文件对高校思政课教师退出的规定比较原则，可操作性不强，且缺失强制力保障实施，不合格的高校思政课教师很难被退出。要改变现状，确保不合格高校思政课教师被退出，不仅要完善退出机制，如明确退出主体、设定合理退出标准及退出程序等，而且要将退出机制予以法治化，通过法律规定退出主体的职责、确立退出程序及程序违法的制裁措施、由法律保障被退出教师权益等，唯有如此，才能确保高校思政课教师退出机制顺利运行。

---

① 例如，2008 年，中宣部、教育部在《关于进一步加强高等学校思想政治理论课教师队伍建设的意见》中规定："各高等学校要制定思想政治理论课教师工作考核的具体办法，……考核不合格的，要待岗学习；不能胜任的，要转岗分流。"2020 年，教育部发布的《新时代高等学校思想政治理论课教师队伍建设规定》指出，高校应当加强对思政课教师的考核，健全退出机制，对政治立场、政治方向、政治原则、政治道路上不能同党中央保持一致的，或理论素养、教学水平达不到标准的教师，不得继续担任思政课教师。

三、有效发挥退出机制教育功能

对不合格的高校思政课教师予以退出，无论是对被退出的高校思政课教师本人还是对在职在岗的广大高校思政课教师，都具有极其重要的教育功能。但因退出关乎高校思政课教师的个人利益，如若缺失刚性制度保障，在实践中，一些高校可能会基于各种因素考量，对理论素养、教学水平不能满足相应课程教学需要的思政课教师不予退出，致使退出机制教育功能不能得到彰显。要发挥退出机制的教育功能，须将退出机制予以法治化，确保不合格的高校思政课教师被退出。

1. 促使高校思政课教师提高政治站位

高校思政课教师是青年大学生健康成长的引路人，他们在高校完成“为党育人、为国育才”的使命中扮演极其重要角色。如果一个高校思政课教师不能在政治上与党中央保持一致，在课堂上宣扬资产阶级自由化思潮，鼓吹西方国家的三权分立及多党制，无视马克思主义是我们立党立国的根本指导思想，对社会主义制度优越性及中国共产党领导中国人民取得的伟大成就视而不见，可以说，这样的高校思政课教师不仅不能把新时代大学生培养成为对党和国家有用之人，还有可能把大学生引导到党和国家的对立面。因此，有必要将政治不合格列为退出高校思政课教师的情形，并通过相关立法将退出机制加以确立，由刚性法律制度保障其得以实施。唯有如此，才能让高校思政课教师在思想上真正认识到在政治上不能同党中央保持一致的严重后果，促使其在思想上提高政治站位，更加懂得高校思政课教师在政治上与党中央保持一致对个人及对党和国家的重要性。

2. 促使高校思政课教师提升马克思主义理论素养

高校思政课教师肩负对青年大学生开展马克思主义理论教育的职责，如若其自身没有扎实的马克思主义理论功底，无法向学生讲清楚马克思主义具有科学性及中国选择马克思主义的必然性，无法教育引导学生对马克思主义持坚定信仰，无法确立马克思主义在意识形态领域的指导地位及在价值导向上的基础性作用。因此，对马克思主义理论素养不能满足相应课程教学需要的高校思政课教师,应予以退出,并将其上升到立法层面,由刚性法律制度保障实施,这有助于对广大高校思政课教师进行震撼教育,让其在思想上真正认识马克思主义理论的重要性,唯有如此,才能促使高校思政课教师加强学习,努力提升马克思主义理论素养。

3. 促使高校思政课教师想方设法提升教学水平

高校思政课教师只有具备较高教学水平,才能履行讲好思政课的岗位职责,[①]否则,教学水平不能获得学生认可,学生思政课获得感差,讲好思政课的首要岗位职责就无法完成,因此,对教学水平不能满足相应课程教学需要的高校思政课教师,应予以退出。但教学水平是一个富有弹性的语词,不同的人对其理解和判断标准不同,很难对高校思政课教师教学水平是否符合要求制定精细标准。鉴于此,要将教学水平差的高校思政课教师予以退出,难度较大。在实践中,对自己不尽如人意的教学水平,一些高校思政课教师不以为然,也很难促使其创新教学方法,退出机制的教育功能不能很好发挥教育作用。退出机制法治化在一定程度能很好地解决这一难题,因为立法一旦将退出教学水平达不到要求的高校思政课教师予以确认,退出教学水平差的高校思政课教师绝非说说而已,而是有国家强制力保障实施,负有退出义务主体不予退出的,要承担相应责任。这无疑会给高校思政课教师造成一种无形压力,进而促使其想方设法提升高校思政课教学水平。

四、保障高校思政课教师正当权益

退出机制法治化将退出高校思政课教师的退出标准、退出主体、退出程序、退出责任及对退出不服的救济等上升到立法层面,由刚性法律制度保障退出机制贯彻实施。从表面上看,退出机制法治化对高校思政课教师不利。但从另一层面看,将退出主体、退出情形、退出程序等予以法治化,能有效避免高校思政课教师退出机制中的权力主体恣意妄为,进而有利于保障高校思政课教师的正

① 讲好思政课是高校思政课教师的首要岗位职责。参见 2020 年教育部公布的《新时代高等学校思想政治理论课教师队伍建设规定》第 5 条。

当权益。

1. 退出主体法治化避免权利与权力滥用

在高校思政课教师退出中，谁有资格提出退出建议，这直接关乎高校思政课教师名誉、荣誉、职业发展乃至“饭碗”，如果立法没有明确规定谁才有资格要求退出高校思政课教师，任何人都可要求退出，难免有的人基于各种不利动机，随意启动退出程序，给高校思政课教师造成负面影响。对于有关主体提出的退出建议，由谁进行审查裁决，这直接决定高校思政课教师能否有资格站在讲台。倘若立法对高校思政课教师退出的审查裁决机构缺失规定，没有一定资质的主体都可以对此予以裁决，这不仅是对高校思政课教师的不尊重，还有可能导致高校思政课教师不应当被退出却被退出的乱象，在整个社会造成正义不存在的阴影。因此，将高校思政课教师退出主体法治化，由立法确定谁有资格要求退出以及谁有资格裁决是否退出，可以有效避免高校思政课教师退出中权利与权力滥用。

2. 退出情形法治化有助于克服不应退出而被退出的乱象

退出情形，是指退出高校思政课教师的具体情形，如在政治上不能同党中央保持一致、理论素养或教学水平达不到要求。退出情形为高校思政课教师退出划定明确界限，对不属于退出情形的高校思政课教师不能退出。但因退出情形本身有时亦需要判断，当遇到不易判断是否属于退出情形时，如果退出没有强制力予以保障，裁决主体有可能基于各种因素考量，在退出情形的边缘上“行走”，作出错误裁决，例如，党和国家发布的文件规定，高校思政课教师理论素养达不到要求的，要予以退出，可以说，这明确了高校思政课教师须退出的情况，但要判断一个高校思政课教师的理论素养是否符合要求，这绝非一件很容易的事情，加之相关文件对应退出却不退出的后果没有规定，裁决主体在对是否属于退出情形进行权衡时，有可能基于泄愤报复或者其他因素考量，故意作出不应退出却予以退出的裁决。而退出情形法治化将退出情形予以立法规定，如果裁决主体徇情徇私枉法裁决，要承担不利后果，这在一定程度上能有效促使裁决主体增强法治意识，有助于避免不应退出而退出的乱象，保障了高校思政课教师权益。

3. 退出程序法治化为退出机制运行预设轨道

高校思政课教师退出机制运行是一个复杂过程,例如,对于有关主体要求退出的建议,负责审查裁决机构是否应当受理,如果应当受理,是否应对提交的要求退出材料进行初步审查;在多长的时限内作出进一步正式审查处理的判断并告知当事人;在正式审查阶段,须经哪些环节;被要求退出的高校思政课教师有没有申请回避、发表意见、询问证人等程序权利。如果高校思政课教师退出程序不明,退出须经环节及各环节的处理时限没有具体规定,有可能导致退出无限拖延,对被要求退出的高校思政课教师身心造成损害。退出程序法治化则将高校思政课教师退出须经的环节或步骤以及各环节的处理时限予以明确规定,为退出机制运行预设法治轨道,这有利于确保高校思政课教师退出在预设法治轨道有条不紊地进行,避免退出正义迟来,对保障高校思政课教师合法权益有极其重要意义。

4. 退出责任追究法治化确保退出依法依规进行

退出责任追究,是指在高校思政课教师退出中,对有关主体实施的不法退出行为进行追惩。退出责任追究法治化,就是将退出责任追究予以立法规定,由法律保障高校思政课教师退出责任追究的贯彻落实。如果退出责任追究没有法治化,缺失刚性法律制度保障,要对不应退出而退出以及应退出却不予退出等行为进行责任追究比较困难。这是因为高校思政课教师退出中的责任追究涉及权力与权利以及公益与私益的碰撞,受传统国家本位思想影响,权力运行在道义上往往占据制高点,即便有越界行为,也常常易得到人们的谅解,认为保护公益可以牺牲私益。但私益与公益是一种辩证而非绝对对立关系,一个不尊重和保护私益的社会,最终会危及公益。如若单个高校思政课教师权益不能得到有效保护,其他的高校思政课教师同样面临权益被侵害的危险。因此,将退出责任追究主体、责任追究对象、责任追究程序等予以法治化,用法治保障退出责任追究顺利进行,有利于确保退出依法依规进行,对高校思政课教师权益保障具有极其重要意义。

5. 退出救济法治化保障被侵害权益的恢复或弥补

在高校思政课教师退出中,任何完善制度都难以保证退出决定百分之百正确,如果高校思政课教师对退出决定不服,认为自己权益受侵害,应当为其设定有效救济途径,确保被侵害权益能够得到恢复或弥补。然而,在党和国家发布的有关高校思政课教师退出的文件中,没有就高校思政课教师对退出不服的救济方式予以规定。权益救济途径缺失,使高校思政课教师对被退出不服,只能向有关部门提出申诉,但因无明确法律授权,有关部门对于被退出高校思政课教师的申诉常常以各种理由和借口予以委婉拒绝或者相互推诿。"有冤无处说"势必引发被退出高校思政课教师对高校乃至对党和国家的怨恨,如果这种怨恨长久不能得到发泄,有可能如地火在地下运行一样,当一切发泄通道均被堵塞的时候,会爆发出惊人的破坏力量。因此,倘若高校思政课教师对被退出不服,为其设定救济途径,并通过法治手段予以保障,有利于对高校思政课教师被侵害权益的恢复或者弥补。

第二节　退出情形法治化

退出情形,是指在什么情况下,如在政治上不能与党中央保持一致、师德师风出现严重问题或者教学能力无法满足相应课程教学要求等,高校思政课教师应当被退出。换言之,只有符合规定情形,才能退出高校思政课教师。退出情形法治化,就是由立法对退出高校思政教师的具体情形予以明确规定。一旦高校思政课教师退出情形由法律法规加以确立,对属于退出情形的要予以退出,对不属于退出情形的不能退出,否则,就是违法,对相关主体要追究相应法律责任。关于是否有必要将高校思政课教师退出情形予以法治化,根据表16,人们的看法不尽一致。

表 16　立法应明确退出高校思政课教师的具体情形调查

问卷问题	问卷对象		
	大二学生	大三学生	高校思政课老师
1. 有没有必要将高校思政课教师退出情形予以法治化?(单选) a. 有必要;b. 没必要;c. 无所谓	选 a. 为 85%; 选 b. 为 7%; 选 c. 为 8%	选 a. 为 89%; 选 b. 为 5%; 选 c. 为 6%	选 a. 为 95%; 选 b. 为 3%; 选 c. 为 2%
2. 由立法对高校思政课教师退出情形具体列举,你认为是否合理?(单选) a. 合理;b. 不合理;c. 不知道	选 a. 为 65%; 选 b. 为 15%; 选 c. 为 20%	选 a. 为 73%; 选 b. 为 12%; 选 c. 为 15%	选 a. 为 93%; 选 b. 为 2%; 选 c. 为 5%
3. 立法明确高校思政课教师退出情形,对高校思政课教师有利还是不利?(单选) a. 有利;b. 不利;c. 不知道	选 a. 为 58%; 选 b. 为 26%; 选 c. 为 16%	选 a. 为 75%; 选 b. 为 13%; 选 c. 为 12%	选 a. 为 96%; 选 b. 为 1%; 选 c. 为 3%

须承认的是,在立法上明确高校思政课教师必须被退出情形,为退出不合格高校思政课教师提供了法律依据,有助于防范退出中裁决权滥用,可在一定程度上有效保障高校思政课教师合法权益。结合党和国家发布的相关文件,在立法上应明确规定,有如下情形之一的高校思政课教师,应当被退出。

一、在政治上不能同党中央保持一致

退出在政治上不能同党中央保持一致的高校思政课教师,有正当依据。

(一)保证高校思政课建设的社会主义方向

高校思政课建设的关键是教师,要确保高校思政课建设的社会主义方向,高校思政课教师应提高政治站位,充分认识到自己承载的艰巨使命,在政治上始终与党中央保持一致。否则,如果高校思政课教师政治站位不高,责任意识淡漠,不能在政治上同党中央保持一致,在课堂上散布不当言论,妄议党的路线方针政策,这样的高校思政课教师不仅不能教育引导青年大学生树立正确世界观、人生观、价值观,还会导致其思想混乱。那么,如何让高校思政课教师在政治上与党中央保持一致,确保高校思政课建设的社会主义方向。立法将“不能在政治上同党中央保持一致”设定为退出高校思政课教师的情形,应该是一条有效举措。因为立法一旦确立政治上不能与党中央保持一致的高校思政课教师要被退出,倘若高校思政课教师不能严格要求自己,随意发表一些对党和国家不利的言论,不能在政治上同党中央保持一致,自己将面临被退出的危险。基于自身利益考量,会促使高校思政课教师在思想上认识到政治上同党中央保持一致的重要性,在课堂上更注意自己言行,真正做到课堂讲授有纪律。正是从这个意义上说,立法将政治上不能同党中央保持一致设立为高校思政课教师应被退出的情形,增强高校思政课教师授课纪律意识,有利于确保高校思政课建设的社会主义方向。

(二)确保培养的是社会主义合格建设者与可靠接班人

高校思政课教师要把大学生培养成为社会主义合格建设者与接班人,其自身必须坚持正确的政治立场、观点和信念,在政治上同党中央保持一致,不受各种错误思潮影响,始终能增强“四个意识”、坚定“四个自信”、做到“两个维护”。

高校思政课教师要教育引导青年大学生健康成长,其自身必须具备过硬政治素质,才有资格讲好思政课,才能让青年大学生对思政课产生兴趣、真正喜欢思政课。高校思政课教师要扮演好自己的角色,履行好自己的职责,必须坚定信仰马克思主义,在政治上始终同党中央保持一致,唯有如此,才能引导大学生树立正确的政治观;高校思政课教师要坚持坚定的政治立场,把握好政治方向,才能帮助大学生正确认识国情世情,正确认识时代责任和历史使命,最终实现引导大学生把自己力量贡献到中国特色社会主义中。正是从这个意义上说,在立法层面确立政治上不能同党中央保持一致的高校思政课教师应当被退出,让法治保障有政治的人讲政治,是培养合格社会主义建设者与接班人的必然要求。

(三)有效促使高校思政课教师提高政治站位

要教育引导青年大学生健康成长,把他们培养成为对党和国家有用之人,作为教育者的高校思政课教师首先须提高政治站位,从思想上真正意识到自己肩负的重任。否则,认识不到位,思想上没有对自己承载的使命引起足够重视,在课堂上发表对党和国家不利的不当甚至错误言论,极有可能把青年大学生引导到党和国家的对立面。因此,如何确保高校思政课教师提高政治站位、在政治上始终与党中央保持一致,是高校思政课教师队伍建设不得不面临和解决的问题。

要提高高校思政课教师的政治站位,有多种路径可供选择,但将“政治上不能与党中央保持一致”确立为退出高校思政课教师的情形并予以法治化,是一条有效路径选择。鉴于人有权衡利弊得失的理性禀赋,不遵守高校思政课课堂讲授纪律会给自身带来严重后果,有利于促使高校思政课教师增强纪律与责任意识,自觉在政治上同党中央保持一致。正是从这个意义上说,立法规定在政治上不能同党中央保持一致的高校思政课教师应被退出,这是确保高校思政课教师自觉提高政治站位的客观需要。

二、师德师风出现严重问题

师德师风,是指高校思政课教师的品格修养、师爱情怀以及在教育教学活动中向外界所展示出来的生活作风、工作作风及思想作风。[①] 在价值观日益多元化、意识形态领域斗争更趋复杂化的新形势下,高校思政课教师自身首先应具有高尚品格、师爱情怀以及优良的工作与生活作风,这是他们教育引导青年大学生立德树人的必要前提。总的来说,我国高校思政课教师师德师风的主流是积极健康向上,但不得不承认,仍有部分高校思政课教师的师德师风存在这样或者那样的一些问题,如具有浓厚的功利主义色彩、不热爱自己学生、缺乏敬业精神、没有与时俱进的开拓创新精神等。要改变高校思政课教师队伍中目前存在的不良风气,提升高校思政课教师的师德师风,有必要由立法把“师德师风出现严重问题”列为退出高校思政课教师的情形,由法治保障其付诸实施,不仅必要而且急需。

(一)办好高校思政课的需要

高校思政课是高校思政课教师用马克思主义理论教育引导青年大学生立

---

① 参见李苗苗:《新时代高校思政课教师师德师风提升研究》,大连理工大学2022年硕士学位论文。

德树人的主阵地,如果高校思政课教师在师德师风上不能全面以身作则,不能自觉率先垂范,这样的高校思政课教师,很难通过高校思政课给青年大学生进行有效教育引导,更遑论通过高校思政课把青年大学生培养成为社会主义核心价值观的践行者。

高校思政课教师的优良师德师风在高校思政课建设中具有极其的重要作用,要加强高校思政课建设,必须着力提升高校思政课教师的师德师风。目前,我国已出台多项有关高校思政课教师师德师风建设的法律法规以及其他规范性文件,如《高等教育法》《教师法》《高等学校教师职业道德规范》等,这些规范性文件是我国高校思政课教师加强师德师风建设的重要依据,对于促使高校思政课教师为人师表,用自己优雅言行教育和影响学生,具有极其的重要作用。但不得不承认,我国当下有关高校思政课教师师德师风建设的规范性文件,尚存这样或者那样不足,例如,具有法律效力的《高等教育法》与《教师法》,既没有明确规定高校思政课教师师德师风的制度建设,也没有涉及师德师风出现严重问题的高校思政课教师要予以退出的相关内容。在党和国家有关部门发布的高校思政课教师队伍建设的文件中,虽有退出不合格高校思政课教师的规定,①但没有将师德师风出现严重问题列入退出情形。

规范性文件没有将师德师风出现严重问题列为退出高校思政课教师的情形,导致部分高校思政课教师不能从思想上真正认识到师德师风的重要性,在教育教学中难免出现备课不认真、上课没有激情、敬业精神不强、对学生缺乏足够的爱心、不注重形象仪表、缺失与时俱进的开拓创新精神等,这无疑制约和影响了高校思政课建设。要有效促使高校思政课教师在思想上真正认识师德师风的重要性,切实加强高校思政课建设,有必要在立法上将"师德师风出现严重问题"设定为退出高校思政课教师的情形。一旦立法将师德师风出现严重问题规定为高校思政课教师应被退出情形,由于这直接关乎高校思政课教师个人职

① 例如,2020 年教育部发布的《新时代高等学校思想政治理论课教师队伍建设规定》第 25 条规定:高校应当加强对思政课教师的考核,健全退出机制,对政治立场、政治方向、政治原则、政治道路上不能同党中央保持一致的,或理论素养、教学水平达不到标准的教师,不得继续担任思政课教师或马克思主义理论学科研究生导师。

业发展乃至“饭碗”问题，基于外在压力及自身利益考量，他们不得不在思想上对师德师风引起重视，在工作和生活中更加注意自己身份及言行举止。一旦高校思政课教师形成良好师德师风，不仅能增强他们自身人格魅力，而且易赢得学生尊重，这对于提升高校思政课实效性有极其的重要作用。正是从这个意义上说，将师德师风出现严重问题列为高校思政课教师退出情形并予以法治化，是办好高校思政课的需要。

（二）加强对思政课教师师德师风考核评价的需要

加强对高校思政课教师师德师风的考核评价，对考核不合格的，高校思政课教师要承担不利后果，例如，在专业技术职务职称评聘中，对师德师风考核不合格的高校思政课教师实行“一票否决”，是促使高校思政课教师形成优良师德师风的有效举措。但仅此还不够，对于无须评职务职称的人，“一票否决”不足以促使其改进师德师风，因此，为更好发挥考核评价作用，有必要在立法上将考核评价中有“师德师风出现严重问题”的情况确立为高校思政课教师被退出情形。

一是促使高校思政课教师形成优良的师德师风。高校思政课教师在课堂上的知识讲授并非目的，其要以落实立德树人根本任务为导向和主旨。[①] 但要实现教育引导青年大学生立德树人、立志成才，不仅要求高校思政课教师有坚定的政治信仰、扎实的马克思主义理论知识及高超的教育教学艺术，还要求高校思政课教师有良好的师德师风。如果一个高校思政课教师没有优良的师德师风、组织纪律观念淡漠、懒懒散散、上课经常迟到早退、对学生没有爱心和责任心，这样的高校思政课教师很难获得学生的尊重和认可，不可能教育引导青年大学生健康成长。因此，加强对高校思政课教师师德师风的考核评价，将师德师风出现严重问题列入退出高校思政课教师的情形并予以法治化，由法治保障其贯彻实施，是促使高校思政课教师在思想上重视师德师风及在实践中自觉

① 有学者指出，高校思政课教师不以传授专业知识和技能为主要目的，而是以塑造正确的世界观、人生观、价值观为导向和主旨。参见许传红：《高校思政课教师素养“六要”论：高校思政课教师情怀论》，社会科学文献出版社2020年版，第94页。

培养优良师德师风的必然要求。

二是引导新时代大学生健康成长。高校思政课教师是大学生健康成长的引路人，他们的言行举止会对大学生的道德情操、人格品质及理想信念的形成产生深刻影响。[①] 倘若高校思政课教师的师德师风不能满足指导青年大学生健康成长的需要，如衣着不整、形象不佳、缺乏爱心、无责任心、上课随随便便、没有进取心、缺失荣誉感等，在意识形态斗争复杂、各种社会思潮相互激荡、世界格局发生深刻变化的新形势下，无法教育引导青年大学生树立正确世界观、人生观、价值观，这不利于青年大学生的健康成长。因此，加强对高校思政课教师师德师风考核，在立法上明确师德师风考核不合格的严重后果，有利于促使高校思政课教师在思想上对师德师风引起重视，在教育教学及社会生活中有意识培养优良师德师风，唯有他们具有高尚品德与独特人格魅力，才能对大学生进行教育引导。

三是引导大学生树立社会主义核心价值观。社会主义核心价值观为人们供给精神动力，具有凝聚人心以及对人的思想进行指引的重要作用，具有避免价值观冲突导致社会秩序紊乱的功能。然而，在价值观呈现多元化的社会转型时期，要培养人们树立社会主义核心价值观，并非易事。具体就青年大学生而言，能否引导其树立社会主义核心价值观，关键在于高校思政课教师。倘若高校思政课教师自己都无组织纪律观念、不讲诚信、社会责任感缺乏、缺乏进取拼搏精神，肯定无法教育引导青年大学生培育社会主义核心价值观。因此，将师德师风出现严重问题设定为退出高校思政课教师的法定情形，通过刚性制度倒逼高校思政课教师不断提升自身道德修养，是引导大学生树立社会主义核心价值观的需要。

（三）促使思政课教师形成优良师德师风的需要

师德师风优良的高校思政课教师，通常具有与众不同的人格魅力，加强高校思政课教师的师德师风建设不仅有利于提升他们的教育教学效果，而且有利

① 参见许传红：《高校思政课教师素养“六要”论：高校思政课教师情怀论》，社会科学文献出版社 2020 年版，第 55 页。

于培养合格的社会主义建设者与可靠的接班人，因此，加强高校思政课教师的师德师风建设，对高校落实立德树人根本任务有极其重要意义。目前，我国高校思政课教师的师德师风，总体上积极健康向上，但亦存在一些问题，如有的高校思政课教师没有给予学生应有的尊重、责任心缺乏、诚信意识淡漠、理论素养不高、团结协作观念差、吃苦耐劳精神缺乏等。要促使高校思政课教师形成优良师德师风，建设一支高素质高校思政课教师队伍，有必要在立法上确立师德师风出现严重问题的高校思政课教师须予以退出。

1. 提升高校思政课教师对师德师风重要性的认识

思想是行动的先导，要改进当下我国部分高校思政课教师师德师风存在的问题，高校思政课教师首先应从思想上真正认识到师德师风的重要性，唯有如此，才能自觉提升培养优良师德师风意识，在工作和生活中，对自己言行不断反省，时刻按照高标准要求自身。将师德师风出现严重问题列为高校思政课教师退出情形并予以法治化，让高校思政课教师知道师德师风出现严重问题要承担的不利后果，有利于促使他们基于自身利益考量，不得不在思想上对师德师风引起重视。

2. 促使高校思政课教师师德师风建设的制度完善

将师德师风出现严重问题列为高校思政课教师退出情形并予以法治化，有利于促使高校思政课教师师德师风建设的制度完善，这是因为，法治强调对个人正当权益保护，由于退出涉及高校思政课教师个人切身利益，这要求在对师德师风出现严重问题的退出标准予以法治化时，须对高校思政课教师合法权益给予足够尊重和保障，这是衡量一国法治进步的重要考量标准。然而，对被退出高校思政课教师的权益保障需要具有针对性的解决路径，如对高校思政课教师师德师风的考核评价，须对评价标准、评价程序及评价结果运用予以明确，唯有如此，才能避免在退出高校思政课教师时，因对师德师风出现严重问题缺失科学判断标准与程序控制可能导致权力滥用。正是从这个意义上说，高校思政课教师师德师风出现严重问题的退出情形法治化，有利于促使高校思政课教师师德师风建设制度完善。

3. 对广大高校思政课教师进行切实有效的教育

在立法上确立高校思政课教师的师德师风出现严重问题应当被退出，可以对高校思政课教师产生切实有效的教育效果。一是对被退出高校思政课教师的特殊教育。高校思政课教师因师德师风出现严重问题被退出，既有可能是退职不退编，也有可能是既退职又退编，前者是指不能继续担任高校思政课教师，但还可以继续留在高校其他岗位，如图书馆、保卫处、后勤处等；后者是指取消编制，不能享受高校教职工待遇，只能另谋生路。无论是退职不退编，还是退职又退编，退出事实都会对高校思政课教师产生深刻的教育效果，让其切身体会自己不严格要求自己，师德师风出现严重问题既断送了执教生涯，也给家人带来灾难性后果，惨痛教训会促使他在今后的工作中严格要求自己，遵守职业道德及法律法规。二是对在职广大高校思政课教师的一般预防教育。由刚性法律制度确保师德师风出现严重问题的高校思政课教师被退出，让广大在职高校思政课教师认识到，高校思政课教师不能在师德师风上出问题，这绝非喊喊口号、说说而已，而是有明确的法律依据，是每个高校思政课教师必须履行的义务，倘若不认真履行义务，一旦师德师风出现严重问题，就要面临被退出的严重后果，这无疑给在职高校思政课教师提供了活生生的教育素材，高校思政课教师必须具有优良的师德师风。

三、马克思主义理论素养不够

高校思政课教师要对大学生有效开展马克思主义理论教育，[①]其自身须具有渊博的马克思主义理论知识。一个缺乏马克思主义理论素养的高校思政课教师，不可能对新时代大学生开展系统的马克思主义理论教育。因此，在立法上确立"马克思主义理论素养不够的高校思政课教师应当被退出"，尤为必要。

（一）引导青年大学生坚定信仰马克思主义

对青年大学生开展马克思主义理论教育，引导他们坚定信仰马克思主义，

---

① 参见 2020 年教育部发布的《新时代高等学校思想政治理论课教师队伍建设规定》第 2 条规定，思政课教师是高校教师队伍中承担开展马克思主义理论教育、用习近平新时代中国特色社会主义思想铸魂育人的中坚力量。

是高校思政课教师的职责。高校思政课教师要履行好这一职责,要求他们具有很高的马克思主义理论素养。否则,如果高校思政课教师自身没有基本的马克思主义理论知识,缺乏基本马克思主义理论素养,对于什么是马克思主义、马克思主义包含哪些基本内容及为什么说马克思主义是一种科学理论都弄不明白,不能向学生讲清楚马克思主义为何是一种科学理论,不知道如何才能让学生认识马克思主义要与中国实际相结合的理论意义与现实意义,这样的高校思政课教师,不可能对新时代大学生进行有效的马克思主义教育,更遑论引导新时代大学生对马克思主义持坚定信仰。因此,在立法上规定“马克思主义理论素养不够的高校思政课教师应当被退出”,促使高校思政课教师在思想上真正认识到马克思主义理论素养的重要性,这有利于促使他们想方设法采取有效措施提升自身的马克思主义理论素养。只有高校思政课教师有扎实的马克思主义理论并坚定信仰马克思主义,才能有效教育引导新时代青年大学生相信并坚定信仰马克思主义。

(二)确立和巩固马克思主义在高校意识形态领域的主导地位

在各种思想文化思潮碰撞激烈的高校,要教育引导大学生对马克思主义持坚定信仰,确立和巩固马克思主义意识形态领域指导地位,要求高校思政课教师应具有较高的马克思主义理论素养。否则,马克思主义理论匮乏的高校思政课教师,面对意识形态领域各种文化思潮的激烈碰撞,不知道如何运用马克思主义理论对各种文化思潮的优劣进行客观全面分析,无法通俗易懂地向青年大学生讲清楚马克思主义理论的科学性,很难在意识形态领域确立和巩固马克思主义的主导地位。由此可见,高校思政课教师有较高马克思主义理论素养,事关意识形态工作大局,事关马克思主义在高校意识形态主导地位,事关立党立国指导思想持之以恒。正是从这个意义上说,立法将缺乏马克思主义理论知识或者马克思主义理论素养不够设定为退出高校思政课教师的情形,通过刚性法律制度保障,促使高校思政课教师在思想上认识具有丰富马克思主义理论素养的重要性并采取措施予以提升,这对于确立和巩固马克思主义在意识形态领域主导地位有重要作用。

（三）有效提升高校思政课教师的马克思主义理论素养

高校思政课教师要对大学生有效开展马克思主义理论教育，引导大学生对马克思主义持坚定信仰，首先其自身必须有较高的马克思主义理论素养，唯有如此，才能向青年大学生讲清楚马克思主义基本原理同中国具体实际相结合的缘由，才能用马克思主义理论分析与解决中国之问、世界之问。如果高校思政课教师缺乏马克思主义理论素养，不能深入浅出、循循善诱地向学生解释马克思主义是一种科学理论，不能向学生讲清楚中国为什么要选择马克思主义作为自己的行动指南，不能向学生讲明白为人民谋幸福是马克思主义的生命力所在，就不可能引导大学生对马克思主义持坚定信仰。因此，有必要将马克思主义理论素养不够设定为高校思政课教师被退出的法定情形，通过刚性法律制度保障，促使高校思政课教师在思想上深刻认识马克思主义理论素养的重要性并想方设法努力掌握马克思主义理论知识，正是从这个意义上说，在立法上确立马克思主义理论素养不够的高校思政课教师应当被退出，能有效提升高校思政课教师马克思主义理论素养。

四、教学能力不能满足相应课程教学要求

高校思政课教师要对大学生有效开展马克思主义理论教学，不仅要有扎实的马克思主义理论知识，还要有较高的教学能力，否则，不能用通俗易懂的方式给学生讲解马克思主义理论，大学生对思政课没有获得感或者获得感不强，无法引导其坚定信仰马克思主义。因此，有必要将教学能力不能满足相应课程教学要求设立为高校思政课教师须被退出的法定情形，通过刚性法律制度保障其贯彻实施，这对于有效促使高校思政课教师更新教学理念及改进教学方法有极其重要意义。

（一）有效促使高校思政课教师革新教学理念

一个教学理念陈旧的高校思政课教师，其采用的教学手段常常也比较简陋。这样的高校思政课教师，即便有渊博的马克思主义理论知识，也很难将其有效传授给学生。高校思政课教师教学理念落后导致教学效果不理想，学生思

政课获得感不强，不仅高校思政课教师的课堂讲授是做无用功，而且高校思政课教师的教学不能吸引学生，无法教育引导学生对马克思主义持坚定信仰，从某种意义上说，这无异于浪费了宝贵的教学资源。因此，高校思政课教师应当革新教学理念，不断深化教学改革，在教学过程中善于结合中国特色社会主义建设的伟大实践，综合运用启发式、互动式、参与式、案例式及研究式等多种教学方法，采取尊重学生主体地位的授课范式，增强课堂教学吸引力与高校思政课教师亲和力。借助雨课堂、学习通、蓝墨云班课等平台，采用先进教学手段展现高校思政课教学内容，有效发挥高校思政课思想引领、价值塑造、舆情引领作用。①

然而，要让高校思政课教师摒弃落后的教学理念，有效促使其采用先进教学方法，更好履行讲好思政课的首要岗位职责，有必要在立法上将“教学能力不能满足相应课程教学要求的高校思政课教师应被退出”予以确立。因为通过立法保障教学能力不能满足相应课程教学需要的高校思政课教师被退出，能促使高校思政课教师在思想上引起重视，让他们真正意识到，作为一个高校思政课教师，如果教学理念陈旧，不能与时俱进将先进教学手段和教学方法运用到高校思政课中，学生对思政课没有获得感或者获得感不强，自己将面临被退出的严重后果。否则，缺失刚性法律制度保障实施，教学能力不能满足相应课程教学要求的高校思政课教师很难被退出，进而导致高校思政课教师不能在思想上对教学改革引起重视。正是从这个意义上说，通过立法确保教学能力不能满足相应课程教学要求的高校思政课教师被退出，能有效促使高校思政课教师不断革新教学理念。

（二）增强大学生思政课获得感

高校思政课的教育教学对象是知识层次高、个体意识强以及有一定独立分析判断问题能力的大学生，要增强他们思政课获得感，要求高校思政课教师须与时俱进革新自己教学理念，采取切实举措提升自身教学能力。但不得不承

① 参见沈壮海、董祥宾：《论新时代思想政治理论课的改革创新》，载《思想理论教育》2019年第5期。

认,目前仍有部分高校思政课教师对思政课的重要性认识不足,例如,教学理念落后、教学手段单一、没有全身心投入教学中、在课堂上无精打采,由此导致很多学生上课时玩手机、交头接耳、昏昏欲睡、做思政课之外的作业等现象时有发生。总的说,大学生对思政课满意度不是很高,高校思政课教师教学能力有待加强。

要促使高校思政课教师提升教学能力,让大学生从思政课中受益匪浅,须采取多种措施,多管齐下,例如,加强马克思主义理论学科建设,强化科研为教学提供支撑;革新教学理念,在思政课课堂教学中创新教学方法;适当减轻思政课教师的科研压力,让其在教学上投入更多时间和精力。由此可见,要增强大学生思政课获得感,有很多方法可供选择,但关键是要提升高校思政课教师的教学水平。众所周知,高校思政课不仅理论性、政策性强,而且与实际联系尤为紧密,如果高校思政课教师不能采用先进教学方法与教学手段,在课堂上照本宣科,教学内容枯燥乏味,不能引起学生共鸣,易使学生对学习思政课失去兴趣和乐趣、产生厌倦心理,导致高校思政课教学效果不佳,大学生对思政课满意度不理想。

尽管党和国家相关文件对提升高校思政课教师的教学能力有政策规定,很多高校也采取了一些改革举措来提升高校思政课教师的教学能力,但总的来说,都不能引起高校思政课教师的高度重视。为此,有必要将“教学能力不能满足相应课程教学要求的高校思政课教师应被退出”上升到国家立法层面,通过刚性法律制度确保教学能力达不到相应课程教学要求的高校思政课教师被及时有效退出,能促使高校思政课教师在思想上引起重视。倘若高校思政课教师藐视法律,我行我素,在教学中没有根据现代科技发展采取先进手段,教学效果无法满足相应课程教学要求,学生对思政课没有获得感或者获得感不强,高校思政课教师将面临被退出的危险。鉴于此,基于法律强力与自身利益考量,高校思政课教师不得不革新理念,采取有效措施调动学生学习积极性、主动性和创造性。正是从这个意义上说,将教学能力不能满足相应课程教学要求确立为退出高校思政课教师的法定情形,能有效促使高校思政课教师提升教学能力,进而达到提高大学生对思政课的满意度。

(三)为切实推动高校思政课教学改革供给法治保障

高校思政课教学改革是一项复杂系统工程,要受到许多因素的制约和影响,有赖于一系列配套措施的支持,例如,需要高校思政课教师在思想上真正认识到改革的必要性与重要性,否则,认识不到位,很难促使其将课堂教学、网络教学、情境教学等教学方式予以融合,创新翻转课堂、混合式教学等教学模式,因为这需要高校思政课教师耗费大量时间和精力,如果仅有高校和教育主管部门的内部文件及政策引导,很难让高校思政课教师在思想上引起重视。又如,要组织高校思政课教师开展国内外学术交流、学习考察及参与各级各类教改活动,需要高校在资金上给予支持,在高校办学资源紧缺的情况下,倘若没有刚性法律制度予以保障,开展高校思政课教学改革需要一系列配套辅助措施很难得到满足。

由上可见,切实推动高校思政课教学改革需要一系列配套辅助措施,有赖刚性法律制度予以保障。立法将教学水平达不到要求确立为高校思政课教师须被退出的情形,由刚性法律制度确保教学水平达不到要求的高校思政课教师被退出,促使高校思政课教师不得不在思想上引起重视,对自己滞后的教学理念进行反思与革新,进而为教学改革奠定思想基础。由于高校思政课教师被退出对高校也会产生影响,立法确立教学不合格的高校思政课教师要被退出,在一定程度上促使高校对思政课教学改革引起重视,为思政课教学改革创造和提供条件。因此,在立法上明确教学能力达不到要求的高校思政课教师须被退出,使推动高校思政课教学改革既有政策规定,也有明确的法律依据与刚性法律制度保障。

(四)强化对高校思政课教师教学能力考核评价的威力

教学能力是考核评价高校思政课教师的重要指标,高校思政课教师必须在思想上充分认识教学能力的重要性,与时俱进地开展教学改革,不断提高自身教学能力。高校要对思政课教师是否开展提升教学能力的教学改革及改革成效进行严格考核评价,对评价不合格的,要对高校思政课教师进行约谈,限期整改。把教学能力列入高校思政课教师年终述职内容,教务部门应对整个学校思政课教师的教学能力情况开展定期或不定期检查、专项督导,发现情况要及时责令整改。

然而,在立法将教学能力不能满足相应课程教学要求的高校思政课教师应被退出予以确立之前,这种对高校思政课教师教学能力进行专项考核评价的威力不大,很难促使高校思政课教师在思想上对教学能力引起应有的注意。但立法一旦对此予以确立后,情况就完全不同,在对高校思政课教师的教学能力进行考核评价中,如果发现高校思政课教师的教学能力不能满足相应课程教学要求,根据立法,对该高校思政课教师须予以退出。这种极具威慑力的考核评价,会倒逼高校思政课教师自觉开展教学改革,努力提升自己的教学水平,不断增强自身的教学能力。

五、其他不能担任高校思政课教师的情形

在立法上对高校思政课教师必须退出情形予以具体列举,为有关主体退出不合格高校思政课教师提供了明确标准,在一定程度上有助于防范退出过程中的裁决权滥用。但因社会生活复杂,具有易变性,如果对退出高校思政课教师的情形采取单纯具体列举,有可能出现挂万漏一。为弥补单纯具体列举方式之不足,应设定"其他不能担任高校思政课教师的情形"的兜底条款对具体列举事项予以补充。

(一)设立兜底条款的必要性

由于社会生活具有复杂性及易变性,退出高校思政课教师的情形,通常会随着国际国内政治、经济、文化等情况的变化而变化。如果对高校思政课教师退出情形采取单纯列举方式,当出现应退出却非列举的法定退出情形时,对于有关主体提出的退出请求,负责处理高校思政课教师退出的工作人员有可能会以法无明确规定为由进行推诿或拒绝受理,导致应退出却无法退出的尴尬情况发生。因此,对高校思政课教师退出情形,有必要在具体列举之后附设一个兜底条款,对退出情形持开放性姿态,这是为了更好适应社会生活复杂性与多变性。

（二）兜底条款的作用

在高校思政课教师退出情形的立法模式设计中，兜底条款有重要作用：

一是弥补立法的滞后性。立法对高校思政课教师须退出情形予以具体列举，简洁明了。这既便于高校思政课教师根据退出情形对自己进行反思与自我教育，也便于负责处理高校思政课教师退出的主体根据具体列举进行审查。但高校思政课教师退出情形并非恒定不变，其会随着国际国内形势的变化而变化，原来无须退出的，有可能会随着形势变化需要被退出，因此，在具体列举高校思政课教师的退出情形后，设立兜底条款，有弥补立法滞后的重要作用。

二是最大限度地克服单纯具体列举具有"不周延性"之不足。在确定高校思政课教师须退出情形时，不论立法者考虑如何周到，但因社会生活具有复杂易变性，智者千虑总有一失。从理论上说，对退出情形之列举难免出现遗漏现象，兜底条款有助于"缓和有限的法律规定与无限的社会生活之间的矛盾"，[①]防止立法对高校思政课教师退出情形采取单纯列举在面对突发情况时措手不及，克服了单纯列举退出情形的不周延性，有"一网打尽"高校思政课教师退出情形的特点。

（三）兜底条款的局限性

从立法价值上说，兜底条款有避免挂一漏万的重要作用，在一定程度有利于缓和高校思政课教师退出情形列举有限的法律规定与无限的社会生活之间的矛盾。但因其弹性十足，自由裁量空间大，在适用过程中存在一定隐患。

其一，易导致高校思政课教师退出程序运行主观化。在法治国家，涉及对他人权益限制或者干预的行为，往往要受法治程序的规制，即需要一套正义的程序规则确保他人权益，厘清国家权力行使和个人权益保障之间的界限，使个人权益免受国家权力的侵扰。然而，兜底条款作为高校思政课教师退出情形中软法的典型范例，尽管其具有法律属性，但因高度抽象而只能依赖负责处理高校思政课教师退出事务主体的自我判断，在退出情形法定中，兜底条款效力的

---

① 参见姜涛：《经济刑法之"兜底条款"的解释规则》，载《学术界》2018年第6期。

限制性几乎丧失。可以说,凡设置了兜底条款的程序规则都面临着要件解释上的不确定性和难以预测性,进而在一定程度上导致程序运行的依据由法定转向人定。①

其二,易导致高校思政课教师退出中特定主体权力扩大化。在现代法治国家,法律的明文规定是权力主体行使权力的合法性来源,若法律缺失规定或规定不明,模糊的授权性规范则无异于赋予了公权力主体恣意解释权力合法性的自由伸缩空间,甚至成为其肆意填充权力内容实现权力扩张的工具。② 具体就高校思政课教师退出情形来说,“其他应当退出情形”的涵括性规定,可能导致负责解决高校思政课教师退出事务的主体在解释文本时,为其拓宽自身权力提供了可能。诚然,在高校思政课教师退出情形中,兜底条款在规范层面并不存在非法性,但兜底条款的内涵流动性显然扩大了裁决主体自由裁量权,导致负责处理高校思政课教师退出的主体在退出中拥有更多解释法律的机会和空间,进而在退出中有可能产生滥用权力风险,从立法技术层面考量,这种滥用权力的风险并非空穴来风。

(四)对兜底条款的解释

高校思政课教师退出情形的兜底条款关涉权力与权利及公益与私益的激烈碰撞,若缺失相应解释规则的正确指引,在高校思政课教师退出过程中,承载退出义务主体有可能会滥用裁决权,最终造成不应退出而退出抑或应退出却不被退出的现象发生。当然,高校思政课教师退出情形之兜底条款并非“不设防的领地”,但不得不承认,兜底条款往往具有“未计划性”,面对兜底条款时,倘若没有解释规则的正确指引,裁决者有可能基于自身利益考量对其给予“偷龙转凤”的口袋性解释,导致高校思政课教师退出中出现不法乱象,因此,有必要就兜底条款的解释进行适当规制。具体来说,立法对高校思政课教师退出情形予以列举后,对随后附有“其他应当退出的情形”之总括性规定,负责处理高校思

① 参见程光:《论刑事程序法兜底条款的内涵具体化》,载《中国政法大学学报》2020年第6期。

② 参见林孝文:《语言、法律与非确定性——哈特的法官自由裁量权理论研究》,载《中南民族大学学报(人文社会科学版)》2015年第2期。

政课教师退出事项的主体，对“其他应当退出的情形”的解释，只能限于与立法所列举情形同类的情形，以避免恣意扩大或缩小高校思政课教师退出的情形范围。

此外，对“其他应当退出的情形”之解释，必须强调理由说明。一方面，这是对被退出高校思政课教师主体地位的尊重；另一方面，有利于裁决者理性行使权力。如果裁决者无须说明援引的理由就可以作退出高校思政课教师的决定，不仅有可能助长裁决权滥用，而且会导致高校思政课教师在后续救济中不能进行有效抗辩。此外，退出无须说明理由，高校思政课教师无法从这些概括性描述中推知为何某情形属于兜底条款的涵摄范围，进而不能准确了解其中的法律适用逻辑，这不利于设立兜底条款对高校思政课教师进行警示教育。

第三节　退出程序法治化

退出程序法治化，是指退出高校思政课教师须经的程序以及违反退出程序要承担的责任，立法对此要有明确规定。一旦高校思政课教师的退出程序由立法加以确立，这意味着，不遵守法定程序的高校思政课教师退出属于违法，有关主体要承担相应法律责任。退出程序法治化，明确了退出高校思政课教师须经的具体步骤或者环节，通过有关部门的严格审查，有助于避免应被退出而未被退出以及不应被退出却被退出的乱象，这对维护高校思政课教师的正当权益有极其重要意义。

由立法对高校思政课教师退出程序予以明确，有利于确保高校思政课教师退出在法治轨道内有序运行。然而，从表 17 不难发现，仍有部分高校思政课教师认为退出程序法治化没有必要抑或对退出程序是否法治化持无所谓态度。

表 17　高校思政课教师退出程序法治化的正当性和必要性调查

问卷问题	问卷对象
	高校思政课老师
1. 有无必要将高校思政课教师退出程序予以法治化?(单选) a. 有必要,程序有限制权力与规制权利滥用功能,确保退出在法治预设轨道运行;b. 没必要,程序过于烦琐,耗时费力;c. 无所谓	选 a. 为 93%; 选 b. 为 4%; 选 c. 为 3%
2. 你认为谁有资格主张退出不合格高校思政课教师?(多选) a. 马克思主义学院;b. 学校教学督导团;c. 授课班级学生	选 a. 为 91%; 选 b. 为 93%; 选 c. 为 75%
3. 如何确保高校思政课教师退出程序具有正当性?(多选) a. 行使裁决权主体的地位应相对中立;b. 保障高校思政课教师有充分发表意见的权利;c. 告知高校思政课教师享有相关的程序权利;d. 不知道	选 a. 为 95%; 选 b. 为 100%; 选 c. 为 98%; 选 d. 为 6%

退出关乎高校思政课教师切身利益,通过环环相扣的周密程序设计,能有效避免不应被退出却被退出乱象,对确保退出决定的实体公正有重要价值。根据党和国家发布的有关高校思政课教师退出文件,结合程序法治的基本原则和基本精神,立法有必要将如下环节或者步骤确立为高校思政课教师退出的基本程序。

一、程序启动主体提出要求

程序启动主体,是指有权要求退出不合格高校思政课教师的人或组织。谁有资格要求退出不合格的高校思政课教师,是高校思政课教师退出程序法治化的重要内容。程序启动主体明确,意味着只有特定主体才有资格要求退出高校思政课教师,这有助于避免程序启动主体不明可能导致任何人都可要求退出,置高校思政课教师于不利境地。此外,程序启动主体明确,如果其没有认真履行启动退出程序义务,要承担相应责任,有利于促使程序启动主体履行职责,确保不合格高校思政课教师被及时退出,对于调动高校思政课教师工作积极性有重要意义。

至于有权启动高校思政课教师退出程序的主体,基于公益与私益予以适度平衡的原则考量，可以对有权启动高校思政课教师退出程序的主体作以下安排。

1. 马克思主义学院

马克思主义学院是高校独立设置的二级机构，不仅负责对高校思政课教师进行日常行政管理的任务，而且承载对高校思政课教师的思想政治素质、师德师风、理论素养、教育教学、科研及社会服务能力开展定期或不定期考核评价的职责。在对高校思政课教师进行日常行政管理及考核评价中，如果发现其有不能继续担任高校思政课教师的情形，马克思主义学院有权向有关主体提出请求，要求有关主体根据法定职权和程序退出不能继续从事思政课教学的高校思政课教师。

马克思主义学院是高校的一个二级机构，其承载的对高校思政课教师进行日常管理和考核评价的职责须由具体工作人员和职能部门完成，有鉴于此，对高校思政课教师具有应当被退出的情形，需要先由该院有关人员或职能部门提出，然后，由马克思主义学院党政联席会议集体讨论决定，形成退出建议的书面报告，报送学校有关部门进行审查裁决。根据公益与私益予以适度平衡的原则，关于马克思主义学院有权建议退出高校思政课教师的人员和职能部门，可以作这样的制度安排：马克思主义学院教学督导团、至少三人以上有副高职称的教师团体、教务科以及其他人员或职能部门认为应退出某高校思政课教师的，可以向有建议权的人员或职能部门提出建议，由其决定是否提交马克思主义学院党政联席会议审查决定。

2. 学校教学督导团

学校教学督导团是负责学校教学监控评估工作的一个重要组织，其成员往往有较高教学水平，通常是特定领域的专家，具有某一学科的专业知识、了解某一学科前沿理论问题、在某一学科有一定学术造诣，可以说，是在某一领域有一定权威、获得认可的人。高校思政课教师退出必然涉及诸多专业问题的分析判断，如理论素养、教学水平是否达到某一课程教学标准，这需要评价主体有一定的专业知识。一个没有丰富教育教学经历及教学水平很差的人，要求其客观评价高校思政课教师的教学能力，极其困难；一个没有扎实的马克思主义理论功底的人,不可能对高校思政课教师的理论素养是否能满足某一学科教学要求作出正确评价。学校教学督导团成员有长期从事高校教学或者有专门从事高校思政课教学以及科研工作的经历,他们对于一个高校思政课教师必须具备的理论素养或教学能力比较了解,对于高校思政课教师是否应当被退出,通常能提出客观合理的建议。

倘若学校教学督导团成员与高校思政课教师没有利害关系,他们完全是站在中立立场对高校思政课教师的理论素养、教学能力进行评价,结果更具客观性和权威性。总的来说,专家具备渊博的知识,有扎实的理论功底,熟悉某学科最前沿的理论问题,在专业领域内有较高的权威,他们对高校思政课教师应具备的各种素质有深刻地把握,由其启动高校思政课教师退出程序有正当基础。

但须注意的是,由学校教学督导团作为启动高校思政课教师退出程序主体有一定局限性,这是因为教学督导团对高校思政课教师的评价往往要受到时空条件的制约,其对高校思政课教师的了解毕竟非常有限,评价难免出现以偏概全的现象。正是从这个意义上说,启动高校思政课教师退出程序的主体应该多元化,让不同主体从不同视域对高校思政课教师进行评价,有利于确保退出建议更加客观公正。

3. 授课班级的学生

青年大学生知识素养较高,对于遇到各种问题,不是盲从别人的意见或建议,具有经过独立思考后根据自己分析作出判断的能力。对高校思政课教师的马克思主义理论素养、教育教学能力、师德师风以及思想政治素质,授课班级学生无疑最具有发言权,由其作为启动高校思政课教师退出程序的主体有正当依据。从某种意义上说,由高校思政课教师教育教学对象的学生作为启动退出程序的主体,会促使高校思政课教师增强责任意识,不断反思自己存在的不足,这对其教育教学能力提升尤为重要。此外,因退出直接关乎高校思政课教师切身利益,要求青年大学生理性行使退出建议权,这对他们评价能力及社会责任感的培养尤为重要。可以说,一个不懂得如何评价及不善于评价自己老师的学生,很难期待其在学习乃至在今后的工作中能有很大作为。青年大学生作为启动思政课教师退出程序的主体，学会正确评价自己老师这一行为本身是其在校学习应习得的一部分。

对不合格高校思政课教师的退出，赋予授课班级学生有权启动退出程序，具有一定的合理性。但须注意的是，大学生的社会阅历浅、科研经历少、学科知识毕竟有限，尤其是缺乏教育教学实践，看问题往往不全面，容易感情用事。此外，由于有的高校思政课教师对学生要求苛刻，加之自身教育教学水平确实存在一定瑕疵，有的学生有时难免给高校思政课教师不理性评价。鉴于此，对退出高校思政课教师的请求，如果是授课班级学生提出，须认真对待。

二、裁决主体对材料的受理

裁决主体，是指有权决定是否退出高校思政课教师的组织。负责处理高校思政课教师退出事务的裁决主体在收到退出请求的相关材料后，要安排工作人员进行初步审查，初步审查只是形式审查，主要是查看退出请求有没有相应材料予以佐证，只要有对应材料给予佐证，就是形式要件具备，至于材料的真实性，是在实质审查阶段予以判断。在对报送材料进行初步审查时，负责审查工作人员如果发现材料有瑕疵或者须补充的，应当要求补送并告知应注意的具体事项。

对报送的材料进行形式审查后，负责审查的工作人员要将有关情况进行登记，并将情况告知材料报送人。要求对报送材料予以登记并告知，表明报送退出高校思政课教师材料的任务完成。材料上报是处理高校思政课教师退出的前提，负责处理退出事务的工作人员对材料的登记与告知，意味着其已收到高校思政课教师退出材料，若发生材料丢失，裁决主体要承担相应责任。因此，在立法上规定高校思政课教师退出裁决主体对报送材料予以登记和告知，必要且急需。

关于高校思政课教师退出裁决主体的名称及其办公场所，可以作这样的初步制度安排。首先，将负责审查的裁决主体名称设定为“高校思政课教师工作委员会”，由该机构一并负责处理高校思政课教师准入、评价、激励与退出工作。其次，裁决主体的办公地点，可以将其设在高校人事处或者教师工作处。

三、裁决主体的调查核实

负责处理高校思政课教师退出事项的裁决主体在收到退出高校思政课教师的相关材料后，应当在合理期限内进行调查核实，[①]不能以各种理由无故拖延。

调查核实属于实质审查，与只审查退出有无相应佐证材料的形式审查不同，实质审查则要核查高校思政课教师退出的材料是否具有真实性、相关性。例如，对于高校思政课教师在政治上不能同党中央保持一致的指控，裁决主体必须对要求退出高校思政课教师主体提交的佐证材料是否具有真实性开展调查核实；又如，针对高校思政课教师教学能力不能满足相应课程教学要求的退出请求，如果请求是学校督导团提出，负责裁决工作人员必须对督导团所提交材料是否具有真实性进行调查核实，不真实材料不能作为退出高校思政课教师的依据。

负责处理高校思政课教师退出事务的工作人员在对有关主体提交的材料进行调查核实的过程中，如果认为有不清楚的地方或者对材料真实性产生合理怀疑，可以采用询问方法与高校思政课教师或者提出退出建议的主体进行沟通，交换意见，也可以通过开展实地调查的方式，查明是否具有应退出的事实。

四、裁决主体作出决定

对退出高校思政课教师的材料进行实质审查后，具体负责审查的工作人员要提出意见，向专门负责处理高校思政课教师退出事务的领导予以汇报，由专门负责高校思政课教师退出的主体就实质审查后作出的决定报主管教育部门下文。

就宏观而言，裁决主体作出的决定可以分为三类：一是决定予以退出，即对报送的退出高校思政课教师的材料进行实质审查后，认为材料真实，完全具备退出

---

① 合理期限，一般情况下，要在5～7个工作日内进行审查，如果遇有特殊情况，可以适当延长3～5个工作日。

条件与程序,决定对高校思政课教师予以退出;二是不予退出,即对报送退出高校思政课教师的材料进行实质审查后,认为材料存在伪造或者不真实的情况,客观性存在问题,不符合退出条件,决定不予退出;三是要求补充材料,即对报送退出高校思政课教师的材料进行实质审查后,认为要求退出的材料不充分,没有完全满足退出高校思政课教师所需条件,要求有关主体在合理期限内补充材料,再根据补充材料的情况予以定夺。高校思政课教师对于实质审查决定不服,立法应当赋予其救济权,即通过法定途径,要求对决定予以重新审查和处理。

五、裁决主体的告知

告知作为高校思政课教师退出程序的重要一环,是指负责处理高校思政课教师退出事务的主体将调查核实后的处理结果以书面或者其他形式对高校思政课教师以及其他有关主体进行通知。须强调的是,在退出程序中,高校思政课教师既是被指控对象,同时又是退出程序主体,将处理结果予以告知,是对高校思政课教师主体的尊重。如果高校思政课教师对处理结果不知情,不仅其在退出程序中的主体地位难以彰显,而且很难采取有效举措维护自身合法权益。此外,退出直接关乎高校思政课教师的切身利益,如果被退出高校思政课教师对处理结果不知情,既不能对裁决者的退出行为进行监督,也无法对自己权益予以保障。为更好保障高校思政课教师在退出程序中的知情权,相关立法不仅要规定负责处理高校思政课教师退出事务的裁决主体的告知义务,还要明确具体的告知事项:

1. 处理结果告知

对在政治上不能同党中央保持一致、马克思主义理论素养不够、教学能力不能满足相应课程教学要求以及师德师风出现严重问题的高校思政课教师予以退出,这是构建一支高素质高校思政课教师队伍的必然要求。但基于对高校思政课教师在退出中主体地位的尊重以及维护其合法权益考量,负责处理高校思政课教师退出事务的主体有义务将处理结果予以告知。否则,负责处理退出事务的主体没有将处理结果进行告知,高校思政课教师不知悉有关自己的处理情况,面对周围同事及学生的异样眼光,会给其带来无形压力,进而影响工作和生活。因此,立法应规定,负责处理高校思政课教师退出事务的主体,在对“指控方”提交的材料进行调查核实的基础上,应将处理结果告知高校思政课教师,尤其是将不利于高校思政课教师的处理结果予以告知,这是高校思政课教师退出程序正义的底线。

2. 决定理由告知

在退出不合格高校思政课教师的程序中,行使裁决权的主体在作出关涉高校思政课教师权益的各种决定时,要求裁决主体对自己实施行为的事实依据和法律依据予以告知,这有利于裁决权理性运行,使负责处理高校思政课教师退出事务的工作人员不能随意以一个借口就作出对高校思政课教师不利的决定。从某种意义上说,理由告知让高校思政课教师知悉为何自己被退出,体现了对高校思政课教师主体地位的尊重,这在一定程度有利于高校思政课教师对裁决主体作出的不利于己决定的接受。如果裁决主体对退出高校思政课教师的决定无须提供最低限度的理由,那么,伴随而来的可能是行使裁决权主体恣意妄为。因此,相关立法应明确规定,在高校思政课教师退出中,被退出高校思政课教师有权知悉不利于己决定的理由,负责处理高校思政课教师退出的裁决主体负有告知义务。

3. 不服决定的救济途径告知

有权利必有救济,这是人们耳熟能详的法律格言。如果法律赋予公民一项权利,但当该权利遭受侵害却不能通过有效途径予以救济时,赋予这样的权利就犹如给公民签发一张不能兑现的“空头支票”,没有多大实际意义。英国宪法学家戴雪曾经告诫人们:权利救济比单纯宣示人的权利更为重要和实在。[①] 如果权利缺失有效救济方法,其充其量不过是纸面权利,不仅难以受到人们尊重,也很难为人们真实享有。在权力同样易被滥用的高校思政课教师退出中,要有效防范裁决权滥用,保障高校思政课教师合法权益,相关立法应为高校思政课教师对退出决定不服设置救济途径,确保高校思政课教师被侵害权益能够得到恢复或弥补。

---

① 李龙主编:《西方法学经典命题》,江西人民出版社 2006 年版,第 174 页。

为确保被退出高校思政课教师知悉救济权，有必要在立法上确立裁决主体不告知的否定性后果，如退出决定无效，退出程序将退回到作出决定之前的状态。退出决定无效对于负责处理退出事务的工作人员不履行告知义务有严厉制裁效果，对于迫使行使裁决权主体履行告知义务有不可估量作用。又如，追究有关人员的法律责任，让其承担不告知义务的后果，有利于促使其增强告知意识。

第四节 退出保障措施法治化

高校思政课教师退出是一个复杂系统工程，其有效运行有赖于一系列措施的保障，例如，裁决者要保持相对中立地位、对举证责任须予以合理配置、对退岗不退编的被退出高校思政课教师应给予妥善安置，为更好发挥保障措施功能，在立法上，对高校思政课教师退出中的保障措施予以确立，必要且急需。

退出保障措施法治化对于保障不合格高校思政课教师被退出有重要作用，然而，从表 18 不难发现，部分高校思政课教师并不这样认为。须承认的是，高校思政课教师退出只是极个别，但不能因为他们是少数就忽略对其合法权益予以保障。不能完全以经济效益作为是否对高校思政课教师退出保障措施法治化的决定因素。正是从这个意义上说，有必要将高校思政课教师退出保障措施予以法治化。

表 18 保障措施法治化是确保高校思政课教师退出的有效手段

问卷问题	问卷对象
	高校思政课老师
1. 高校思政课教师退出是一个系统工程，需相关措施给予保障，你认为是否有必要将保障措施予以法治化？（单选） a. 有必要，确保保障措施能落到实处；b. 没必要，退出只是极个别，无须为此耗时费力；c. 无所谓	选 a. 为 87%； 选 b. 为 7%； 选 c. 为 6%

续表

问卷问题	问卷对象
	高校思政课老师
2. 对于被退出高校思政课教师,是否应给予适当补偿?(多选) a. 要具体情况具体分析;b. 对于因政治上不能同党中央保持一致以及师德师风出现严重问题被退出的,不予补偿	选 a. 为 96%; 选 b. 为 93%
3. 如何确保高校思政课教师退出裁决主体的地位中立?(多选) a. 裁决主体的成员来源应具有广泛性;b. 对行政人员在人数上进行限制;c. 确保有一定比例的高校思政课教师参与;d. 必要时,可以邀请法律专家参与	选 a. 为 86%; 选 b. 为 83%; 选 c. 为 91%; 选 d. 为 87%

一、裁决者中立

在高校思政课教师退出中,裁决者犹如庭审中的法官,直接决定“被指控”高校思政课教师的命运。如果裁决者不中立,其有可能基于自身利益或其他各种因素考量作出不公正裁决,导致应退出而未被退出以及不应退出却被退出的乱象发生。由此可见,在高校思政课教师退出中,裁决者地位中立有极其重要意义。

1. 退出程序正义的必然要求

从自然正义出发,在涉及利益冲突的场域,任何与冲突有利害关系的主体不得做解决冲突的裁决者。否则,就如同在竞技场上既是运动员又当裁判员,在解决冲突时难免会基于自身利益考量作出对他人不利的裁决,从而使冲突解决缺失正当性基础。因此,在程序正义视域下,裁决者应当与冲突双方利益无涉。详言之,负责解决利益冲突的裁决者,不能与利益冲突双方有利害关系,更不能是利益冲突的原告或被告,而应是与利益冲突双方等距离的中立第三方。此外,裁决者不应事先有偏见,即不得反对或支持冲突一方当事人,否则,其就有可能出于个人情感上的好恶而徇情徇私枉法。① 我国法学家沈家本对于裁决者在解决利益冲突时应具有中立性,他虽没有明确阐述,但亦强调“用法之人”

---

① 参见[美]戈尔丁:《法律哲学》,齐海滨译,三联书店 1987 年版,第 240 ~ 241 页。

的重要性。①

就道义而言，高校思政课教师在退出程序中处于不利地位，如果裁决者中立性地位偏颇，对高校思政课教师持有偏见，先入为主认为高校思政课教师肯定存在问题，否则，不会被要求退出，在这种错误思想指引下，负责处理高校思政课教师退出事务的裁决者极有可能作出对高校思政课教师不利的裁决。由此不难发现，高校思政课教师退出程序不正义，公正裁决将难以实现，换言之，高校思政课教师退出中裁决者保持相对中立地位，是退出程序正义的必然要求。

2. 增强裁决的权威性

就高校思政课教师退出而言，裁决的权威性，是指高校思政课教师退出事务处理的主体所作裁决结果，具有使指控方乃至被退出高校思政课教师自愿服从的权威力量。对要求高校思政课教师退出的指控，承担处理义务的主体必须开展相应调查并作出裁决。从某种意义上说，对高校思政课教师退出予以裁决并不是一件很困难的事情，但要使退出裁决具有权威性，其中一个最关键的要素就是，被退出的高校思政课教师真正发自内心对不利于自己裁决的自愿服从。

使承受不利裁决的高校思政课教师自愿服从的权威可以是来自多方面力量，例如，除了可以是出自对退出裁决事实的真实信赖以及来自对裁决程序正义本身所具备要素的心悦诚服，还可以是来自对裁决者是代表国家行使权力的畏惧。在强调民主法治的当今社会，高校思政课教师退出裁决的权威性主要来自对裁决结果在实体上的可接受性以及裁决程序具有吸收不满的能力。

须强调的是，由于退出不合格高校思政课教师需要一定成本，基于效益性要求，退出高校思政课教师的裁决必须要在有限时空内作出，这使退出裁决依据实体真实有时候很难得到保证，在此情况下，程序正义的作用得以凸显。尤其是在高校思政课教师退出实体公正的标准不易划定时，通过看得见的正义程

① 例如，沈家本指出："夫法之善者，乃在有用法之人，苟非其人，徒法而已"，倘若"用法者失其人，法即宽平亦能呈其暴于法之外"。参见陈卫东主编：《司法公正与司法改革》，中国检察出版社 2002 年版，第 409 页。

序所作的裁决结果，往往更易让人接受。在高校思政课教师退出涉及个人利益的裁决时，如果高校思政课教师的程序权利不能得到保障，裁决缺失正当程序保障，即便裁决实体公正，也很难消除程序不公导致高校思政课教师对实体结果产生合理怀疑。季卫东先生指出："程序要件不充分的决定，即使其目的是正当的，也容易引起争论，从而造成执行上的阻碍。"[①]所以，裁决者中立性的程序正义使高校思政课教师在制度上失去了就实体和程序表示不满的机会，从而使裁决获得权威性。

3. 提高退出效益

裁决者中立作为高校思政课教师退出机制的一个重要组成部分，其之所以可以提高退出效益，可以从裁决者所作裁决是否具有"终局性"的视角予以分析。如果被退出高校思政课教师对中立性地位偏颇的裁决者所作裁决不服，就会不断申诉，甚至通过上访等非法律途径寻求权益救济，这无疑会增加退出成本。因此，裁决是否具有终局性直接关乎高校思政课教师退出的效益。然而，裁决者的裁决是否具有"终局性"，在很大程度上取决于被退出高校思政课教师能否接受和服从裁决，但对裁决的接受和服从又是建立在裁决具有正当性依据而非单纯强力的基础之上，裁决者地位中立则正是裁决具有正当性依据的表现。

裁决者中立之所以是裁决正当性的表现，是因为，在高校思政课教师退出中，如果裁决者地位不中立，其与指控方和被指控方不是等距离。如果裁决者与被控方的高校思政课教师距离偏远，所作裁决的正当性丧失，被退出高校思政课教师对这样的裁决自然难以接受和服从。从某种程度上说，裁决缺失正当性基础，还有可能激发承受不利裁决高校思政课教师对裁决者乃至对高校不满的源泉。

在高校思政课教师退出中，裁决者地位中立是裁决正当性的主要依据。尽管裁决者地位中立的裁决有时还是难以让被退出高校思政课教师心悦诚服，但在一定程度上有助于其心平气和地接受不利于己的裁决，进而避免无休止申

① 季卫东：《法治秩序的建构》，中国政法大学出版社 1999 年版，第 37 页。

诉、控告及上访。因此,裁决者地位中立有助于增强裁决的终局性,避免承受不利裁决的高校思政课教师纠缠于某一具体程序问题,从而提高高校思政课教师退出效益。

综上所述,在高校思政课教师退出中,负责处理退出事务的裁决者地位中立,是高校思政课教师退出程序正义的必然要求,对于增强裁决权威性以及提高退出效益具有极其重要意义。要确保高校思政课教师退出中裁决者的相对中立,立法有必要对裁决者的人员构成进行适当规制,例如,裁决人员构成应当具有广泛代表性和权威性,除了主管教育部门以及高校行政人员外,高校思政课教师也应该有一定数量的代表,且高校思政课教师代表人数不得少于裁决人员的1/2,高校管理机构以及主管教育部门的代表不得多于裁决人员的1/2。高校思政课教师代表可以从校内外教育教学机构中遴选,必要时,还可以邀请法律界专业人士参与,以保证高校思政课教师退出裁决者具有专业性、专门性与公正性。

二、举证责任合理分配

举证责任,通常是指在纠纷解决的场域,对于冲突一方提出的主张,应当由其提供证据以及承担不能提供的后果,法律对此要事先予以明确,如果法律规定有义务提供证据的一方无法提供证据时,其要承担对自己不利的败诉后果。[①]在控辩裁三方组成的高校思政课教师退出架构中,冲突双方及其他参与人势必会提出不同主张,对于这些不同主张,谁有义务收集证据予以证明,如果有义务收集证据一方不能提供相应证据时,要承担什么样的不利后果,立法对此须予以明确。否则,举证责任缺失或分配不合理,会妨碍高校思政课教师退出的顺利进行,特别是当出现举证不能时,会导致负责处理高校思政课教师退出主体不知如何是好的尴尬境地。因此,在高校思政课教师退出中合理分配举证责任有重要意义。

---

① 参见杨世增:《试论我国行政诉讼举证责任分配的完善》,载《洛阳理工学院学报(社会科学版)》2011年第4期。

一是有利于证据收集。在高校思政课教师退出中，要及时有效退出不合格高校思政课教师，离不开证据，例如，指控高校思政课教师在政治上不能与党中央保持一致，必须提供相应的佐证材料，否则，没有确实、充分证据，要求退出的事实主张无法证明，退出要求就难以满足，高校思政课教师退出机制就不能正常顺利运行，设立退出机制就没有任何实际意义。因此，在高校思政课教师退出机制中，立法对举证责任予以明确规定，会促使有义务收集证据一方及时收集证据。

二是有利于避免举证不能导致裁决者尴尬的局面。高校思政课教师退出有赖于证据，但因退出情形具有复杂性，不是承担举证责任方都能提供证据予以证明。当有关主体在处理高校思政课教师退出事务时面对无法提供证据的情形时，对此如何处理就成为一个棘手问题。而举证责任分配则很好地解决了这一问题，因为举证责任对谁承担举证义务以及举证不能后果有明确规定。在高校思政课教师退出中，当出现无法提供证据对待证事实予以证明时，承担举证责任方要承担举证不能的后果，这可以避免裁决者面对无法举证不知如何处理的尴尬境地。

高校思政课教师退出中的举证责任分配，可以根据要求退出主体及被要求退出的高校思政课教师在退出机制中所处地位及实际力量对比，作如下分配：

首先，要求退出高校思政课教师的主体对自己的主张承担举证责任。在高校思政课教师退出中，要求退出方须承担举证责任，即提出能证明高校思政课教师在政治上不能与党中央保持一致、师德师风出现严重问题、理论素养不够、教学水平不能满足相应课程教学要求的证据，高校思政课教师不承担证明自己应被退出的义务。如果要求退出方提供的证据不能达到退出须达到的证明标准，要承担指控不成立的不利后果，即提出的退出高校思政课教师的要求不能得到满足。

其次，高校思政课教师对退出要求不承担举证责任，但反驳时应提供相应证据。对于控方提出的退出请求，高校思政课教师没有义务提供证据证明自己应当被退出，但对控方的指控有反驳的权利，为了增强反驳效力，高校思政课教师应提供相应的证据，但这不表明其承担举证责任。鉴于高校思政课教师在被退出中处于弱势地位,对其反驳提供证据的证明标准不宜要求太高,只要能使负责处理退出事务的裁决者对控方指控产生合理怀疑即可,此时,应由控方承担举证责任。

最后,裁决者有调查核实权力,但不承担举证责任。在高校思政课教师退出中,负责审查裁决的工作人员应认真听取双方的意见,必要时,可以进行实地调查核实,自行收集证据,但这不意味着裁决者承担举证责任,否则,裁决者承担举证责任,这与其扮演的角色相冲突,退出程序不正义,极有可能导致被退出高校思政课教师对裁决者作出的决定不服,进而不停地向有关部门提出申诉。

三、退出安置

根据性质不同,可以将高校思政课教师退出分为两大类:一是退岗不退编,即保留编制,但不能在高校思政课教师岗位继续从事思政课教育教学,主要适用于马克思主义理论素养不够或者教学水平不能满足相应高校思政课课程教学要求的高校思政课教师,需调整到其他岗位;二是既退岗又退编,即要从高校思政课教师岗位退出,并与所在高校解除人事关系,通常适用于在政治上不能同党中央保持一致或者师德师风出现严重问题的高校思政课教师,也可以适用于高校思政课教师基于各种因素考量,自愿提出退岗退编情形。

退出安置,是指对被退岗但没有被退编的高校思政课教师要给予妥善处理,避免引发矛盾激化,影响和谐社会构建。退出安置可以有如下几种途径:

1. 在校内转岗位

对于马克思主义理论素养不够或者教学水平不能满足相应思政课课程教学要求的高校思政课教师,如果他们自身没有潜质,不适合继续从事高校思政课教学,高校人事部门应当根据被退出高校思政课教师的知识水平和能力,将其安排在校内合适的岗位,如图书馆、行政部门、保卫处或者后勤服务部门等。

2. 调离高校

对于教学水平不能满足相应思政课课程教学要求的高校思政课教师,如果国家机关或者其他企事业单位愿意接收,高校应当积极同有关部门联系,积极协助被退出高校思政课教师调离本校。须注意的是,被退出高校思政课教师调离高校,高校有关部门要做好其思想工作,避免其对学校产生不必要误解。

3. 安排进修培训

对于马克思主义理论素养不够或者教学水平不能满足相应思政课课程教学要求的高校思政课教师,如果他们只是暂时不适宜担任高校思政课教师,高校可以安排其进修培训或者推荐其攻读博士学位,通过进修培训,增加他们的马克思主义理论知识储备及提升他们的教学能力。当他们的马克思主义理论水平及教学能力到达高校思政课教师须具备条件,可给予安排高校思政课教师教学岗位。

四、退出补偿

对于被退岗又退编的高校思政教师,其要对自己今后的生计承担责任,考虑到高校思政教师在被退出前对高校所作贡献,有必要根据其教龄及职称给予一定补偿,这既是对高校思政课教师先前所作贡献的适当弥补,也可以暂时解决其谋求新工作之前的经济困难,避免因被退出导致不能维持本人及家庭成员的基本生活而有可能走上与社会对抗的道路,这对于和谐社会的构建具有极其重要意义。

不是所有被退岗又退编的高校思政课教师都能得到补偿,例如,对于因为师德师风出现严重问题被退出的,不能给予退出补偿。根据高校思政课教师被退出情形,可以从宏观上把退出补偿条件设定为积极条件与消极条件两种。前者是指对高校思政课教师给予退出补偿必须具备的要素:一是退出补偿仅适用于退编情况,对于退岗不退编的不给予补偿;二是退出补偿只适用于理论素养或教学能力不能满足思政课课程教学要求的退出。后者是指不适用于对被退出高校思政课教师予以补偿的情形:一是在政治上不能同党中央保持一致;二是在师德师风上出现严重问题。高校思政课教师退出只有具备积极条件且不属于禁止情形的,才能给予退出补偿。

第五节 退出程序权利保障法治化

在立法上明确高校思政课教师在被退出中享有申请回避、发表意见以及对处理不服可向有关部门请求救济等程序权利，这是高校思政课教师退出程序正义的必然要求，是保障高校思政课教师退出实体公正的重要条件。如果高校思政课教师在退出中的程序权利不能得到法治保障，例如，对于与退出有利害关系的裁决者，高校思政课教师不能申请其回避，与退出结果有利害关系的人可以做高校思政课教师退出的裁决者，退出程序不正义有可能导致对退出处理的实体不公。为此，立法应当保障高校思政课教师在被退出中享有最低限度的程序权利。

一、有权申请回避

回避，是指与高校思政课教师退出有利害关系的人不得参与退出事务的处理。在高校思政课教师退出中，退出涉及高校思政课教师的切身利益，基于程序正义考量，立法有必要确立并保障高校思政课教师享有申请回避的权利。

（一）立法保障高校思政课教师有权申请回避的意义

1. 保障正确认定退出事实

能否正确认定高校思政课教师是否具有应被退出事实，直接关乎高校思政课教师的切身利益，如果认定事实错误，有可能导致不该退出而被退出或者应被退出却没有被退出的乱象。鉴于此，裁决者在认定高校思政课教师是否有退出事实时，应当确保事实认定的实体公正。但程序正义是实体公正的重要条件，如果裁决者与被退出高校思政课教师或退出事实有利害关系或者其他特殊关系，裁决者中立性地位偏颇，有可能导致其不自觉地偏袒一方，使退出事实认定缺失程序正义保障。倘若裁决者事先知悉相关事实，就有可能先入为主，进而影响他们对退出事实的正确判断。因此，立法应当保障高校思政课教师享有申请回避权,这不仅有利于避免对事实认定错误的情况发生,还可在一定程度消除高校思政课教师对不利于己的决定产生合理怀疑。总的来说,保障高校思政课教师享有申请回避的程序权利,对于高校思政课教师退出事实的正确认定具有极其重要的作用。

2. 确保退出程序正义

高校思政课教师退出涉及公益与私益的激烈碰撞,由于正义退出程序体现对高校思政课教师的尊重,通过正义程序退出不合格高校思政课教师,有助于增强高校思政课教师对不利于其裁决的接受。如果负责处理退出事务的工作人员与退出事实或被退出高校思政课教师有利害关系,高校思政课教师申请回避的权利都未能得到保障,这样的退出程序也就失去其正义基础,高校思政课教师在退出中的正当权益将无法得到保障。此外,退出程序不正义,难免会导致高校思政课教师在思想上有顾虑,对退出实体公正产生合理怀疑,因此,在立法中保障高校思政课教师在被退出中的申请回避权,这是高校思政课教师退出程序正义的底线,这不仅是对被退出高校思政课教师的尊重,也是保障其合法权益的必然要求。

3. 有利于权利监督权力

要确保不合格的高校思政课教师被退出,就必须赋予特定主体拥有一定自由裁决的权力,但有权力的人都有易滥用权力的危险,因此,对高校思政课教师退出中的权力运行进行有效监督就尤为迫切。对高校思政课教师退出中的权力进行监督的手段很多,但权利应该是一种有效手段。这是因为,高校思政课教师退出中的权力滥用往往伴随权利受侵害,权力滥用与权利受侵害可谓是如影随形。可以说,没有人比权利受害者更痛恨权力滥用。正是从这个意义上说,保障高校思政课教师申请回避权,通过其申请那些可能滥用权力的人予以回避,在源头上防范裁决权滥用,是利用权利监督权力,确保权力理性行使。

(二)立法应明确申请回避的理由

在高校思政课教师退出中,为避免被退出高校思政课教师滥用申请回避权，确保高校思政课教师退出顺利进行，立法须规定其回避申请应符合如下情形。

1. 本人或者他的近亲属和高校思政课教师退出有利害关系

负责处理高校思政课教师退出事务的工作人员，倘若其本人或者他的近亲属与高校思政课教师退出有利害关系，例如，是朋友关系或者在职务职称评聘中存在竞争关系，工作人员有可能基于私益考量，故意作出不公正的退出裁决，导致高校思政课教师的合法权益被侵害。因此，相关立法应规定，负责处理高校思政课教师退出事务的工作人员，如果其本人或者他的近亲属与高校思政课教师退出有利害关系的，应当自行回避，否则，高校思政课教师有权要求其回避。

2. 事先知悉高校思政课教师退出相关事实

负责处理高校思政课教师退出事务的工作人员，如果他们事先知悉高校思政课教师应当被退出的有关情况，就不能以裁决者身份参与高校思政课教师退出的处理。否则，他们既是负责处理退出事务的工作人员，同时又以证人身份出现，两种角色难免会发生冲突。此外，负责处理高校思政课教师退出的工作人员，如果他们事先知悉高校思政课教师退出的相关事实，势必会对此形成自己的看法，这种先入为主的看法有可能对高校思政课教师不利。因此，相关立法应规定，事先知悉高校思政课教师退出相关事实的工作人员，应当自行回避，如果没有自行回避的，高校思政课教师有权提出申请，负责审查主体有权责令其回避。

3. 其他可能影响高校思政课教师退出公正处理

社会生活有复杂性，负责处理高校思政课教师退出事务的工作人员，除了本人或者他的近亲属和高校思政课教师退出有利害关系以及事先知悉高校思政课教师退出相关事实的情形，还有其他可能影响高校思政课教师退出公正处理的情形。因此，为避免单纯列举可能存在挂万漏一的现象，有必要设立兜底条款，以确保关于高校思政课教师退出情形的立法适应不断变化发展的复杂社会关系。

（三）立法确立提出回避的程序

1. 回避的提出

回避的提出，是指对于负责处理高校思政课教师退出事务的工作人员，如有应回避情形，谁有资格要求其回避。由于退出直接关乎高校思政课教师的切身利益，为此，相关立法应规定，负责处理高校思政课教师退出事务的工作人员有应当回避的法定情形，在负责处理主体作出最终的决定之前，被要求退出的高校思政课教师有权申请回避，有关主体在审查后，应当作出是否回避的决定。

2. 回避的审查和决定

相关法律应规定，对于工作人员自行申请回避及高校思政课教师提出回避申请后，有权决定回避的主体必须依法对申请进行审查并作出决定，但在作出回避决定之前，工作人员不得停止处理高校思政课教师退出事务。详言之，不论是工作人员自行申请回避还是高校思政课教师要求回避，在有关主体作出回避决定之前，工作人员须继续负责对高校思政课教师退出事务的审查处理。只有当有关主体作出应当回避的正式决定时，工作人员才能依程序停止对退出事务的处理。

3. 对驳回申请回避决定的复议

对于高校思政课教师提出的回避申请，负责审查主体认为工作人员没有法定应回避的情形，有权作出不予回避的决定。倘若高校思政课教师对不予回避的决定不服，为了纠正可能出现的错误，相关立法应当赋予高校思政课教师申请复议一次的权利。作出不予回避决定的主体，有义务告知提出申请的高校思政课教师享有该权利，这既保障高校思政课教师申请回避权充分行使，又可避免其滥用该权利拖延高校思政课教师退出的处理，确保不合格高校思政课教师被及时退出。

二、有权发表意见

立法应保障高校思政课教师在被退出中有权发表意见，例如，有权向负责处理高校思政课教师退出的裁决者出示证据、有权同要求退出高校思政课教师的主体对质以及与其提供的证人对证或反诘等,否则,面对指控,高校思政课教师缺失陈述事实及表达意见的机会,裁决者在不能兼听情况下,所作裁决难免会以偏概全,导致出现高校思政课教师应退出未被退出、不应退出却被退出的乱象。从这个意义上说,将高校思政课教师在被退出中有权发表意见予以立法保障,是退出程序正义的必然要求,对于确保高校思政课教师退出公正有极其重要价值。

(一)立法确立高校思政课教师在退出中有权发表意见的意义

1. 对高校思政课教师主体地位的尊重

对不合格的高校思政课教师予以退出有正当基础,高校思政课教师对此有协助与配合的义务。但高校思政课教师在退出程序中是主体而非纯粹客体,负责处理高校思政课教师退出事务的工作人员在对其权益进行限制或剥夺时,必须恪守法律,不能为所欲为,不能把高校思政课教师当作可以任意压制、打击的对象。工作人员要学会把拟被退出的高校思政课教师当作平等对话的主体,尤其是负责处理高校思政课教师退出事务的工作人员在作出涉及有损高校思政课教师基本权益的裁决时,更应耐心听取承受不利裁决的高校思政课教师的陈述和意见,否则,在涉及高校思政课教师根本利益的裁决时,其陈述事实、表达意见的权利都不能得到有效保障,那么,高校思政课教师在退出中就成为客体而不是主体。

2. 有助于对退出事实的正确认定

要退出不合格的高校思政课教师,指控方必须提供相应证据证明该高校思政课教师存在应被退出的事实,如在政治上不能同党中央保持一致、师德师风出现严重问题、马克思主义理论水平不够或者教学能力不能满足相应课程需要等。不合格高校思政课教师之退出是建立在相关事实被查证属实的基础之上,否则,事实没有查清就予以退出,极有可能在高校思政课教师退出中酿成错误。然而,要确保退出事实的正确认定,除了收集确实、充分的证据外,保障高校思政课教师在退出中有发表意见的权利,这对于负责处理高校思政课教师退出事务的工作人员查清退出事实有极其重要价值。这是因为高校思政课教师对自己是否具有退出事实最为清楚，正是从这个意义上说，通过高校思政课教师向负责处理退出事务主体发表意见，同要求退出主体对质以及与其提供的证人对证及反诘，不仅有助于负责处理退出事务的工作人员发现问题症结，全面了解退出事实，而且有助于负责处理退出事务的工作人员进一步调查收集证据，否则，负责处理退出事务的工作人员只听一面之词，有可能因偏信而导致对退出事实误判。

3. 体现退出程序为看得见的正义

在高校思政课教师退出中，实体公正是我们追求的价值目标，但不得不承认，要做到实体公正比较困难，例如，要对高校思政课教师的教学水平能否满足相应课程教学需要作出客观公正评价极其不易，因为我们目前很难找到一个简便易行标准对其予以评判，因此，对于高校思政课教师退出，在实体上很难达到绝对公正。但在高校思政课教师退出程序中，谁来启动、由谁裁决、高校思政课教师是否有权发表意见以及能否同对方证人进行讯问和反诘、负责处理高校思政课教师退出事务的主体在多长期限内对退出事务予以处理等程序却是人们能够看得见的，属于看得见的正义。因此，立法应当保障高校思政课教师有发表意见的权利，让其出示证据、充分发表自己意见以及同控方证人进行讯问和反诘等，有利于体现高校思政课教师退出是在看得见的正义程序中完成。

（二）立法保障高校思政课教师在退出中发表意见权的制度设想

高校思政课教师退出涉及私益与公益的激烈碰撞，要保障高校思政课教师有权就退出相关事实予以陈述并发表自己的看法、有权向负责处理退出事务的工作人员出示证据并对要求退出的主体所提供证据进行反驳、有权与要求退出主体提供的证人进行对质与反诘、有权就要求退出的主体提出的主张予以反驳、有权对退出中的法律适用问题进行相互辩论等。具体可从以下几方面予以制度设计。

1. 对退出处理采取类似于庭审的方式进行

在高校思政课教师退出中，高校思政课教师要充分行使发表意见的权利，通常需要具备一定的条件，例如，要有机会向负责处理退出事务的工作人员出示证据、能与要求退出主体及其提供的证人对质及反诘、有机会陈述争议事实以及对退出中法律适用等发表自己的看法。因此,除涉及国家秘密或者个人隐私外,对于高校思政课教师与要求退出主体在退出事实、证据可采性以及是否应当退出等问题上存在争议的,负责处理高校思政课教师退出事务的主体应当采取类似于庭审方式公开进行处理,为高校思政课教师充分行使发表意见的权利提供条件保障。

对高校思政课教师退出处理采取类似于庭审的方式进行,具体程序可以作这样的初步设定:首先,由具体负责处理高校思政课教师退出的工作人员宣布对退出高校思政课教师的指控予以审查处理,与此同时,告知高校思政课教师、证人等到场人员的权利和义务。然后,由要求退出高校思政课教师的主体陈述要求退出的事实,高校思政课教师有权对此予以反驳,双方可就退出事实进行辩论,同对方证人对质及反问,通过保障高校思政课教师发表意见权确保退出得以公正处理。

2. 高校思政课教师有权出示证据与对不利于己证据予以反驳

在高校思政课教师退出中,高校思政课教师应当享有通过书面或口头方式出示证据和反驳不利于己证据的机会。尽管负责处理高校思政课教师退出事务的主体很难从高校思政课教师出示证据和反驳不利于己证据中对退出事实获得确信,但给予高校思政课教师出示证据及与要求退出主体交叉讯问的机会,通过适当的询问及反驳,有利于负责处理高校思政课教师退出事务的工作人员发现那些不一致或者指向其他可能性的事实。如被要求退出的高校思政课教师丧失发表意见的权利,负责处理高校思政课教师退出的工作人员听到的只是“控方”一面之词,就有可能失去全面认识高校思政课教师退出事实的机会。鉴于此,应当保障高校思政课教师有充足的机会出示证据及反驳不利于己的证据,这是程序正义在高校思政课教师退出中的必然要求。在利益碰撞激烈的高校思政课教师退出中,倘若处于弱势地位的高校思政课教师缺失出示证据及对不利于己证据进行反驳的机会,那么,高校思政课教师退出裁决所依赖的证据就有可能不充分,证据不充分,有可能导致退出裁决错误。即便高校思政课教师退出的裁决实体公正,但因承受不利后果的高校思政课教师未能获得出示证据及反驳不利于己证据的机会，程序不正义使其常常对退出结果产生合理怀疑。正是从这个意义上说，在高校思政课教师退出中，立法应保障高校思政课教师有发表意见的权利，赋予其出示证据和对不利证据予以反驳的权利。

3. 高校思政课教师有权阅读笔录及笔录内容应详细

对高校思政课教师退出情况予以详细笔录记载，这与高校思政课教师发表意见权有密切联系，例如，倘若退出高校思政课教师的裁决依据不是笔录中所记载的材料，高校思政课教师发表意见就没有任何意义。假如高校思政课教师对裁决不服寻求更高级别救济，承载更高级别救济义务主体对退出裁决进行审查的一个重要依据就是笔录，没有笔录，就无法对高校思政课教师退出裁决进行正确审查判断。必须承认，很难将所有有关高校思政课教师退出的情况都予以完整记载，即便是对高校思政课教师退出裁决有影响的许多因素，也不是都要全部写入笔录之中。但对于涉及被退出高校思政课教师权益的告知、采纳的证据、事实主张及异议等关乎高校思政课教师退出的重要事项则应予以记载，并告知高校思政课教师有权对此予以阅读，否则，高校思政课教师在寻求更高级别救济中应享有发表意见的权利就有可能因缺乏书面记载或者不知情而无法得到切实有效保障。

此外，要保障高校思政课教师在被退出中切实享有发表意见的权利，相关立法除了要明确负责处理高校思政课教师退出事务的主体有告知义务之外，还要对不履行告知义务给予相应的程序制裁，例如，对于已作出高校思政课教师应退出的裁决，相关主体未履行告知义务的，立法不仅要规定对高校思政课教师不利的裁决无效，还要明确对高校思政课教师退出处理程序必须退回到应告知而不告知之前的状态。程序制裁的目的是通过宣告退出行为无效，迫使负责处理高校思政课教师退出事务的工作人员自觉履行告知义务，确保被退出高校思政课教师真正享有发表意见的权利。

三、有权请求救济

高校思政课教师对被退出不服，应赋予其寻求救济的权利，否则，救济权缺失或未能得到有效保障，极有可能产生两种危害结果：一是高校思政课教师不能通过救济权对退出中的权力运行进行有效监督，从某种意义上说，这是助长高校思政课教师退出中裁决权滥用；二是高校思政课教师被侵害权益不能得到恢复或弥补，进而有可能引发其对高校乃至对党和国家产生怨恨和不满，因此，赋予被退出高校思政课教师救济请求权，必要且急需。

（一）有权提出申诉

申诉，是指高校思政课教师认为特定主体对自己作退出处理的决定错误，向特定主体提出请求，要求其对退出决定予以重新审查处理的救济行为。对高校思政课教师的请求，负责处理高校思政课教师退出事务主体应就认定事实、适用法律及程序进行全面调查核实，在法定期限内，根据不同情况作出相应处理。

在我国，目前虽没有高校思政课教师有权对退出决定不服可提出申诉的法律规定，但高校思政课教师作为教师中的一员，根据《教师法》及诸多规范性文件关于教师有权提起申诉之规定，[①]如果高校思政课教师对特定主体就自己作出的退出决定不服，认为自身的合法权益受到侵害，应当赋予他们向有关主体提起申诉的权利，要求对退出决定合法性进行审查。

（二）有权申请复核

申请复核，是指高校思政课教师就特定主体对其所作退出处理决定不服，可以要求特定主体或其隶属行政机构予以审查核对的行为。就救济义务主体而言，复核是由被控“侵权”主体或其隶属行政机构对救济请求予以审查处理，就单纯理论层面而言，救济程序不正义尤为明显。但从另一角度来说，由被控“侵权”主体或者其隶属行政机构作为救济义务主体有其优越性，例如，被控“侵权”主体对自己负责处理的高校思政课教师退出是否存在违法行为最清楚，由其对自己作出的退出决定进行复核并予以处理，不仅是给自己纠错机会，也有

---

① 如1993年10月31日第八届全国人民代表大会常务委员会第四次会议通过的《教师法》第39条第1款规定：“教师对学校或者其他教育机构侵犯其合法权益的，或者对学校或者其他教育机构作出的处理不服的，可以向教育行政部门提出申诉，教育行政部门应当在接到申诉的三十日内，作出处理。”2012年，教育部发布的《全面推进依法治校实施纲要》以及2020年教育部印发的《进一步加强高等学校法治工作的意见》对教师申诉权有涉及。

利于节约救济成本,提高救济效益。此外,由被控"侵权"主体的隶属行政机构作为复核主体,因二者具有行政隶属关系,倘若隶属行政机构在复核中作出对被退出高校思政课教师有利的裁决,这无疑有助于裁决的执行。因此,复核作为高校思政课教师不服退出决定的一种救济方式,尽管在程序上存在不合理之处,但具有节约救济成本与提高救济效益之优越性,立法应规定高校思政课教师有权申请复核。

(三)有权请求行政复议

行政复议,是指高校思政课教师对自己被退出的决定不服,其向有关主体提出申诉,如果负责处理申诉的主体逾期没有作出处理,或者被退出的高校思政课教师对处理决定仍不服的,只要申诉属于行政复议受案范围的,提出申诉的高校思政课教师可提起行政复议,复议机关要在法定期限内对救济请求进行处理。

我国目前虽没有高校思政课教师有权对退出决定不服可请求行政复议的法律规定,但根据规范性文件,教师有权申请行政复议。[①] 如果高校思政课教师认为自己被退出的决定错误,其有权向有关主体提出申诉,倘若负责处理申诉主体久拖不决或逾期没有作出处理的,或者高校思政课教师对处理决定仍不服的,只要申诉属于行政复议受案范围的,被退出高校思政课教师有权提起行政复议。

(四)有权提起行政诉讼

司法是维护人间公平正义的最后一道防线,高校思政课教师对被退出不服,如果其向有关主体提出申诉后,负责处理申诉的主体逾期不作出处理或久拖不决的,或者被退出高校思政课教师对处理决定仍不服的,只要申诉内容属于行政诉讼受案范围的,提出申诉的高校思政课教师还可以向法院提起行政诉讼。

---

① 例如,1995 年,原国家教育委员会《关于〈中华人民共和国教师法〉若干问题的实施意见》规定:对教师提出的申诉,负责处理机关逾期没有作出处理或者久拖不决的,或者教师对处理决定不服的,如果申诉属于行政复议受案范围的,申诉教师可以提起行政复议。

由上可见,如果高校思政课教师对自己被退出决定不服,其虽有权提起行政诉讼,但诉权行使有严格的条件限制。首先,对退出决定不服应先提起申诉,只有负责处理申诉机关逾期不作出处理或久拖不决的,或者高校思政课教师对处理决定仍不服的,才能提起行政诉讼,申诉是提起行政诉讼的先决条件;其次,提起行政诉讼,必须是申诉内容属于行政诉讼受案范围,换言之,对于高校思政课教师就退出不服提出的申诉,不是负责处理申诉机关逾期不作出处理或久拖不决的或者高校思政课教师对申诉处理决定不服的,高校思政课教师就可以提起行政诉讼,申诉只是提起行政诉讼的必要条件而非充分条件,如果申诉内容不属于行政诉讼受案范围,也不能提起行政诉讼。

此外,如果负责审查处理退出事务的主体认为高校思政课教师在政治上不能与党中央保持一致,作出退出决定,被退出高校思政课教师对该决定不服,双方就此发生争议,由于我国法院目前无权就政治问题予以审查裁决,被退出高校思政课教师不能就此向法院提起行政诉讼。但随着我国法治建设进程不断推进,法治意识逐渐深入人心,有必要构建司法审查机制,由特设机构就此进行审查处理。

余 语

构建高校思政课教师准入、评价、激励与退出机制，在中宣部、教育部和中办、国办颁布的文件中有规定，对此无须讨论。但对于是否有必要由刚性法律制度对高校思政课教师准入、评价、激励与退出机制予以确立，人们从不同视角审视，往往是仁者见仁、智者见智。

高校思政课教师准入、评价、激励与退出机制法治化耗时费力，为高校思政课教师专门立法的成本过高。然而，高校思政课教师是高校教师队伍中承担开展马克思主义理论教育、用习近平新时代中国特色社会主义思想铸魂育人的中坚力量，他们肩负引导大学生立德树人、立志成才的重任，在大学生树立正确世界观、人生观、价值观关键时期扮演重要角色。倘若缺失刚性法律制度对准入、评价、激励与退出机制予以确立和保障，例如，没有立法对高校思政课教师准入条件、准入程序、违法准入后果进行确立，无法保障新进高校思政课教师素质；又如，立法没有把有权启动与有权决定退出主体、退出情形、退出程序及退出配套措施予以明确，不合格的高校思政课教师很难被及时有效退出。为此，基于建设一支政治强、情怀深、思维新、视野广、自律严、人格正的高校思政课教师队伍之考量，有必要将高校思政课教师准入、评价、激励与退出机制法治化。

尽管笔者认为有必要由刚性法律制度对高校思政课教师准入、评价、激励与退出机制予以确立和保障,但在立法模式选择上,究竟是在《教师法》或在《高等教育法》抑或在其他相关法律法规中附设高校思政课教师准入、评价、激励与退出的法律条文还是制定专门法律法规对高校思政课教师准入、评价、激励与退出机制进行保障,受篇幅及研究主题限制,本专著对此没有给予探讨。在课题后续的相关研究中,课题负责人及课题组成员会对高校思政课教师准入、评价、激励与退出机制的立法模式予以进一步深入思考,同时也真诚地希望能有更多学者对高校思政课教师准入、评价、激励与退出机制法治化问题进行研究,以期为高校思政课教师准入、评价、激励与退出机制法治化提供理论支持。

后　记

本书是我在主持国家思政课题《高校思政课教师准入、评价、激励与退出机制法治化研究》成果基础上反复修改而成。本书的最终完成凝聚了很多人的智慧,绝非单凭我一己之力。在对"高校思政课教师准入、评价、激励与退出机制法治化"进行研究的过程中,黄梅、袁紫娟、赵祖菊、唐静、欧阳丽君等课题组成员给予了很多合理建议,她们的合理建议为课题研究供给了新观点、新思路及新知识。如果没有这些课题组成员的无私帮助,也许无法在短短的两年时间内就能完成这一极具挑战性的国家思政课题。倘若我主持的国家思政课题的结项是对先前努力的肯定,那这应归功于课题组成员注入的灵感与灵气!

感谢党和国家对高校思政课教师的政策支持,如果没有国家社科基金思政课研究专项,就不可能有本书《高校思政课教师准入、评价、激励与退出机制法治化研究》的出版。感谢全国哲学社会科学工作办公室领导以及所有的工作人员,倘若没有他们批准立项,自然就没有本书《高校思政课教师准入、评价、激励与退出机制法治化研究》的出版问世。感谢对我的国家思政课题立项与结项进行评审的匿名专家,能获得认可,让我觉得先前所有的艰辛付出皆值!

感谢凯里学院为本书出版提供经费资助,如果没有凯里学院的经费支持,不知道本书能否得到出版,即便能,也极有可能是一个漫长过程。在申请学校提供经费资助的烦琐过程中,马克思主义学院、规划处、科研处、计财处、国有资产管理处等相关部门领导及工作人员给予热情帮助,在此一并衷心感谢!

感谢我的家人,无论我身处逆境还是顺境,他们都一直站在我左右,不离不弃,始终是我坚强的后盾,给我战胜各种困难的决心和无穷无尽的力量!

龙建明

二〇二四年十一月十九日于贵州凯里

附录　调查问卷

尊敬的各位高校思政课教师与亲爱的各位同学：

为了充分了解我国高校思政课教师准入、评价、激励与退出机制现状以及各位高校思政课教师和各位同学对我国高校思政课教师准入、评价、激励与退出机制法治化的宝贵意见，为本课题研究提供新思想、新观点和新方法，我们课题组特此进行此次调查。本问卷的收集整理采取匿名方式，请大家不必担心参与调查可能带来不利后果，希望各位高校思政课教师和各位同学据实填写信息。

请大家在所给出的选项中选择自己认为最合适的选项，若你认为没有合适的答案，请在题目后面的括号中给出你自己宝贵的意见或者建议。感谢大家在百忙中参与调查，谢谢支持！

一、问卷调查参与人及所在高校的基本情况

1. 请填写你的民族(　　)

2. 你的性别(　　)

A. 女

B. 男

3. 如果你是高校思政课教师，你的职称是(　　)

A. 助教

B. 讲师

C. 副教授

D. 教授

4. 如果你是学生,你目前的学业阶段是(　　)

A. 大一

B. 大二

C. 大三

D. 大四

E. 研究生

5. 你的政治面貌是(　　)

A. 中共党员(含中共预备党员)

B. 共青团员

C. 民主党派成员

D. 群众

6. 你所在的高校是(　　)

A. 二本院校

B. 211 高校

C. 985 高校

D. 其他

7. 你的年龄是(　　)

A. 20 岁及以下

B. 21 ~ 30 岁

C. 31 ~ 40 岁

D. 41 ~ 50 岁

E. 50 岁以上

8. 如果你是高校思政课教师,你的学历是(　　)

A. 专科及以下

B. 本科

C. 硕士
D. 博士
9. 你对高校思政课教师整体素质的评价(　　)
A. 素质较高
B. 素质一般
C. 素质较差
10. 你所在高校是否重视思政课(　　)
A. 非常重视
B. 一般
C. 不重视
D. 看起来重视,但没有采取有效举措
11. 如果你是学生,你对高校思政课的满意度(　　)
A. 非常满意
B. 一般
C. 不满意
D. 无所谓,考试能过就行
非常感谢!

二、高校思政课教师准入机制法治化的问卷

1. 你对教过你的高校思政课教师是否感到满意(　　)
A. 非常满意
B. 满意
C. 不满意
D. 有的满意,有的不满意
2. 你认为高校思政课教师是否应当有较高的人文社科知识素养(　　)
A. 应具有较高的人文社科知识素养
B. 要有基本的人文社科知识素养
C. 可不作要求,关键是要有扎实的马克思主义理论知识及较强的教学能力

3. 除了过硬政治素质与良好师德师风,你认为高校思政课教师还应(　　)

A. 有扎实的马克思主义理论并信仰马克思主义

B. 上课能结合国内外乃至自身实际讲解

C. 有较高的学术造诣,思想深邃

D. 教育教学能力突出,教学效果好

E. 关心尊重学生,和蔼可亲

4. 你认为高校思政课教师是否有必要参加国家统一职业资格考试(　　)

A. 非常有必要,强烈要求

B. 有必要

C. 没有必要

D. 觉得无所谓

5. 你认为没有马克思主义理论水平的高校思政课教师能否讲好高校思政课(　　)

A. 不能

B. 能

C. 高校思政课教师讲课方法比理论水平更重要

D. 高校思政课教师理论水平比讲课方法重要

6. 统一高校思政课教师职业资格考试,能否增强课堂教学效果(　　)

A. 能

B. 不能

C. 很难说,教学效果取决于多方面因素

7. 一旦实行高校思政课教师统一职业资格考试,不能通过考试获得教育部颁发证书,就不能当高校思政课教师,已经是高校思政课教师的不能职称晋升或者转岗,你认为这是否合理(　　)

A. 合理,可倒逼高校思政课教师专研理论,进而有助于提升思政课教学效果

B. 不合理

C. 有点残忍

D. 对实行统一职业资格考试之前入编的高校思政课教师,要具体情况具体处理,不能“一刀切”

8. 你认为没有相关思政课程知识背景的教师能不能上高校思政课(　　)

A. 可以上

B. 不能上,除非获得相应资质证书

C. 无所谓,教师都可以

9. 有思政课程相关专业背景的教师与没有思政课程相关专业背景的教师,你觉得他们上思政课的效果有没有明显不同(　　)

A. 明显,有思政课程相关专业知识背景的思政教师讲课更有深度

B. 没有明显区别,认识字的都可以上

C. 没注意这二者的区别

10. 部分高校对本校教师兼职上思政课,对兼职思政课教师的专业背景及学历没有任何要求,不管学什么专业,也不论学历如何,只要是本校教师都可以上思政课,你对这种现象如何看待(　　)

A. 深恶痛绝,但又无能为力

B. 无所谓,只要考试过关就行

C. 没有注意这个问题

11. 如果对高校思政课教师实行统一职业资格考试,你认为是统一试卷还是根据课程分开考试内容较为合理(　　)

A. 统一试卷

B. 根据所教课程设置试卷

C. 可以分为两种,参加内容广泛且有一定深度的综合统一职业资格考试的教师,如能通过就可获 A 证,任何一门思政课都可以上;参加某一课程考试并通过的教师,只能上该课程

12. 除了马克思主义基本理论,高校思政课教师统一职业资格考试的内容是否应包含时事政治、现代科技知识以及基本的教育法律法规等(　　)

A. 应当包含

B. 不应当包含,这会增加高校思政课教师负担

C. 无所谓

13. 实行高校思政课教师统一职业资格考试，你认为是否会遇到阻力(　　)

A. 肯定会遇到

B. 阻力不大

C. 很难说

14. 构建高校思政课教师统一职业资格考试制度，能否增强高校思政课教师职业认同感(　　)

A. 肯定能

B. 不能

C. 很难预测

15. 除了考试，你认为还有什么其他更好的方式促使高校思政课教师提升自己的专业知识(　　)

A. 考试应该是最好的方式，不考试，谁还去看书

B. 除了考试，还有培训、进修及讲座等方式

C. 不知道

16. 新进高校思政课教师必须参加并通过教育部主持的高校思政课教师统一职业资格考试，但在职在编的高校思政课教师是否也要参加统一职业资格考试，如果不能通过，有没有必要作出相应处理(　　)

A. 要参加，不能通过的，不能参加职务职称评聘，不能职级晋升

B. 要根据年龄采取不同的措施，例如，超过55周岁的，可以不作要求

C. 规定补考年限，年限届满仍不能通过的，安排其他岗位

D. 不知道

17. 对高校思政课教师统一职业资格考试的年限应如何设定(　　)

A. 一考定终身

B. 每隔2~3年考一次

C. 有待研究，应根据不同对象采取不同要求

18. 构建高校思政课教师统一职业资格考试制度,要不要像国家统一法律职业资格考试那么严格(　　)

A. 必需的,否则考试就没有意义

B. 没有必要那么严格

C. 不知道

19. 高校思政课教师参加统一职业资格考试,你认为这种设想有没有可行性(　　)

A. 完全可行,当下很多职业都需要参加统一职业资格考试

B. 没有必要那么严格,有个研究生学历就可以了

C. 还没有认真考虑这个问题

20. 对于不能通过统一职业资格考试的已入职的高校思政课教师,你认为应如何处理(　　)

A. 应当给予一次补考机会

B. 补考仍不能通过的,须予以退岗,另行安排

C. 处于补考期的在职在编高校思政课教师不能参与职务职称评聘

D. 因未通过统一职业资格考试被退岗的高校思政课教师,经努力后通过该考试,可以依程序申请高校思政课教师岗位

21. 你认为有没有必要将高校思政课教师准入机制予以法治化(　　)

A. 非常有必要

B. 没有必要

C. 值得研究

D. 无所谓

22. 由立法对高校思政课教师准入机制予以确立和保障的意义(　　)

A. 能改进大学生思想政治教育

B. 能有效提升高校思政课教师的理论素养

C. 能强化有关主体选拔高校思政课教师的责任意识

D. 增强高校思政课的时效性

23. 你认为立法应将哪些因素列为高校思政课教师准入条件(　　)

A. 是中国共产党党员,在政治上同党中央保持一致

B. 有良好的思想道德品质

C. 有高校思政课相关专业背景硕士以上学历

D. 有一定的教育教学能力

E. 要通过教育部主持的统一职业资格考试

24. 高校思政课教师准入须经哪些程序(　　)

A. 提出书面申请

B. 专门机构对申请的审查

C. 参加岗前培训

D. 经历一年的试用期

E. 试用期满合格

F. 入职宣誓

25. 你认为高校思政课教师违法准入应当包含哪些情形(　　)

A. 政治条件不合格的准入

B. 品德不合格的准入

C. 没有相关专业背景硕士以上学历的准入

D. 没有教学能力的准入

E. 违反法定程序的准入

26. 对高校思政课教师违法准入责任追究应采取什么归责原则(　　)

A. 违法责任原则(只有准入存在违法行为才追究责任)

B. 结果责任原则(只要有违法准入结果就可追究责任)

C. 过错责任原则(相关主体在主观上存在过错才追究责任)

D. 综合责任原则(相关主体在主观上有过错与客观上发生危害结果才追究责任)

27. 你对构建高校思政课教师统一职业资格考试制度有什么不同观点:____

____

____

____

28. 请你就高校思政课教师准入机制法治化谈谈自己的一些看法：________

____

____

____

三、高校思政课教师评价机制法治化的问卷

1. 客观公正是对高校思政课教师评价所追求的价值目标，请你就我国当下是否实现这一价值目标作一个大致评价（　　）

A. 客观公正，高校思政课教师的工作积极性得以充分调动

B. 不公正，高校思政课教师的教育教学及科研积极性无法调动

C. 总体上客观公正，但仍存在诸多不足

D. 无所谓公正不公正，只要能考核合格，可以领取工资就行

2. 对高校思政课教师与其他教师的评价是否应采用同一标准（　　）

A. 不能采用同一标准，评价标准须符合其职业特点

B. 高校思政课教师也是教师，对其评价标准应与其他教师的评价标准一样，不能特殊化

C. 评价标准可以有所区别，但不能因为是高校思政课教师就和别人不一样；没有相应科研成果也可评职称，对其他教师不公平

D. 如果对承担不同教学任务的教师都要制定一个单独评价标准，这会给高校对教师进行评价带来很多不必要的麻烦

3. 将高校思政课教师的评价机制予以法治化，你认为是否有必要（　　）

A. 很有必要，评价机制法治化有助于避免各地高校对思政课教师评价标准不一

B. 有必要，但应注意评价机制法治化可能导致“一刀切”

C. 各地高校的情况不一样，没有必要将高校思政课教师评价机制法治化

D. 目前条件还不成熟，等条件成熟了再予以法治化

4. 你认为对高校思政课教师进行评价须遵循哪些基本原则(　　)

A. 价值引领原则

B. 多元主体评价互补原则

C. 教学与科研评价并重原则

D. 一票否决原则

5. 除了同行专家外,你认为还有谁有资格评价高校思政课教师(　　)

A. 主管教育部门

B. 第三方专业机构

C. 学生

D. 社会受众

6. 你认为对高校思政课教师进行评价的内容有哪些(　　)

A. 政治素质

B. 师德师风

C. 教育教学业绩

D. 科研水平

7. 评价高校思政课教师须经哪些步骤或环节(　　)

A. 成立评价领导小组

B. 确定合理评价人员

C. 事前告知评价相关事项

D. 正式评价

E. 对评价结果予以公示

F. 对评价结果不服的救济

8. 对不遵守高校思政课教师评价程序的行为应给予什么制裁(　　)

A. 评价结果无效

B. 对违反评价程序的主体给予制裁

C. 其他

9. 对高校思政课教师的评价结果是否必须运用(　　)

A. 必须运用,否则评价就毫无意义

B. 要根据情况选择运用,不是所有评价结果都要运用

C. 其他

10. 对高校思政课教师评价结果的运用须符合什么条件(　　)

A. 评价结果要具有真实性

B. 评价结果要具有准确性

C. 对评价结果的运用要具有及时性

D. 对评价结果的运用要具有回馈性

11. 高校思政课教师评价结果运用的价值取向(　　)

A. 要从有利于高校发展的角度考虑

B. 从有利于高校思政课教师职业发展的视域考量

C. 对高校发展与高校思政课教师发展要统筹兼顾与综合运用

D. 其他,如要考虑社会效益

12. 高校思政课教师评价结果应在哪些领域运用(　　)

A. 年度考核中运用

B. 职称评聘中运用

C. 职务与职级晋升中运用

D. 各种评优评模中运用

E. 政治激励中运用

13. 评价高校思政课教师的主体须具备什么条件(　　)

A. 有过硬的政治素质

B. 为人正直诚实,师德师风优良,没有诚信缺失记录

C. 有高校思政课教育教学的经历

D. 具有一定的科研能力

14. 在对高校思政课教师进行评价之前,须对其告知哪些事项(　　)

A. 评价目的

B. 评价原则

C. 评价内容

D. 评价标准

E. 评价时间

15. 对高校思政课教师进行正式评价的环节应该包含(　　)

A. 评价小组的负责人就评价相关事项进行告知

B. 高校思政课教师个人自评

C. 被评价高校思政课教师进行 20 分钟的讲课

D. 评价小组征求学生意见

16. 如果高校思政课教师对评价结果不服,是否应为其设立救济方式(　　)

A. 必须设立,这是维护高校思政课教师合法权益的需要

B. 要相信评价人员,没有必要设立救济方式

C. 只对严重关乎被评价高校思政课教师的评价结果不服,才设立救济方式

17. 对高校思政课教师评价的结果予以公示的作用(　　)

A. 保障被评价高校思政课教师的知情权

B. 便于公众对评价的监督

C. 能增强评价的公信力

18. 科研成果是否应当属于评价高校思政课教师的一个重要内容(　　)

A. 不应当属于,讲好思政课才是高校思政课教师的首要岗位职责

B. 应当属于,没有科研支撑的思政课教学空洞乏味

C. 应当属于,这在党和国家相关文件中有明确规定

D. 应当属于,因为具有一定的科研能力是高校思政课教师必备素质

19. 是否应把社会服务作为评价高校思政课教师的内容(　　)

A. 应当是,为社会提供服务有助于增强高校思政课教师的责任意识

B. 应当是,开展社会服务有助于开阔高校思政课教师的科研视野

C. 应当是,开展社会服务有助于增强高校思政课教师与社会的联系,这对提升他们的沟通能力有重要意义

D. 不应当是,高校思政课教师应当把更多的时间和精力用在教学和科研上

20. 学生作为评价高校思政课教师的主体,是否存在缺陷(　　)

A. 存在缺陷,学生的知识受限

B. 存在缺陷,学生易感情用事

C. 存在缺陷,学生评价的责任后果缺失

D. 不存在缺陷,评价高校思政课教师是学生应享有的一项权利

21. 你认为对高校思政课教师的教学评价应当侧重哪些方面(　　)

A. 是否有扎实的专业知识理论素养

B. 是否在课前进行精心准备及教学过程是否全身心投入

C. 是否将抽象理论和中国特色社会主义建设的实践相结合

D. 关键是要看教学效果,即是否能引导学生树立正确三观

22. 请你就高校思政课教师评价机制法治化谈谈自己的看法(如有没有必要、意义、路径选择等角度)________________________

____

____

谢谢支持!

四、高校思政课教师激励机制法治化的问卷

1. 对于我国目前的高校思政课教师激励机制,你认为其是否有效(　　)

A. 没有效果,不能调动高校思政课教师的工作积极性

B. 有一定效果,但仍然存在诸多明显不足

C. 有较好的效果,高校思政课教师的积极性得以调动

2. 你认为是否有必要将高校思政课教师激励机制予以立法保障(　　)

A. 有必要,可避免各地高校对思政课教师激励措施过于悬殊

B. 有必要,但应注意激励机制法治化可能导致“一刀切”

C. 各地高校的情况不一样,没有必要将高校思政课教师激励机制法治化

D. 没有必要,激励机制法治化条件还不成熟,等条件成熟了再予以法治化

3. 高校思政课教师激励机制法治化正当性基础有(　　)

A. 保障激励措施能够真正付诸实施

B. 对激励决策权进行有效监督制约

C. 有效防范权利滥用

D. 克服对激励政策理解和执行不一

E. 对公益与私益冲突予以适度平衡

4. 为高校思政课教师设立岗位津贴,是否合理(　　)

A. 合理,这是高校思政课教师的职业特点决定

B. 不合理,对其他高校教师不公平

5. 激励原则在高校思政课教师激励机制构建中有何作用(　　)

A. 决定激励机制的基本特征

B. 对激励机制运行有指导意义

C. 体现对高校思政课教师进行激励的基本精神

D. 可以作为解决高校思政课教师激励冲突的指导思想

6. 要确保高校思政课教师岗位津贴落实到位,应采取哪些有效举措(　　)

A. 立法明确岗位津贴的来源

B. 立法设立岗位津贴兑现的责任主体

C. 立法确立各级党委和政府没有兑现岗位津贴的责任

7. 在高校教师职称评聘中,对高校思政课教师单设评聘标准是否合理(　　)

A. 合理,高校思政课教师与专业课教师的工作特点不同

B. 有一定合理性,但要考虑与其他教师职务职称评聘的平衡性

C. 不合理,高校思政课教师不能搞特殊化

8. 确保高校思政课教师职务职称评聘单列得以实施的举措有哪些(　　)

A. 将党和国家的政策规定上升到立法层面,由刚性法律制度予以保障

B. 构建能体现高校思政课教师职业特点的职务职称评聘标准

C. 明确高校及教育主管部门的领导职责

D. 将单设高校思政课教师职务职称评聘标准作为考核评价高校的一个指标

9. 你认为调动高校思政课教师开展科研积极性的有效措施有哪些(　　)

A. 国家政策支持与加大宣传力度

B. 立法确立加大专项课题的支持力度,培养科研能力

C. 立法确定科研在职务职称评聘中的合理占比,增强科研意识

D. 立法保障科研交流平台构建,加强科研成果宣传

10. 你认为有没有必要在奖励政策上对高校思政课教师予以倾斜(   )

A. 有必要,学科特点决定,高校思政课教师的工作成效很难在短期内体现

B. 有必要,并且在立法上应予以确立

C. 没有必要,都是高校教师,应该一视同仁

D. 没有必要,否则会引起专业课教师的不满

11. 你认为加大高校思政课教师表彰力度的举措有(   )

A. 在教育系统表彰体系中设定相应比例

B. 及时发现并树立先进典型

C. 在各类评奖项目中确立相应的指标

D. 其他

12. 鼓励职业提升是不是激励高校思政课教师的一个有效举措(   )

A. 是一种有效激励举措,因为其反映高校思政课教师是否得到政治认可及认可程度,是一种独特不具有可替代性的激励举措

B. 对有上进心的高校思政课教师是一种激励举措,但对于没有上进心的高校思政课教师来说,鼓励职业提升对其没有多大效果

13. 高校思政课教师职业提升的方式有(   )

A. 参加进修培训

B. 继续攻读更高学位

C. 参与国内外学术交流

D. 开展研修及实践锻炼

E. 注重政治激励

14. 激励高校思政课教师,要不要强调遵循法定程序(   )

A. 须强调遵循法定程序,因为程序有限制激励中权力滥用的功能

B. 无须强调遵循程序,因为程序有可能妨碍激励进程,降低激励效益

15. 对高校思政课教师激励措施予以兑现有何意义(   )

A. 有利于增强激励的公信力

B. 有利于调动高校思政课教师的工作积极性

C. 有利于促进社会和谐

16. 我国高校思政课教师激励责任追究有何缺陷(　　)

A. 责任主体不明，导致激励责任追究职权与职责难以分清

B. 责任追究程序缺失，错误激励行为进行责任追究缺失路径指引，这不仅会导致各地责任追究杂乱无章，还有可能导致承载责任追究的工作人员率性而为

C. 对追责权力缺失监督，有可能导致承担追责的工作人员恣意妄为

17. 高校思政课教师激励责任追究程序须注意(　　)

A. 设置合理的有权指控主体

B. 设定一个合理的裁决机构

C. 明确追责环节及期限

D. 合理分配举证责任

18. 你认为高校思政课激励机制法治化是否有必要？如果有必要，立法应当将激励机制的哪些内容予以确立？____

五、高校思政课教师退出机制法治化的问卷

1. 我国高校思政课教师退出机制是否得到有效运行(　　)

A. 得到有效运行，不合格的高校思政课教师被退出

B. 基本上能够运行，但在运行中遇到的阻力大

C. 没有得到有效运行，不合格的高校思政课教师依然很难被退出

2. 是否有必要由立法对高校思政课教师退出机制予以确立，由国家强制力保证不合格高校思政课教师被退出(　　)

A. 有必要，但应注意防止退出机制法治化可能导致"一刀切"

B. 非常有必要，由立法对高校思政课教师退出标准予以确立，可避免各高校设立标准不一的混乱现象

C. 各地高校情况不同,没有必要将高校思政课教师退出机制法治化

D. 没有必要,退出机制法治化条件还不成熟,等条件成熟再予以法治化

3. 高校思政课教师退出机制法治化正当性基础有(　　)

A. 增强退出主体的责任意识

B. 确保退出机制顺利运行

C. 有效发挥退出机制教育功能

D. 保障被退出高校思政课教师正当权益

4. 高校思政课教师退出机制法治化应包含哪些内容(　　)

A. 对有权启动及有权裁决的退出主体法治化

B. 对须退出的标准予以法治化

C. 退出程序的法治化

D. 对退出中不认真履行职权须承担责任法治化

E. 对被退出不服的权益救济法治化

5. 高校思政课教师退出机制有没有教育功能(　　)

A. 有教育功能,能促使高校思政课教师自觉提升自身各方面素质

B. 有教育功能,让高校思政课教师更懂得在政治上与党中央保持一致

C. 有教育功能,能有效促使高校思政课教师提升自身道德修养

D. 有一定教育功能,但作用不大

6. 你认为退出高校思政课教师的情形应该包含(　　)

A. 师德师风出现严重问题

B. 不能在政治上同党中央保持一致

C. 马克思主义理论素养不够

D. 教学水平不能满足相应课程教学要求

E. 其他情形

7. 你认为谁有资格启动退出高校思政课教师程序(　　)

A. 马克思主义学院

B. 高校及马克思主义学院教学督导团

C. 高校思政课教师授课班级的学生

D. 其他

8. 高校思政课教师退出的裁决者是否应当具有中立性(　　)

A. 没有必要,要相信公权力主体

B. 有必要,体现高校思政课教师退出的程序公正

C. 有必要,增强高校思政课教师退出裁决的权威性

D. 有必要,提高高校思政课教师退出的效益

9. 对高校思政课教师退出,是否应当合理分配举证责任(　　)

A. 应当,举证责任明确有利于及时收集证据

B. 应当,举证责任明确有利于避免举证不能导致裁决者尴尬的局面

C. 没有必要,"谁主张、谁举证"

D. 没有必要,可以由裁决者根据情况予以安排

10. 是否应对被退出高校思政课教师予以安置或补偿(　　)

A. 对于因理论素养不够或者教学水平不能满足相应课程教学需要被退岗退编的,高校可以给予适当补偿

B. 对于仅退岗但没有退编的,高校要给予妥善安置,如安排在学校图书馆或后勤服务部门工作

C. 退出补偿必须具备一定的条件,例如,不能是因为师德师风出现严重问题或者政治上不能与党中央保持一致被退出

11. 在被退出过程中,立法应当保障高校思政课教师享有哪些程序权利(　　)

A. 申请回避权

B. 发表意见权

C. 权益救济请求权

D. 其他程序权利

12. 被退出高校思政课教师有权申请回避的情形(　　)

A. 裁决者本人或其近亲属和高校思政课教师退出有利害关系的

B. 事先知悉高校思政课教师退出相关事实的

C. 其他可能影响高校思政课教师退出公正处理的

13. 保障被退出高校思政课教师能充分发表意见的路径有(　　)

A. 对退出采取类似于庭审的方式进行

B. 高校思政课教师有权对“控方”的主张进行反驳

C. 高校思政课教师有权阅读笔录及笔录内容应详细

D. 明确负责处理高校思政课教师退出事务的主体有告知义务

14. 高校思政课教师的师德师风出现严重问题,是否要对其予以退出(　　)

A. 必须予以退出,这是办好高校思政课的需要

B. 应予以退出,这是深化高校思政课教师考核评价的需要

C. 应予以退出,这是促使高校思政课教师队伍形成良好精神面貌的需要

D. 应予以退出,这是高校思政课教师承载的艰巨使命决定

E. 不应被退出,因为党和国家文件没有明确规定

15. 退出机制法治化对高校思政课教师有没有积极意义(　　)

A. 有积极意义,有利于避免权利与权力滥用

B. 有积极意义,有利于克服不应退出而被退出的乱象

C. 有积极意义,有利于为退出机制运行预设轨道

D. 有积极意义,有利于确保退出依法依规进行

E. 有积极意义,但意义不大

16. 对于马克思主义理论素养不够的高校思政课教师,是否有必要将其予以退出(　　)

A. 必须予以退出,这是高校思政课教师对新时代大学生有效开展马克思主义理论教育的需要

B. 必须予以退出,这是引导新时代大学生坚定信仰马克思主义的必然要求

C. 必须予以退出,这是高校思政课教师不断提升专业理论素养的需要

D. 没有必要退出,一个合格的高校思政课教师应当具备多方面素质,马克思主义理论素养只是一个重要方面

17. 如果一个高校思政课教师的教学水平不能满足相应课程教学的需要,是否有必要对其予以退出(　　)

A. 非常有必要退出,这是高校思政课教师履行好首要岗位职责的需要

B. 有必要退出，这是提升高校思政课教学效果的需要

C. 有必要退出，这是切实推动高校思政课教学改革的需要

D. 没有必要退出，教学水平不高可以通过各种途径加以改进

18. 是否有必要保障被退出高校思政课教师享有申请回避权（　　）

A. 有必要保障，这是正确认定退出事实的需要

B. 有必要保障，这是退出程序正义的必然要求

C. 有必要保障，这是运用权利监督权力的需要

D. 没有必要保障，高校思政课教师享有申请回避权的作用不大

19. 有没有必要通过立法保障被退出高校思政课教师有发表意见的权利（　　）

A. 有必要确立，这彰显对高校思政课教师主体的尊重

B. 有必要确立，这有助于高校思政课教师退出中的事实认定

C. 有必要确立，这体现高校思政课教师退出程序为看得见的正义

D. 没有必要确立，高校思政课教师的发表意见权作用不大

20. 立法有无必要设立高校思政课教师对被退出不服的权益救济方式（　　）

A. 不仅必要且急需，这是对高校思政课教师尊重及保障其权益的需要

B. 有必要，这是高校思政课教师退出程序正义的必然要求

C. 有必要，这是构建和谐社会的客观要求

D. 没有必要，对不合格高校思政课教师退出应冷酷决绝

21. 你对高校思政课教师退出机制法治化有没有自己的独到见解？请谈谈你的看法____

____

____

非常感谢！